요양보호사 표준 교재
핵심 정리 노트

▍지은이 김동화

경북 영양 출생, 경북대 졸업, 작가, 바흐 음악 애호가, 명상가, 요양보호사

▍그린이 김수빈

영남대 졸업

요양보호사 표준 교재
핵심 정리 노트

ⓒ 김동화, 2025

초판 1쇄 발행 2025년 10월 24일

지은이   김동화
그린이   김수빈
펴낸이   이기봉
편집   좋은땅 편집팀
펴낸곳   도서출판 좋은땅
주소   서울특별시 마포구 양화로12길 26 지월드빌딩 (서교동 395-7)
전화   02)374-8616~7
팩스   02)374-8614
이메일   gworldbook@naver.com
홈페이지 www.g-world.co.kr

ISBN   979-11-388-4773-5 (13330)

요양보호사 표준 교재 핵심 정리 노트

김동화 편저 | 김수빈 그림

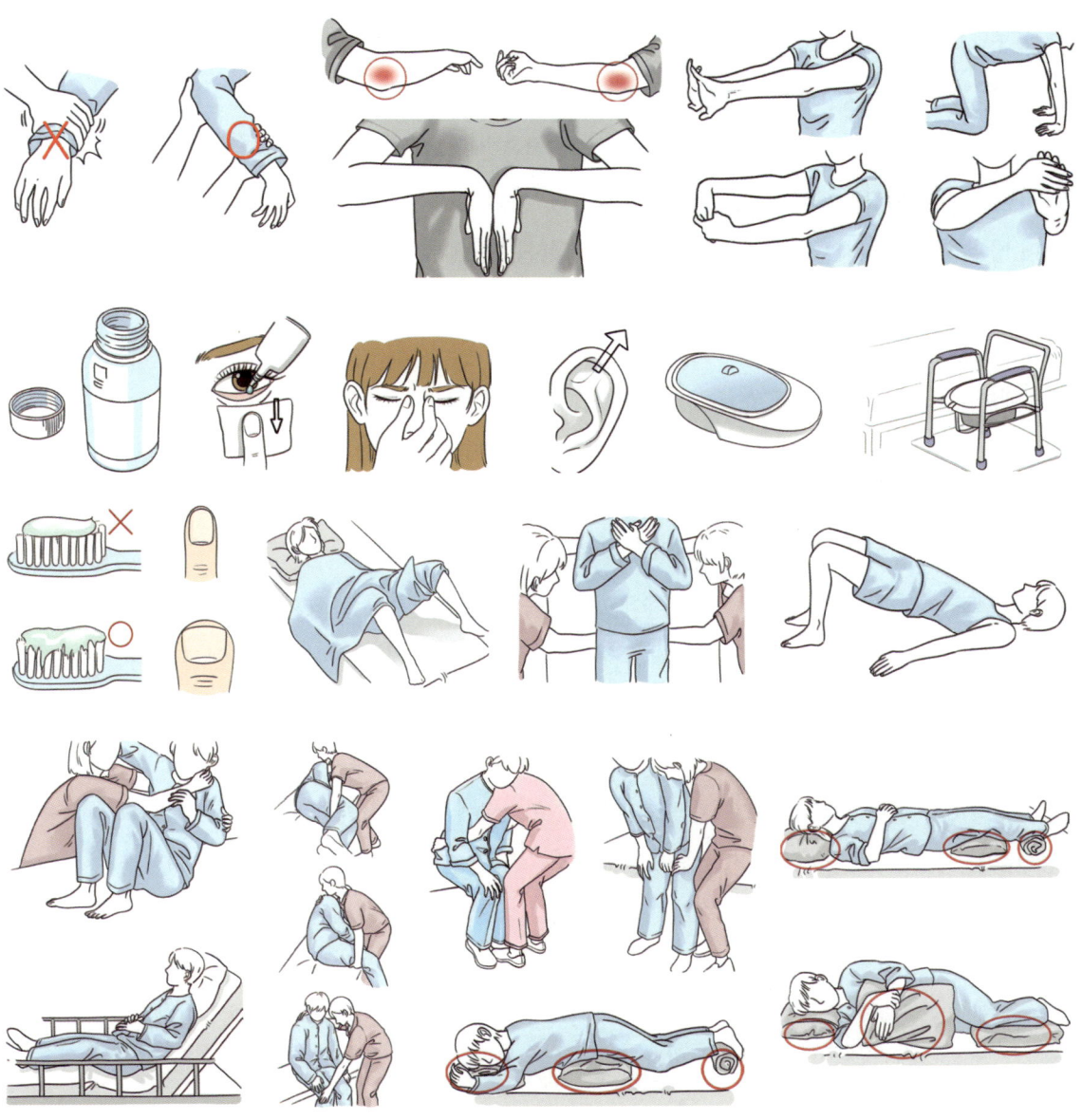

좋은땅

머리말

Ⅰ. 본서를 집필하게 된 동기

필자가 이 책을 집필한 가장 큰 이유는 '치매(癡呆, dementia)'라는 병명에 대한 사회적 주의를 환기하기 위해서이다. 요양보호사 실습을 하던 동안, 이 노인성 질환은 필자의 머릿속에 깊게 새겨졌다. 누구에게나 닥칠 수 있는 문제이기에, 작은 힘이나마 보태고 싶어 용기를 냈다. 더 많은 사람들이 이 문제를 인식하고 자연스럽게 받아들이는 계기가 되길 바란다.

다행히 정치권에서도 관련 법률안이 이미 발의되었지만, 시급한 여러 현안에 가려 충분한 관심을 받지 못하고 있는 실정이다. 이 문제에 대한 사회적 관심이 커질수록 법률이 실제로 처리될 가능성도 높아질 것이다. 지금이야말로 더 많은 관심과 논의가 필요한 때이다.

이 병의 한자 표기가 보여주듯(어리석을 '치', 어리석을 '매'), 치매라는 용어는 문자 그대로 '미치광이병'이라는 부정적 뉘앙스를 담고 있다. 환자의 입장에서 보면, 심각한 질병을 앓고 있는 것도 고통스러운 일인데 병명 자체가 환자를 비하하는 의미를 담고 있다는 점에서 더욱 억울할 수밖에 없다. 이러한 문제의식은 필자만의 생각이 아니라 많은 전문가와 학자들도 꾸준히 제기해 온 부분이며, 해외에서도 이미 논란이 된 바 있다.

국내에서는 치매의 대체 용어로 '인지흐림증', '인지증', '인지이상증', '신경인지장애', '뇌인지저하증', '기억장애증' 등이 제안된 상태다. 해외 사례를 살펴보면, 대만은 2001년부터 '실지증(失知症)'으로, 일본은 2004년부터 '인지증(認知症)'으로, 홍콩은 2010년부터 '뇌퇴화증(腦退化症)'으로 병명을 변경했다. 중국 역시 2012년부터 홍콩의 명칭을 따르고 있다.

개인적으로는 대만이나 일본처럼 중립적이고 존중을 담은 표현으로 병명을 바꾸는 방향이 바람직하다고 생각한다. 아시아 선진국으로 자리 잡은 한국이 여전히 '치매'라는 용어를 사용하고 있다는 사실은 솔직히 부끄럽게 느껴진다.

이 병을 앓는 사람들은 이미 병 자체로 큰 고통을 겪고 있으며, 결국 삶의 끝을 향해 갈 수밖에 없는 상황이기에 병명에 담긴 부정적 의미에 문제를 제기할 여력조차 없다. 가족들 또한 돌봄의 소용돌이 속에서 정신없이 지내다 보니, 용어가 지닌 문제성에 대해 깊이 고민하기 어려운 것이 현실이다.

만약 이 병이 아이나 젊은 층에게 주로 나타나는 질환이었다면, 과연 지금의 병명이 그대로 유지됐을까? 아마 그렇지 않았을 것이다. 이 문제는 단순한 명칭의 문제가 아니라, 대한민국의 성장에 헌신한 어르신들에게 최소한의 존중을 드리는 사회적 의무이자, 기본적 인권의 문제와도 맞닿아 있다.

더구나 이 병은 특정한 사람만의 질환이 아니다. 누구에게나 찾아올 수 있으며, 언젠가 나 자신에게도 닥칠 수 있는 문제다. 그렇기에 치매라는 용어 문제를 남의 일로 치부해서는 안 된다.

어쨌든 이러한 문제의식에서 출발해 요양보호사 요약서를 집필하기 시작했지만, 집필 과정에서는 어떻게 하면 수험생에게 정말 도움이 되는 책이 될지를 두고 많은 고민을 했다. 이 책은 요약서 형태임에도 불구하고 「표준 교재」의 목차 구조를 최대한 유지한 채, 논리적이고 간결한 설명을 담기 위해 노력했다. 이는 표준 교재를 중심으로 공부하는 수험생들의 편의를 고려한 선택이다.

요양보호사 시험은 특정 항목에서 대상자와 요양보호사의 자세, 동작 등을 정확히 이해하고 있어야 하기 때문에, 관련 내용을 시각적으로 파악할 수 있도록 여러 교재 속 그림들을 대폭 활용했다. 또한 이러한 그림 일부를 책의 겉표지에도 배치하여, 수험생이 일상적으로 책을 볼 때마다 자연스럽게 내용을 떠올릴 수 있도록 구성했다.

II. 본서 활용법

이 책은 요약서임에도 가능한 한 문장형 구성을 통해 가독성을 높이고자 했다. 도표는 직관적으로 정보를 제시하는 장점이 있지만, 자칫 내용이 제한적으로 보일 수 있어 필요한 부분에 한해서만 최소한으로 활용하였다.

우선 이 책은 요양보호사 학원에서 강의를 들으며 공부하는 수험생에게 복습용 교재로 특히 유용할 것이다. 이후에는 본격적인 정리용으로 활용하면 된다. 또한 유튜브에 올라온 여러 강사 선생님의 핵심 강의를 들을 때 보조 교재로 사용해도 충분하다. 분량도 약 170쪽 정도이기에 혼자 공부하더라도 큰 부담 없이 읽을 수 있을 것이다.

시험 직전에는 꺾쇠괄호, 별표 표시, 강조 색깔이나 밑줄 등을 중심으로 빠르게 훑어보는 방식이 효과적이다. 그리고 어떤 항목을 공부하든 전체 구조를 먼저 조망하는 태도가 중요하다. 자신이 지금 어떤 위치를 공부하고 있는지 자주 점검하는 일은 전체 이해도를 높이는 데 큰 도움이 되기 때문이다.

또한 수험생의 목적의식과 학습 긴장감을 높이기 위해, 각 단원별로 출제 문항의 대략적인 수를 목차에 표기하였다. 이를 참고해 중요도에 따라 학습 강약을 조절하면 더 효율적으로 공부할 수 있다.

요양보호사 교재의 특성상 관련 법령이 개정될 때마다 내용이 일부 수정될 수밖에 없다. 이러한 변화로 인해 수험생이 반드시 알아야 할 사항이 생기면, 필자는 아래에 안내한 개인 블로그를 통해 수정·보완된 내용을 신속하게 공지할 예정이다.

- 필자의 바흐 음악 블로그: https://blog.naver.com/kdh6821016

참고한 자료

1. 요양보호사 양성 표준 교재(개정판, 보건복지부, 들샘 미디어)
2. 요약서 혹은 문제와 함께하는 핵심 정리서
    1) 핵심 요약집(김경남, 김상열 공저)
    2) 적중 요약 노트(전국요양보호사강사협의회 저, 한국요양보호사협회)
    3) 필기 실기 핵심 총정리(박지원 저, 다락원)
    4) 한 권으로 합격하는 요양보호사(요양보호사자격시험연구회, 책과 상상)
    5) 핵심 요약+적중 문제(타임 요양보호사 연구소, 시스컴)
    6) 요양보호사 필기·실기 문제(권향숙 저, 크라운 출판사)
    7) 너울샘의 요양보호사 과외 노트(김옥수 저, 시대 에듀)
    8) 필기+실기 가장 빠른 합격 총정리 문제집(요양보호사교육연구회 편저, 시대 에듀)
    9) 요양보호사 표준 교재 핵심 요약(요양보호사 학술연구회, 사람과 경영)
    10) 한 권으로 끝내는 요양보호사 핵심 정리(조준희, PUBPLE)

3. 전체 내용 문제집
    1) 따라잡기(김경남 임상렬 공저, 들샘미디어)
    2) 합격 1400제(전국요양보호사강사협의회 저, 한국요양보호사협회)

4. 모의고사 문제집
    1) 콕 집어 풀어보는 기출문제(김경남 임상렬 공저, 들샘미디어)
    2) 합격!! 모의고사(전국요양보호사강사협의회 저, 한국요양보호사협회)
    3) 10일 합격 모의고사(요양보호사교육연구회 편저, 시대 에듀)

5. 그 밖의 구글링을 통한 웹의 지식 자료

차례

4부 | 상황별 요양보호 기술
15~17문제가량 출제-필기 2문제 포함

▶ 1부(제1장~제4장)와 2부(제5장~제7장), 3부의 제9장 요양보호 기록과 업무보고, 그리고 4부의 제13장 임종 요양보호 등이 35문제 출제되는 필기시험의 영역이다. 나머지는 실기시험의 영역이다.

요양보호와 인권

17문제가량 출제-필기

1장 요양보호 대상자 이해

2문제가량 출제-필기

1절 노인과 노화 과정

1. **노인의 의미와 개념** p14, 15
   - 노인복지법 등에서는 **65세 이상**을 노인으로 규정하고 있다(역연령에 따른 개념).
2. **노인의 기여**(노인을 제도적으로 배려해야 하는 이유)[1] p16
3. **[노인에 대한 보상 유형]** p16, 17
   ① **경제적 보상**: 각종 공공시설 등의 요금을 감면하고 있다.
   ② **제도적 보상**: 사회보장제도, 노인복지관, 경로당 등의 운용이 대표적이다.
   ③ **정치적 보상**: 어버이날(5월 8일), 노인의 날(10월 2일) 등을 지정하고 있다. ☆
   ④ **지적 정신적 문화의 전수:** 노인의 지혜를 얻기 위해 유·무형 문화재를 보존·전수한다.

2절 노년기의 특성

1. **[노년기의 신체적 특징]** p19 ☆
① **세포의 노화:** 뼈와 근육의 위축, 피하지방의 감소, 주름의 증가 등이 나타난다.
② **면역력의 저하:** 잠재된 질병이 발현되고, 질병 상태의 급격한 악화를 초래한다. ☆
③ **잔존능력의 저하:** 신체조직의 잔존능력과 적응력의 저하로 일상이 어려워진다.
④ **회복 능력의 저하:** 만성질환 노인은 합병증의 유발이 쉬우며, 사소한 원인으로 중증 질환이 된다. ☆
⑤ **노화의 비가역적 진행:** 노화는 되돌릴 수가 없다. ☆

2. **[노년기의 심리적 특징]** p20, 21 ☆
① **우울증 경향의 증가:** 불면증, 식욕부진 등의 신체적 증상을 호소하고, 기억력 저하 등의 심리적 증상이 나타난다. 주변 사람을 적대적으로 대하거나 타인을 비난한다.
② **내향성의 증가(외향성의 감소):** 사회활동이 감소하고, 타인과 만나는 것을 피한다.

---

[1] ① **경제적 기여**: 산업화 기여, ② **정치적 기여**: 민주화 기여, ③ **사회적 기여**: 외환위기 극복, 가족과 이웃 중심의 집단 문화 발전 기여

③ **조심성의 증가:** 행동이나 결단이 더디고, 신중해지며, 망설이거나 중립을 지향한다. ☆

④ **경직성의 증가:** 융통성이 없고 도전적인 일을 꺼리며, 새로운 방식에 저항한다. ☆

⑤ **생에 대한 회고의 경향:** 과거의 응어리 감정을 해소하고, 실패와 좌절에 담담해진다. ☆

⑥ **친근한 사물에 대한 애착심:** 과거를 회상하거나, 안락감과 자기 정체감을 유지하려 한다.

⑦ **유산을 남기려는 경향:** 흔적을 남겨 인정받으려는 심리상태를 가진다.

⑧ **의존성의 증가:** 신체적, 사회적, 심리적, 정서적 의존성이 증가한다.

3. [노년기의 사회적 특성] p21, 22 ☆

① **역할 상실:** 은퇴 등으로 사회적 역할을 상실하고, 가정 내에서도 심리적으로 위축된다.

② **경제적 빈곤:** 연금이나 노후 자금이 없다면 빈곤에 직면한다.

③ **유대감의 상실:** 퇴직으로 사회적 관계가 줄어들고, 친척이나 친구 관계가 소원해진다. 그로 인해 고독감과 우울감이 상승하고, 노인 자살 문제까지 발생한다. ☆

④ **사회적 관계 위축:** 만성질환과 신체 기능의 쇠퇴로 사회적 관계에 부정적 영향을 끼친다.

4. [생애주기와 특징] p22, 23

가. **생애주기**(개인의 출생에서 사망까지의 전 과정을 의미)

　- 각 과정은 문화마다 다를 수 있으며, 단계마다 정체성의 위기를 경험할 수 있다.

　- 이러한 위기는 항상 부정적인 건 아니고, 긍정적인 발달의 가능성을 높일 수 있다.

나. **통합 대 절망**

　1) 에릭슨은 인간의 발달을 노년기 등 8단계로 구분하여 설명하였다.

　2) 특히 노년기는 '통합 대 절망'을 경험하는 시기로 파악하였다.

　- 이는 자신의 과거와 현재 상황을 자기 내부로 통합할 수 있는 긍정적 심리와, 자신의 과거에 절망하고 다가오는 죽음 앞에서 좌절하는 등의 심리상태를 말한다.

3절　가족관계의 변화와 노인 부양

1. 노인 가구의 형태 변화 p2

혼자 살거나, 노부부끼리 살거나 노인이 포함된 가족인 '노인 가족' 형태가 증가한다.

2. [노년기 가족관계의 변화] p25~27 ☆

가. **부부관계의 변화**

　1) 부부관계가 동반자 관계로 전환한다.

　2) 활기찬 노년을 위해서는 활발한 성생활 유지도 필요하다.

3) 배우자 사별에 대한 적응이 필요한데, 친한 친구의 죽음만큼이나 **가족, 배우자의 죽음**은 노인의 적응을 어렵게 하고 심한 고독감을 느끼게 한다.

4) 참고로 배우자 사별에 대한 적응 단계를 보자면 다음과 같다. ☆

   - **1단계:** 상실감의 단계로 우울감과 비탄의 마음을 가지며, 처음 나타나는 정서적 반응이다.
   - **2단계:** 정체감의 단계로 그 생활을 받아들이고, 혼자된 사람으로서의 정체감을 가진다.
   - **3단계:** 혼자 삶을 개척하는 단계이다.

나. 부모-자녀의 관계

- 자녀의 독립으로 인해 빈둥지증후군[2]을 경험한다.
- 핵가족화로 기혼자녀와 동거하는 노인이 감소한다(직접 모시는 일이 사라지고 있음).
- 수정확대가족(노인 부모가 결혼 자녀와 근거리에 살면서 보살핌받는 형태)이 증가한다. ☆

다. 고부-장서의 관계: 가치관 차이로 인한 갈등이 존재한다. 바람직한 관계 유지가 필요하다.

라. 조부모-손자녀의 관계: 손자녀의 긍정적 자아 형성에 순기능을 하는 측면이 있다. ☆

마. 형제자매관계: 경쟁심이 줄어들고, 심리적 안정을 공유하고 사회적 지지자가 된다.

3. [노인 부양 문제의 해결 방안] p27, 28 ☆

가. 노인 부양 문제

- 노인이 겪는 네 가지 고통(4고) - 빈곤, 질병, 고독, 무위(無爲, 역할 상실)
- 이는 필연적으로 노인의 부양 문제를 고민하게 한다.

나. 노인 문제 해결 방안

1) **사회와 가족의 협력:** 공적·사적 부양을 병행하며, 현재 공적 부양 인식의 비중이 크다. ☆

2) **세대 간의 갈등 조절:** 사회보험제도를 통한 위험의 분산, 소득재분배를 통한 세대 통합, 상호 존중과 의사소통에 의한 사회통합이 필요하다.

3) **노인의 개인적 대처:** 연금과 보험, 재교육 프로그램 등을 통해 삶의 변화에 대비한다.

4) **노인 복지정책 강화:** 노인장기요양보험제도, 노인 돌봄 서비스, 노인 복지서비스 프로그램, 노후 여가생활 지원 등이 필요하다. ☆

다. 요양보호와 가족의 역할 p28

1) 요양보호 과정에서는 **공식적 돌봄 인력**(사회복지사, 간호사, 요양보호사 등)과 **비공식적 돌봄 인력**(배우자와 자녀 및 이웃)이 함께 참여한다.

2) **요양보호사**가 가족 역할을 대체하는 것이 아님을 명확히 인식해야 한다.

3) 돌봄을 받는 **노인과 돌봄을 주는 자의 관계**를 일차적 돌봄 관계라 한다면, 이러한 **돌봄 관계가 유지·지속될 수 있도록 지원하는 역할**을 이차적 돌봄 관계라 한다.

---

2)   빈 둥지 증후군(Empty Nest Syndrome)은 자녀가 독립해 가정을 떠난 후, 특히 어머니가 느끼는 허탈감, 상실감 등을 일컫는 용어다. 텅 빈 둥지를 보며 느끼는 어미새의 감정에 빗댄 표현이다.

- 인간중심의 요양보호로, **개개인에 맞춘 요양보호를 제공하는 것**을 의미한다.

1. 대상자를 대하는 원칙 p29

가. 사람 중심의 돌봄(Tom Kitwood)

　- 대상자와 요양보호사 간의 좋은 의사소통과 인간관계의 중요성을 강조하고 있으며,

　- 장기요양 서비스 과정에서 발생하는 악성사회심리[3]의 문제점을 지적하고 있다.

나. [인간다움 케어[4]에서 대상자를 대하는 실천 원칙(5가지 단계)]

　① **만남의 준비 단계** - 요양보호사가 대상자에게 방문하였음을 알린다.

　② **케어의 준비 단계** - 상대와 관계를 만든다(친구가 됨).

　③ **지각(감각)의 연결 단계** - 대상자가 기분 좋게 느끼도록 돌봄을 시행한다.

　④ **감정의 고정 단계** - 돌봄의 기분 좋은 점을 상대의 기억에 남긴다.

　⑤ **재회의 약속 단계** - 다음의 돌봄을 쉽게 하도록 준비한다.

다. [대상자에게 해서는 안 되는, 부정적 사례] ☆

　1) **제공자 중심의 요양보호 사례**(무엇이든 강제하는 행동)

　　① '다음 주까지 기다려야 하니(혹은 냄새나니) 얼른 목욕하세요.'

　　② '아침 8시예요, 어서 일어나세요.'

　　③ '화장실 가려면 같이 고생이니 간이변기[5] 사용하세요.'

　　④ '걸으면 힘드시니 휠체어 타고 가요.'

　2) **사고 방지만을 강조하는 사례**(억제대 사용과 관련된 다음의 행동)

　　-억제대는 **욕창, 근력저하, 관절 구축, 심장 기능과 인지기능 저하, 골다공증** 등을 초래한다.

───────────

3)　이러한 악성사회심리는 돌보는 자로 하여금 대상자를 존중하지 않게 하고, 요양보호의 질을 심각하게 떨어뜨린다고 평가한다. 16개의 악성사회심리는 다음과 같다. ① 속이거나 착각하게 만든다. ② 어른으로 존중하지 않는다. ③ 공포감을 준다. ④ 뒤로 미룬다. ⑤ 비난한다. ⑥ 중단한다. ⑦ 바보로 취급한다. ⑧ 따돌린다. ⑨ 능력을 제한한다. ⑩ 어린애 취급한다. ⑪ 무시한다. ⑫ 강요한다. ⑬ 차별한다. ⑭ 재촉한다. ⑮ 이해하려 하지 않는다. ⑯ 모욕한다.

4)　이는 'Humanitude Care'라는 이름으로 알려진 것으로 치매 대상자에 대한 돌봄 기법을 의미한다. 1979년 프랑스의 이브 지네스트(Yves Gineste)와 로젯 마레스코티(Rosete Marescotti))에 의해 개발되었다. 이들은 교직 퇴직 후 치매 요양병원에서 근무하며, 강제적인 것보다 인간 존중을 바탕으로 한 돌봄이 대상자의 인지기능 향상에 더 효과적임을 경험하며, 이 기법을 정립하게 된다. 이 돌봄 방식은 치매 대상자의 존엄성을 유지하고 인간적인 삶을 영위할 수 있도록 돕는 걸 목표로 하는데, 대상자의 감정과 심리적 욕구를 존중하며, 개별적인 요구에 맞춰 서비스를 제공하고자 한다.

5)　간이변기는 '침상배설'을 돕는 용구로, '화장실까지 못가거나 침대에 내려올 수 없는' 와상 대상자가 사용하는 것이다. 거동이 가능한 대상자는 잔존능력을 최대한 활용한다는 측면에서 간이변기를 사용해서는 안 될 것이다. 다음 항목의 휠체어도 마찬가지 논리다. 뒤의 침상배설 파트를 참고하라!

① '안 묶으면 소변 줄이나 콧줄을 뽑아요. 어쩔 수 없어요.'

② '침대에서 떨어지면 누가 책임져요? 보호자 엄청 까칠하거든요.'

3) 대상자에게 위험한 요양보호 - 부적절한 돌봄

- 의자에서 세우거나, 침대 위로 끌어올리기 위해 겨드랑이를 잡아 끌어올리는 행위가 대표적이다.

2. [인간다움 케어를 위한 요양보호 실천의 네 가지 원칙] p31

가. 대면하기

- 가까운 정면에서 같은 눈높이로 최소 1초 이상 눈을 맞추며 상대를 본다.
- 대상자와 눈을 맞추고 2초 이내로 인사하거나 말을 건넨다.
- 시선을 피하면, 눈을 맞추며 "제 눈을 봐 주세요."라고 요청한다.
- 멀리 서거나, 위에서 내려다보며 정면이 아닌 옆에서 힐끗 짧게 보는 건 옳지 않다.

나. 말하기

- 대상자가 졸고 있으면 침대판을 두드리고 깨운 뒤 말을 시작한다.
- **아무 말도 안 하는 대상자**(치매 말기, 임종 시, 무의식 대상자)에게도 말을 건넨다.
- 항상 긍정형의 문장으로 이야기한다.
- 무언가를 이야기한 후, 최소 3초 이상을 기다려 줘야 한다.
- 봐야 할 것을 눈높이에서 보여 주며 말한다.

다. 접촉하기

- 웃으며, 천천히 쓰다듬듯이, 감싸듯이 피부와 넓은 면적을 닿게 만진다.
- 대상자를 붙잡지 않고, 천천히 밑에서부터 받쳐 준다(존중받는 느낌을 줌).
- 손끝이 아니라 손바닥 전체를 이용해 접촉한다.
- 절대 급격한 행동으로 붙잡지 않는다.

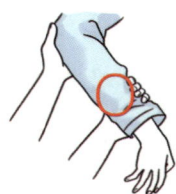

라. 일어서게 하기

- 일어서기는 근력 유지, 골다공증, 혈액순환, 폐활량 등에 도움이 된다.
- 최소 하루 20분 정도 서 있거나 일어서서 걷도록 한다. 그것이 안 되면 세수하는 2~3분 동안이라도 서 있게 유도한다.
- 느리더라도 부축하지 말고, 혼자 움직이게 해야 한다.
- 서서 움직이는 동안 기분 좋은 이야기로 격려한다.

2장

노인복지와 장기요양제도

1절 사회복지와 노인복지 (3문제가량 출제)

1. [사회복지의 개념과 범위-사회복지 분야] p36 ☆☆

가. 공공부조(공적 부조)

- **국민기초생활보장제도:** 어려운 사람들에게 필요한 급여를 제공하여 최저생활을 보장하고 자활을 돕는 공공부조 제도이다.

나. 사회보험

1) **국민건강보험:** 질병 및 건강 증진에 대하여 보험급여를 제공함으로써 국민 건강 향상에 이바지하는 제도이다.

2) **국민연금보험:** 노령, 장애, 사망 등에 대하여 연금 급여를 제공함으로써 국민의 생활 안정과 복지 증진에 이바지하는 제도이다(노령연금 등).

   참고) **기초연금제도:** 만 65세 이상인, 소득 인정액 기준 70% 이하의 노인에게 안정적인 소득 기반 제공 및 생활 안정을 지원하는 제도이다.

3) **고용보험:** 근로자가 실직하였을 때 생활에 필요한 급여를 제공하는 제도이다.

4) **산업재해보상보험:** 근로자의 업무상 재해에 대해 보상급여를 제공하는 제도이다.

5) **노인장기요양보험:** 거동이 어려운 노인에게 장기요양급여를 제공하는 제도이다.

다. 사회서비스: 도움이 필요한 사람에게 제공되는 인간다운 생활 보장, 상담, 돌봄 정보의 제공, 관련 시설의 이용, 역량 계발, 사회 참여 지원 등을 위한 개별 서비스이다.

2. 노인복지의 개념과 유형

가. 인구 고령화[6]와 노인복지 개념

---

6) 노인 비율이 증가하면 고령화 사회 → 고령사회 → 초고령사회로 진행하게 된다. 초고령사회는 전체 인구 대비 65세 이상 인구 비율이 20%를 넘는 사회를 말하는데, 한국도 현재 초고령사회에 진입한 상태이다. 일본에 이어 아시아에서 두 번째 사례라고 한다.

나. **[(국제연합이 1991년 채택한) 노인복지 원칙]** p38 ☆☆

1) **독립의 원칙:** 오랫동안 가정에서 살며, 일하거나 소득을 얻고 적절한 교육 기회를 누린다.

2) **참여의 원칙:** 지식과 기술을 젊은 세대와 공유하고, 자원봉사 및 사회운동 등에 참여한다.

3) **보호의 원칙:** 지역과 사회의 보살핌, 법률 및 의료서비스, 기본적 인권과 자유 등을 보장한다.

4) **자아실현의 원칙:** 잠재력 계발, 사회의 여러 자원과 여가 서비스 이용 기회 등을 보장한다.

5) **존엄의 원칙:** 학대받지 않고, 존엄과 안전한 환경에서 차별받지 않고 공정하게 대우받는다.

다. **노인복지 사업 유형**(볼드체 항목과 붉은색 위주로 가볍게 볼 것) p39~44

1) **치매 사업 및 건강 보장 사업**

　(1) **치매안심센터** ☆

보건소가 사업 주체로, **일반 노인, 치매 환자와 가족**을 대상으로 한다. 조기 검진, 치매 환자 등록 및 사례관리, 치매 가족 지원, 예방교육과 인식 개선 활동 등이다.

　(2) **치매공공후원사업**

치매안심센터가 주관하며, 기초생활수급자·차상위·저소득층·기초연금 수급자 또는 가족의 도움 없이 의사결정이 어려운 치매 노인을 대상으로 성년후견 및 의사결정 지원을 제공하는 사업이다.

　(3) 기타 노인실명 예방사업, 노인 무릎인공관절 수술지원, 노인 건강진단 등의 사업

2) **노인 사회활동 및 여가 활동 지원**

　(1) 노인일자리 및 사회활동 지원사업

　(2) 노인자원봉사

　(3) **경로당:** 친목 도모, 취미활동, 각종 정보 교환과 여가 활동 등을 지원함

　(4) **노인복지관:** 교양, 취미생활 및 사회 참여 활동 등을 함

　(5) **노인교실:** 취미·건강·소득 보장·기타 일상생활 관련 교육 프로그램 등을 제공함

3) **노인 돌봄 및 지원 서비스**

　(1) **노인돌봄맞춤서비스**[7]

65세 이상의 일정한 노인을 대상으로 하는데, 대상자 선정 도구를 통해 사회-신체-정신 영역의 돌봄 필요도에 따라 대상자 군을 나눠서 서비스를 제공한다.

　- **중점돌봄군:** 월 20시간~40시간 미만의 직접 서비스, 연계서비스와 특화 서비스 등 제공

　- **일반돌봄군:** 월 16시간 미만의 직접 서비스, 연계서비스와 특화 서비스 등 제공

　(2) 독거노인, 장애인 응급안전안심서비스, 독거노인 공동생활홈 서비스

　(3) **노인보호전문기관, 학대피해노인 전용쉼터,** 결식 우려 노인 무료급식 지원 등의 서비스

라. **[노인복지시설**(붉은색 글자의 의미를 생각하며 각 항목 숙지)**]** p44~48 ☆

---

[7]　장기요양등급을 받지 않은(혹은 받지 못한) 노인에게 행해지는 서비스 가운데, 재가급여 중의 방문요양과 외관상 비슷한 형태의 돌봄 서비스라 할 수 있다.

1) **노인주거복지시설**(주거가 핵심 관념)

   ① **양로**시설: 급식과 그 밖의 일상생활 편의를 제공한다.

   ② 노인**공동생활가정**: 가정과 같은 주거 여건, 급식과 그 밖의 일상생활 편의를 제공한다.

   ③ 노인**복지주택**: 주거시설을 임대하여 필요한 편의를 제공한다.

2) **노인의료복지시설**(의료가 핵심 관념, 장기요양급여에서의 시설급여는 이 항목임)

   ① 노인**요양**시설: 10인 이상, 급식, 요양, 그 밖의 일상에 필요한 편의를 제공한다.

   ② 노인**요양**공동생활가정: 9인 이내, 급식, 요양, 그 밖의 일상에 필요한 편의를 제공한다.

3) **노인여가복지시설**(**여가가 핵심 관념**) - 노인복지관, 경로당, 노인교실 등이 있다.

4) **재가노인복지시설**[8](**집에서 주되게 머물며 서비스받는 것이 핵심 관념**)-노인복지법38

   ① **방문요양**서비스: 1일 중 일정 시간 동안 가정에서의 보호가 필요한 사람이 대상이다.

   ② **주·야간보호**서비스: 주간 또는 야간 동안의 보호가 필요한 사람이 대상이다.

   ③ **단기보호**서비스: 월 1일 이상 15일 이하 단기간의 보호가 필요한 사람이 대상이다.

   ④ **방문목욕**서비스: 가정에서의 목욕이 필요한 사람이 대상이다.

   ⑤ 그 밖의 서비스: '재가노인지원서비스', '방문간호서비스' 및 '복지용구지원서비스'

5) **노인보호전문기관**

   ① 중앙노인보호전문기관: 노인 인권 보호 관련 연구 및 사업 개발. 교육, 홍보 등을 한다.

   ② **지역노인보호전문기관**: 노인학대 신고 및 접수, 현장 조사 및 사례 판정, 각종 서비스 제공(상담, 의료, 법률, 일시보호), 노인학대 예방 및 노인 자살 예방 교육 등을 한다.

6) 노인일자리지원기관

7) **학대피해노인전용쉼터** ☆

   노인보호전문기관이 위탁받아 운영하는 시설로, 학대 피해 노인을 위한 일정 기간의 보호와 숙식 제공 및 전문 심리상담 등 심신 치유 프로그램을 제공하고 의료지원을 한다.

2절 **[노인장기요양보험제도]**(2문제가량 출제) - 전체가 중요 ☆☆ p49~62

1. **제도의 목적**: 일상생활을 혼자서 수행하기 어려운 노인에게 각종 서비스를 지원하여, 노후 건강 증진 및 생활 안정을 도모한다.

---

[8] 주·야간보호나 단기보호의 경우에만 보편적인 시설의 정의에 부합한다. 방문요양이나 방문목욕 등은 가정에 일정한 인력이 가정에 들러서 급여를 제공하는 것이기에, 시설이라고 하기에는 다소 관념성을 띠는데, 입법적으로 해결하고 있다. 노인복지법 38조가 이를 '가정봉사원파견시설'로 규정하고 있는 것도 그 때문이다. 복지부령인 시행규칙27조는 이를 '방문요양 서비스'와 '방문목욕서비스', '재가노인지원서비스'와 '방문간호서비스' 등으로 하여 서비스 제공 측면에서 세부적으로 규율한다. 뒤에서 볼 재가노인 장기요양급여의 내용으로 수렴하는 셈이다.

2. 사업의 보험자와 가입자 p49

① **보건복지부 장관**이 노인장기요양보험 사업을 관장한다.

② 노인장기요양보험의 **보험자**는 국민건강보험공단(이하 공단이라 함)이다.

③ 노인장기요양보험의 **가입자**는 국내에 거주하는 국민, 국내에 체류하는 재외국민 또는 외국인으로서 대통령이 정하는 사람 등이다.

3. 장기요양급여 대상자 p50, 51

1) 만 65세 이상 또는 노인성 질병을 지닌 만 65세 미만의 자로, **거동이 불편**하거나 **치매** 등으로 인지가 저하되어 **6개월 이상 혼자서 일상생활을 수행하기 어려운 사람**을 말한다.

2) 여기서 **노인성 질병**이란 치매, 알츠하이머병, 파킨슨병, 뇌혈관질환 등을 말한다.
   - 하지만, 뇌종양 X, 심혈관질환 X, 결핵 X, 노인성 질병 치료 중인 자 X ☆

3) **대상자가 되는 경우** ☆
   ① **혈관성 치매**로 신체활동이 어려운 40세 남자(노인성 질병이기에)
   ② **결핵**으로 거동이 어려운 70세 남자
   ③ **뇌경색**으로 신체활동이 어려운 50세 여자(노인성 질병이기에)

4) **대상자가 안 되는 경우** ☆
   ① **결핵**으로 신체활동이 어려운 60세 여자(노인성 질병이 아니기에)
   ② 뇌출혈로 병원에 입원 중인 70세 남자(치료 중이기에)
   ③ **교통사고**로 신체활동이 어려운 50세 여자(노인성 질병이 아니기에)

4. 장기요양인정 신청 및 판정 절차 p51~54

가. **인정신청** - 공단에 장기요양인정을 신청한다(신청할 때 개인정보 동의서는 불필요).

1) 65세 미만 노인성 질환 대상자(노인성 질병이 있다는 의사 소견서를 첨부해야 함) 또는 65세 이상 노인은 **본인**이 직접 신청할 수 있다.

2) **급여를 받고자 하는 자가 신체적·정신적 이유로 직접 신청하지 못할 경우** ☆
   ① 그 가족, 친족, 이해관계인
   ② 시·군·구청장이 지정한 자
   ③ 본인이나 가족의 동의를 받은 관할 지역 사회복지 전담공무원
   ④ 치매안심센터장(치매 대상자의 경우로, 가족의 동의 필요) 등이 신청할 수 있다.

나. **방문 조사**

공단의 직원(간호사, 사회복지사)이 신청인 거주자를 방문해 신청인의 심신 상태와 신청인에게 필요한 장기요양급여의 종류와 내용을 조사한다. - 장기요양기관장이 방문 조사 X

다. **등급판정**

　① **공단**은 신청서, 장기요양 인정 조사표에 따라 작성된 조사 결과서, 의사 소견서 등을 등급판정위원회에 제출한다. ☆

　② **등급판정 위원회**는 대통령령이 정하는 등급판정 기준에 따라, 공단이 평가한 1차 판정 결과를 최종적으로 심의하여 판정한다.

　③ 등급판정은 원칙적으로 신청서를 제출한 날로부터 30일 안에 완료한다.

라. **판정 결과**(장기요양인정 점수에 따른 등급): 1~5등급과 인지지원등급. p53

　① **1등급**: 점수가 95점 이상, 일상생활에서 **전**적인 도움이 필요, 와상상태의 경우

　② **2등급**: 점수가 75점 이상(~95점 미만), 일상생활에서 **상**당 부분 도움

　③ **3등급**: 점수가 60점 이상(~75점 미만), 일상생활에서 **부**분적인 도움

　④ **4등급**: 점수가 51점 이상(~60점 미만), 일상생활에서 **일**정 부분 도움

　⑤ **5등급**: 점수가 45점 이상(~51점 미만): 치매 대상자만을 위한 등급[9]이다.

　⑥ **인지지원등급:** 45점 미만: 역시 치매 대상자만을 위한 등급[10]이다.

마. **판정 결과 통보** p54

　① 공단은 '**장기요양**인정서'와 '개인별**장기요양**이용계획서'를 수급자에게 송부한다.

　② 장기요양인정 유효기간은 최초 판정 시에는 모두 2년이다. ☆

　③ 갱신 후의 유효기간은 갱신 결과에 따라 5년, 4년 및 2년 등이다.

　④ 최초의 판정과 갱신 이후의 유효기간 산정의 **구체적 예시**

최초의 등급	최초 판정 등급의 유효기간	갱신 결과 같은 판정을 받은 경우[11]
1등급	23.08.11~25.08.10(2년)	25.08.11~30.08.10(5년)
2-4등급	23.08.11~25.08.10(2년)	25.08.11~29.08.10(4년)
5등급, 인지지원등급	23.08.11~25.08.10(2년)	25.08.11~27.08.10(2년)

바. 이상의 **장기요양인정 신청 절차**를 나열하면 다음과 같다. ☆

인정신청 → 방문 조사 → **의사 소견서 제출** → (등급판정위원회의 심의판정) → 등급판정

---

9)　**경증 치매**로, 인지지원등급보다 인지기능 저하가 더 심하며, 도움이 보다 필요한 경우이다. 장기요양 서비스 가운데 방문요양과 주·야간 보호센터의 이용이 원칙적으로 가능하다.

10)　치매 진단을 받았지만, 5등급에 해당하지 않는 **경증 치매**를 위한 등급이다. 장기요양 서비스 가운데 주·야간 보호센터의 이용이 가능하다.

11)　2025년 7월 1일부터 장기요양등급 갱신의 주기가 1등급의 경우엔 5년, 2~4등급의 경우엔 4년으로 변경되었으며, 그 이하 등급은 그대로 유지되고 있다. 1등급과 2~4등급에서 종전보다 1년씩 더 길어졌다.

5. 장기요양 급여의 내용 p55~56

가. 재가급여의 종류

① **방문요양**: 장기요양요원이 방문하여 신체활동 및 가사 활동 등을 지원한다.

② **방문목욕**: 목욕 설비를 갖춘 장기요양요원이 방문하여 목욕 서비스를 제공한다.

③ **주·야간보호**: 수급자를 모셔 와 하루 8시간 정도 보호하며, 신체활동 등을 지원한다. ☆

④ **방문간호**: 간호사 등이 의사, 한의사, 치과의사의 지시서에 따라 수급자 가정을 방문하여 간호, 진료 보조, 요양에 관한 상담 또는 구강 위생에 관한 서비스를 제공한다.

⑤ **단기보호**: 일정한 기간 동안 장기요양기관에서 보호하며 서비스를 제공한다. ☆

⑥ **기타 재가급여**: 필요한 '복지용구'나, '가정을 방문하여 재활에 관한 지원' 등을 제공한다.

* 재가급여는 친숙한 환경에서 지낼 수 있으며, 사생활이 보호되고 개인 중심 생활이 가능한 장점이 있지만, 서비스가 단편적이고 긴급 상황에서의 대처가 어려운 단점이 있다. ☆

나. 시설급여의 종류

① **노인요양시설**: 치매·중풍 등 노인성 질환으로 심신장애가 발생해 도움이 필요한 노인을 입소시켜, 급식, 요양 및 그 밖의 일상생활 편의를 제공한다(10인 이상).

② **노인요양공동생활가정**: 마찬가지로 도움이 필요한 노인을 입소시켜, 가정과 같은 주거 여건과 급식, 요양 및 그 밖의 일상생활 편의를 제공한다(5~9인).

* 시설급여는 종합적인 서비스를 제공받을 수 있는 장점이 있지만, 지역사회(가족, 이웃)와 떨어져 지내게 되어, 소외되고 개인 중심의 생활이 어려운 단점이 있다.

다. 특별현금급여(현금급여)

1) **가족요양비**: 도서·벽지 등 장기요양기관이 현저히 부족한 지역, **천재지변**이나 **수급자의 신체·정신 또는 성격상의 사유 등**으로 인해 가족으로부터 방문요양에 상당한 장기요양서비스를 받는 경우 지급되는 현금급여이다. 현재 이것만 시행되고 있다. ☆

2) 특례요양비: 장기요양기관으로 인정받지 못한 노인요양시설 등에서 행하던 것이다.

3) 요양병원간병비: 요양병원에 입원했을 때 지급되던 현금급여이다.

6. 장기요양기관의 비용(재가급여비용, 시설급여비용 등) 청구 및 지급 p57

① **장기요양기관**은 급여를 제공한 경우, 공단에 장기요양급여비용을 청구한다.

② **공단**은 심사 후 본인부담금을 제외한 공단부담금을 기관에 지급한다.

7. 재원 조달(보험료 60~65% + 국가 지원 20% + **본인부담금 15~20%**) p57, 58

가. 노인장기요양보험료

공단은 장기요양보험료와 건강보험료를 통합징수하지만, 독립회계로 관리한다. ☆

나. 국가 지원: 국가는 보험료 예상 수입액의 20%를 국고에서 부담한다.

다. 본인 부담

① 일반적으로, **시설급여**를 이용하면 20%, **재가급여**를 이용하면 15%를 부담한다. ☆

② 저소득층, 의료급여수급권자 등은 위의 법정 본인부담금을 40~60%로 경감한다.

③ **국민기초생활수급권자**는 아예 본인부담금이 없다.

④ 그럼에도 **비급여 항목**(식비, 목욕비, 이·미용비)은 본인이 전액 부담한다.

8. 장기요양서비스 이용 지원 p58~62

서비스 신청접수 및 방문 상담 → 서비스제공계획 수립 → **(서비스이용계약 체결)** → 서비스 제공 → 모니터링 실시 → 서비스 종료 순으로 행해진다. ☆

가. 서비스 신청 및 상담

서비스를 이용하기 위해서는 장기요양기관(센터 등)에 방문하거나 전화 상담이 필요하며, 신청 단계에서 '장기요양인정서'와 '개인별장기요양이용계획서'를 제출해야 한다.

1) 장기요양인정서

(1) 등급판정을 받은 대상자에게 공단이 발급한 것으로,

(2) 기본 인적 사항, 등급, 유효기간, 이용할 수 있는 급여의 종류와 내용이 기재되어 있다. ☆

(3) 장기요양인정서에는 **다음의 안내 사항 등도 기재**되어 있다.

① 장기요양보험료를 **6회 이상 납부하지 않으면** 장기요양급여를 받지 못한다는 점

② **등급판정 결과에 대한 이의**는 통보받은 날로부터 90일 이내에 신청하라는 점

③ 유효기간의 **갱신**은 유효기간이 끝나기 90일 전부터 30일 전까지 신청하라는 점 ☆

2) 개인별장기요양이용계획서

(1) 등급판정을 받은 대상자에게 공단이 발급한 것으로,

(2) 등급에 따른 한도액과 본인부담률, 급여의 종류와 제공 횟수, 및 그 비용이 기재된다. ☆

나. 서비스 제공계획 수립

신청하면 **기관**은 먼저 가정을 방문하여 대상자의 기능 상태 평가와 욕구 평가를 하며, 평가 내용에 근거하여 서비스의 목표를 수립하고 구체적인 내용, 횟수 및 비용을 결정한다. 이때 개인별장기요양이용계획서를 바탕으로 한다.

다. 서비스 이용 계약 체결

서비스 제공계획이 수립되면, 그 내용을 충분히 설명하며, 제공계획에 동의하면 서비스 이용계약을 체결한다.

라. 서비스 제공

기관은 장기요양급여제공계획서를 바탕으로 급여를 제공한다. **요양보호사**는 계획서에 적혀 있는 주요 기능 상태와 욕구 상태를 명확히 인식하고, 내용, 시간, 방법들을 파악하여 제공한다.

마. 모니터링

서비스가 만족스러운지, 새로운 변화가 생겼는지 등에 대해 기관이 점검한다. 이를 바탕으로 서비스 계획을 수정할 수 있다.

바. 서비스 종료: 대상자의 사망, 스스로 종료를 원할 때, 혹은 타 기관으로 이관되었을 때 종료한다.

3절 요양보호 업무(2문제가량 출제)

1. 요양보호 업무의 목적 p63
- 체계적·전문적 서비스를 제공하여 대상자의 신체 기능 증진 및 삶의 질 향상에 기여한다.
- 인간 욕구에 대한 기본적 이해가 필요한데, 특히 생리적 욕구부터 도와주어야[12] 한다.

2. [요양보호 업무의 유형과 내용] p64~66 ☆☆
업무의 세부 유형은 장기요양급여 제공기록지에 명시되어 있으며, 요양보호사 등(이른바 장기요양요원)이 제공하는 서비스를 말한다.

가. 신체활동지원: 3부, 10장에서 자세히 다루는 것으로 중요한 내용이다.
① 세면 도움, ② 구강 청결 도움, ③ 머리감기 도움, ④ 몸단장, ⑤ 옷 갈아입기 도움, ⑥ 목욕 도움, ⑦ 식사 도움, ⑧ 체위 변경, ⑨ 이동 도움, ⑩ 화장실 이용하기 돕기, ⑪ 신체기능의 유지·증진(보장구 이용 도움, 복약 도움)

---

12)   참고로 매슬로(Abraham Harold Maslow, 1908~1970)는 욕구를 5단계로 설명한다.
  - 생리적 욕구(1단계)
  - 안전의 욕구(2단계-욕창 예방을 위한 체위 변경의 이유)
  - 사랑과 소속의 욕구(3단계)
  - 존경의 욕구(4단계)
  - 자아실현의 욕구(5단계-가장 높은 욕구) 등이 그것이다.

나. 가사 및 일상생활지원(일상**생활**지원과 개인**활동**지원): 11장에서 다룬다.

  ① **일상생활지원**

    - 식사 준비(**주의**: 식사 도움은 신체활동지원), 청소 및 주변 정돈, 세탁 등이다.

    - 밥하고, 청소하고, 빨래하는 것을 생각하면 된다!

  ② **개인활동지원**

    - **외출 시 동행**(은행, 관공서, 병원)과 **업무 대행**(물품구매, 약 타기, 공과금 납부) 등이다.

다. 정서지원 및 의사소통 도움 서비스

  - 말벗, 격려, 위로, 생활 상담

  - 대화·편지·전화 등의 방법으로 수급자의 욕구 파악과 의사전달을 대행하는 것(**편지 대필**)

라. 인지지원서비스(특히 치매 환자에게 중요한 서비스)

  ① **인지관리지원**: 대상자에게 정서적 안정과 생활 의욕 향상 도움 등의 서비스를 제공한다.

  ② **인지활동지원**: 인지자극활동, 인지기능 향상 프로그램, 일상생활 함께하기 등을 제공한다.

마. 방문목욕서비스: 2명 이상의 요양보호사가 목욕 설비를 갖추고 방문해 제공하며, 준비에서 정리까지 한다(**주의**: 목욕 도움은 신체활동지원).

바. 제한된 업무(요양보호사 단독으로나 전적으로 수행하지 않고, 다른 전문가가 주도)

  - 기능회복훈련서비스나 간호처치서비스 등의 행위

※ [요양보호사 서비스 유형별 대처방안 사례 모음 축약] p67~75 ☆

1) 신체활동지원의 상황

  ① **세면 자체를 거부하는 때**: 따듯한 물수건으로 닦아 주는 등 거부감 없는 것을 강구한다.

  ② **식후 양치를 하지 않는 때**: 심하게 거부하면 입안 헹구기 등의 방법으로 한다.

  ③ **회음부 세척을 거부하는 때**: 수치심을 느끼지 않게 편안한 환경을 제공하거나, 물수건을 이용하여 본인이 할 수 있도록 돕는다.

  ④ **계절과 장소에 안 맞는 옷을 입으려 하는 때**: 입고 싶어 하는 옷을 안에 입히고 겉옷을 상황에 맞게 입힌다.

  ⑤ **혈압이 높은데도, 목욕을 희망하는 때**: 혈압이 높을 때는 기본적으로 목욕하지 않는 게 좋다는 것을 대상자와 가족에게 설명한다.

  ⑥ **체온이 높은데도 목욕을 원하는 때**: 목욕 대신 따뜻한 물수건으로 몸을 닦아 주고 목욕은 나중에 하자고 한다.

  ⑦ **목욕을 거부하며, 때리거나 고함을 지르는 때**: 대상자가 좋아하는 물놀이 등을 통해 기분을 좋게 하고, 목욕의 방법, 시기 등을 다르게 하여 시도한다.

⑧ **매번 목욕하겠다며 알몸으로 기다리는 때**: 목욕 서비스가 없음을 설명하고 옷을 입도록 단호하게 말한다.

⑨ **기저귀 교환이나 용변 후의 처리를 거부하는 때**: 거부하는 이유를 파악하고 신뢰감을 가질 수 있도록 한다. 혹은 통증, 발진, 욕창, 관절 상태를 관찰한다.

⑩ **추워서 화장실에 가기 싫어 기저귀를 사용하려는 때**: 편안한 환경을 조성한 후, 이동 변기를 사용하도록 한다.

⑪ **기저귀 안으로 손을 자주 넣는 때**: 음부에 습진이나 발진이 있는지 확인하고, 손톱을 짧게 깎고 손을 자주 씻겨 준다.

⑫ **한쪽으로 누워있는 대상자가 기저귀를 착용하고 있지만, 오줌이 새는 때**: 몸 한쪽에 베개나 방석을 대는 등의 방식으로 체위를 자주 바꿔 준다.

⑬ **대상자가 관장을 요구하는 때**: 자신의 업무가 아님을 설명하고 의료인과 상의한다.

2) 가사 및 일상생활 지원의 상황

① **명절 음식을 만들어 달라고 하는 때**: 기본 요리가 아닌 것은 하지 않는다고 설명한다.

② **냉장고 안의 유효기간이 지난 식품을 버리지 못하게 하는 때**: ⅰ 대상자와 함께 냉장고 내부를 정리한다. 혹은 ⅱ 가족이 지켜보는 가운데서 정리한다.

③ **냉장고 안에 상한 음식을 발견한 때**: 대상자에게 알리고 즉시 폐기한다.

④ **사용한 기저귀를 다시 사용할 것을 요구하는 때**: 재사용의 해로움을 설명하고, 새 기저귀를 사용한다.

⑤ **외출 시 요양보호사의 차량을 이용하려는 때**: ⅰ 사고가 날 경우 요양보호사의 책임이므로 개인 차량을 이용할 수 없음을 설명한다. 혹은 ⅱ 차량 이용 시 요양보호사가 대상자 곁에 있어야 함을 설명한다.

⑥ **고액과 관련된 은행 업무를 맡기는 때**: ⅰ 가능한 한, 대상자나 가족과 동반한다. 혹은 ⅱ 동반이 어려울 시 사전에 가족에게 알리고 확인을 받는다.

⑦ **요구한 물건을 사 왔는데, 마음에 들지 않는다고 하는 때**: 가능한 한, 대상자와 함께 구입하러 간다.

3) 정서지원 및 의사소통 지원의 상황

① **본인부담금 면제를 요구하는 때**: 불법행위나 과태료 부과 기준에 해당함을 설명한다.

② **아들과 며느리 험담을 하는 때**: 이야기를 들어 주되, 옳고 그름의 판단을 하지 않거나 가족관계에 깊이 관여하지 않는다.

③ **서비스 시간 외에 자주 전화를 하여 푸념하는 때**: 특별한 문제가 없으면 서비스 시간 외에는 다른 업무로 인해 통화가 어려움을 대상자에게 이해시킨다.

④ **몸을 만지거나 신체접촉을 하는 때**: ⅰ 신체접촉을 하지 말라고 단호하게 이야기하거나, ⅱ 계속 신체접촉을 시도할 시 가족과 관리 책임자에게 알리고 대책을 마련한다.

⑤ **목욕 서비스를 위해 방문 하였는데, 집 청소를 부탁하는 때**: 급여 내용에 없는 서비스는 제공할 수 없음을 설명한 후 정중히 거절한다.

⑥ **대상자가 고맙다고 돈봉투를 건네는 때**: "마음만 받을게요."라 말하며 돌려준다.

3. 요양보호 서비스의 제공 원칙 및 준수사항 p76

가. [요양보호 서비스의 제공 원칙(내용을 꼼꼼히 볼 것)] ☆

1) 수급자 중심의 급여 제공

① 수급자 또는 보호자와 상담하고 제공할 급여를 상세히 설명한다.

② 개별적 욕구를 반영해 급여를 제공하고, 안전사고나 사생활 침해가 되지 않도록 한다.

③ 급여제공기록지를 작성하고, 수급자 또는 보호자에게 설명한 후 확인을 받는다.

2) 급여제공계획과 기준에 따른 급여 제공

① 급여제공계획에 따른 급여 내용과 제공 시간을 준수하여 급여를 제공한다.

② 수급자별로 급여 제공 내용과 상태 변화를 기록하고 관리한다.

③ 수급자나 가족이 부당한 요구를 할 경우 즉시 거절하고 관련 대응 지침에 따른다.

3) 권리와 책임에 따른 급여 제공

① 단정하고 위생적인 복장을 착용하며, 올바른 돌봄 기술과 관리 지식을 배양한다.

② 매년 건강검진을 받고 평소 계획적인 휴식과 운동, 건강관리를 한다.

③ 수급자에 대한 학대나 기관의 부당 행위를 발견할 때는 신고한다.

나. [요양보호사 준수사항] p77 ☆☆

① 대상자 **성격, 습관, 선호 등**을 **개시 전** 확인하여, 특별히 싫어하는 행동을 하지 않는다.

② 대상자의 잔존능력을 고려하여, 대상자의 능력을 최대한 활용하면서 서비스를 제공한다.

③ 대상자나 보호자(치매 등의 경우)에게 충분히 설명하고, 동의를 얻은 후 급여를 제공한다.

④ 대상자의 비밀을 누설하지 않고, 사생활을 보호하고, 자유로운 의사 표현을 보장한다.

⑤ 대상자의 상태를 관찰하면서 서비스를 제공하여야 한다.

- 대상자의 상태와 관계없이 기계적 서비스를 제공하는 것 X

⑥ 모든 서비스는 대상자에게만 제공한다.

⑦ **상태 변화로 급여를 추가 · 변경하거나 의료적 진단 등이 필요할 때** 신속하게 보고한다.

⑧ 대상자나 그 가족과 **의견이 상충할 때**, 불필요한 마찰을 피하고 신속하게 보고한다.

⑨ 서비스 **제공 도중 예기치 못한 사고 발생** 시 신속하게 보고한다.

⑩ 흡인, 비위관 삽입, 관장, 욕창 관리, 투약 등 **모든 의료행위**는 하지 않는다.

- 그럼에도 **경구약 복용**, **외용액 도포**는 요양보호사 업무에 해당한다. ☆

⑪ **응급상황의 경우** 응급처치 우선순위에 따라 처치한다.

다. 요양보호사 금지 행위 등 p78, 79

① 노인학대 등 행위의 금지(노인복지법 39의 9)

② 수급자 소개 · 알선 등 행위의 금지(2년 이하 징역이나 2천만 원 이하)

③ 본인부담금 면제 및 감경의 금지(2년 이하 징역이나 2천만 원 이하)

④ 비밀누설의 금지(2년 이하 징역이나 2천만 원 이하 벌금)

⑤ 부당수급관련 행위의 금지(1년 이하 징역이나 1천만 원 이하)

⑥ 급여제공자료 거짓 작성의 금지(500만 원 이하의 과태료)

라. **요양보호사 급여제공 제한[13] 및 자격 취소[14]** p79, 80

4. 요양보호사의 역할

가. **[요양보호사의 역할]** p80, 81 ☆

1) **숙련된 수발자**: 숙련된 요양보호사의 지식과 기술로 대상자의 불편함 경감을 위해 대상자를 도와주는 역할을 한다.

2) **정보 전달자**: 대상자의 신체·심리에 관한 정보를 가족, 시설장 기타 의료인 측에 전달하고 필요시 이들의 지시 사항을 가족에 전달하는 등의 역할을 한다.

3) **관찰자**: 대상자의 맥박 호흡, 체온 혈압 등의 변화와 투약 여부, 질병의 변화에 대한 증상뿐만이 아니라 심리적인 변화까지 관찰하는 역할을 한다.

4) **말벗과 상담자**: 효율적 의사소통 기법을 활용하여 대상자와 관계를 형성하고, 대상자의 신체적·정신적·심리적 안위를 도모하는 역할을 한다.

5) **동기 유발자**: 대상자의 능력을 최고치로 발휘하도록 동기를 유발하는 역할을 한다.

6) **옹호자**: 학대나 소외를 당하는 대상자를 위해 편들어 주고 지지해 주는 역할을 한다.

나. **[요양보호사에게 요구해서는 안 되는 행위(요양보호사 요구 금지 행위)]** p81

1) 수급자의 가족만을 위한 행위

① 수급자의 가족만을 위한 식사 준비, 빨래, 장보기, 가족의 방 청소

② 김장 도움, 결혼식 또는 집안 경조사 지원

③ 가족을 위한 관공서 등 업무 지원

2) 수급자 또는 그 가족의 생업을 지원하는 행위

① 가게보기, 부업에 참여하기

② 배달하기, 가게 청소, 가게 설거지·가게 음식 준비

---

13) 기관의 종사자가 거짓이나 그 밖의 부정한 방법으로 급여를 청구하는 행위에 가담한 경우, 해당 종사자가 급여 제공하는 것을 1년의 범위 안에서 제한하는 처분(노인장기요양보험범 37-5①)

14) ① 결격사유에 해당한 경우, ② 노인에 대한 금지 행위를 위반하여 처벌받은 경우, ③ 거짓이나 부정한 방법으로 자격증을 취득한 경우, ④ 영리 목적으로 노인에게 불필요한 요양 서비스를 알선하거나 이를 조장하는 경우, ⑤ 자격증을 대여·양도·위조·변조하는 경우(노인복지법 39-14)

3) 그밖에 수급자의 일상생활에 지장이 없는 행위(수급자의 일상생활과 관련 없는 행위)

    ① 신체기능의 개선을 위한 목적 외 통상적으로 무리하다고 판단되는 안마

    ② 잔디 깎기, 텃밭 매기

다. **요양보호사의 권익 보호**(장기요양보험법35조의 4) p82

    ① **기관의 장**은 수급자나 가족이 장기요양요원에게 폭언·폭행·상해, 성희롱·성폭력 행위를 하거나, 급여 외의 서비스를 요구하는 경우, **업무 전환 등 적절한 조치를 해야 한다.**

    ② **기관의 장은 장기요양요원에게** 급여 외 서비스 제공을 요구하는 행위와 수급자가 부담하여야 할 본인부담금 전부나 일부를 부담하도록 요구하는 행위 **등을 해서는 안 된다.**

3장 노인의 인권과 보호

3장과 4장에서 총 8~10문제가량 출제

1절 노인의 인권 보호

1. **재가노인의 인권 보호**: **공적연금**은 경제권을, **국민건강보험**과 **장기요양보험** 및 **노인돌봄사업** 등은 건강권을, **노인복지관**이나 **평생교육원** 및 **경로당**은 교육·문화권을 제각기 지원하고 있다. **긴급전화 설치, 노인보호전문기관의 설치, 노인학대 신고 의무와 절차, 응급조치 의무** 등을 통해 재가노인의 인권 보호를 하고 있다. p88

2. **시설노인의 인권 보호** p89 이하

가. **입소 전 단계: 시설 정보에 대한 접근성을 보장받을 권리** p90 ☆

   1) 노인과 보호자가 입소 전, 시설 관련 기본 정보를 접하는 데에 어려움이 없어야 한다.

   2) 그들이 방문하는 경우 안내 책자를 제공하며, 질문에 성실히 임해야 한다.

나. **입소 계약 단계에서의 권리** p91

   1) **시설 입·퇴소 등 운영 전반에 관한 충분한 정보를 제공받을 권리** ☆

      ① 계약 관련 충분한 정보(계약기간, 급여 내용과 비용, 비급여항목 등)를 제공해야 한다.

      ② 노인의 권리, 서비스의 내용, 입소 절차, 운영 규정, 시설 내 정보 등을 대상자 특성에 맞게 설명하거나 공지해야 한다.

   2) **노인 스스로 입소를 결정하고, 공정한 입소 계약을 맺을 권리**

      ① 입소 계약 과정에서 노인의 의사가 자유롭게 표현되며 존중되어야 한다.

      ② 노인 스스로가 입소 여부를 결정하도록 자기 결정권을 보장한다.

다. **[생활 단계에서의 권리]** p92~98 ☆☆

   1) **개별화된 서비스를 제공받고 선택할 수 있는 권리**

      ① 노인의 욕구를 파악하여 그 내용을 기반으로 돌봄 및 서비스 지원계획을 수립한다.

      ② 모든 급여 내용이 사전에 설명되며, 강요가 아닌 자유에 의해 진행되어야 한다.

      ③ 생활시설에 노인 개인물품을 설치하거나 이용하는 것을 허용해야 한다.

      ④ 머리 모양이나 의복 등 개인적 생활 스타일을 선택하거나 결정할 수 있어야 한다.

⑤ **위반 사례 -** 여성 노인의 머리를 남자 노인처럼 깎은 사례

2) **안락하고 안전한 생활환경을 제공받을 권리**

① 휠체어 등 이동 공간의 확보, 미끄럼 방지 등 저하된 신체기능을 고려해 안전한 환경을 제공한다.

② 시설은 편안하고 깨끗하게 가정과 같은 환경을 제공한다.

③ 소방 기구, 비상 연락 장치(비상벨) 등을 필요한 공간에 설치한다.

④ **위반 사례 -** 침대 생활자에 대한 매트리스 강요 사례

3) **사생활과 비밀보장에 관한 권리**

① 개인정보를 수집하고 활용하기 전에 동의를 구하며, 사전 동의 없이 공개해서는 안 된다.

② 노인이 원할 때 유무선 전화기 등의 사용, 우편물 수·발신에 제한이 있어서는 안 된다.

③ **위반 사례 -** '불쑥불쑥 들어와 구경하거나' '휴대전화와 별도 전화를 제한한' 사례

4) **존엄한 존재로 대우받을 권리**

① 종사자는 돌봄 과정에서 노인의 권익 신장을 위한 상담과 조치를 해야 한다.

② **시설장과 종사자는** 인권 교육을 이수하여야 한다.

③ 노인의 권리 변화, 건강과 일상의 변화, 수발과 의료적 처치의 변화 등과 관련해서는 충분한 시간을 갖고 사전에 노인과 가족에게 통보한다.

④ 의사결정 과정에 노인 또는 가족을 참여시킨다.

⑤ **위반 사례 -** 동료 노인을 괴롭힌 가해 노인 방치 사례

5) **차별 및 노인학대를 받지 않을 권리**

① 어떤 이유로도 학대 행위는 안 되며, 발생하면 피해 노인에 대한 보호조치를 신속하게 해야 한다.

② 노인의 의사에 반하는 어떠한 노동 행위도 강요해서는 안 된다.

③ 서비스 제공 시 안전을 이유로 신체활동을 부당하게 제한해서는 안 된다.

④ **위반 사례 -** 자식이 자주 오는 노인과 달리 외로운 대상자를 차별한 사례

6) **신체구속을 받지 않을 권리**

① 급여 제공 과정에서 격리하거나 억제대를 사용해 묶는 등 신체를 제한하면 안 된다.

② 노인의 상태, 제한 시간, 구속할 수밖에 없는 사유 등을 자세히 기록하여야 한다.

③ **위반 사례 -** 배회 중 골절 노인에 대한 억제대 사용 사례

7) **건강한 생활을 위한 질 높은 생활 서비스 및 보건의료서비스를 받을 권리**

① 다양한 영양급식을 개별화된 식단으로 운영해야 한다.

② 종사자의 편의에 따라 식사 시간이 조정되지 않도록 한다.

③ 잔존능력 유지와 기력 향상을 위해 하체 근육 재활 및 밀착 돌봄 등에 노력해야 한다.

④ **기저귀 사용**이 불필요한 노인에게 일률적으로 사용하지 않도록 한다.

⑤ 시설은 종사자 능력 개발을 위한 직무훈련과 교육 기회를 충분히 부여하여야 한다.

⑥ **월별 입소 비용 미납을 이유**로 서비스 이용을 제한해서는 안 된다.

⑦ **위반 사례 -** 값싼 파마약 사례

8) 시설 내·외부 활동 및 사회적 관계에 참여할 권리

① 시설 내 자발적 모임, 다른 노인과의 의사소통 등에 제재를 가하지 않는다.

② **면회, 방문객 출입, 외출 등**을 보장하고, **지역사회와의 유대관계 증진**에 노력한다.

③ 자유로운 정치적 이념과 투표권을 보장하고, 종교적 신념과 활동을 보장한다.

④ 노인의 문화적 차이와 생활 양식의 차이를 고려한 다양한 프로그램을 제공해야 한다.

⑤ **위반 사례**(아래의 위반 사례는 ④번 항목과 관련이 있어 보임) ☆

- 걸을 수 없어 단풍 구경 못 간다고 푸념하는 사례
- 텔레비전 보는 것 말고는 문화생활이 없다고 한탄하는 사례

9) 개인 소유의 재산과 소유물을 스스로 관리할 권리

① 공간이 허용하는 한, 보안 장치가 마련된 사물함 등을 제공하여야 한다.

② 시설은 노인 또는 보호자가 원하지 않는 이상 개인의 금전 및 물품관리와 사용에 대한 권리는 타인에게 양도하거나 임의로 처분해서는 안 된다.

③ **위반 사례** - 통장을 전체 가족의 동의 받지 않고 온 둘째 아들에게 내준 사례

10) 이성 교제, 성생활, 기호품 사용에 관한 자기 결정의 권리

11) 시설 운영과 서비스에 대한 개인적 견해를 표현하고 해결을 요구할 권리

① 노인이나 보호자의 고충 처리를 위한 제도(건의함, 고충처리위원회)를 마련해야 한다.

② 불평의 즉각적 해결을 위해 조치를 해야 한다.

③ 고충 처리를 요구했다는 이유로 노인에게 부당한 처우나 불이익을 주어서는 안 된다.

④ **위반 사례** - 식은 반찬 먹었으나 유별나게 구는 것 같아 고충을 말하지 않은 사례

라. 퇴소 단계: 노인 스스로 퇴소를 결정하고 퇴소 후 거주지를 선택할 권리 p99

① 노인의 의사에 반하여 전원 또는 퇴소하여서는 안 되며, 불가피한 경우 전원 또는 퇴소 시 그 사유를 통보하고 의사결정과정에 노인 또는 가족을 참여시켜야 한다.

② 노인이나 보호자의 퇴소 결정은 최대한 존중되어야 한다.

③ **위반 사례** - 건강이 나빠져 입원 등을 하는 경우 노인의 의사는 묻지 않고 자식이 결정하는 것이 대부분이라는 사례

2절 노인학대 예방

1. [노인학대의 관념과 발생원인] p102, 103

노인 학대는 지속성, 복합성, 반복성, 은폐성의 특성이 있다(p113).

1) 노인의 인구 사회학적 특성 요인

① 여성 노인이 남성 노인보다 학대당하는 비율이 높다.

② 학력 수준이 낮고 연령대가 높을수록 심하다(경제적 상황이나 대처 능력이 떨어지기에).

2) 노인의 건강, 경제, 심리적 기능요인

① 건강이 나쁘거나 생활에서 의존성이 높을수록,

② 노인 스스로 학대에 익숙해지고 대응하지 않을수록,

③ 가정 내에서 심각한 문제를 일으키거나 무기력해질수록, 제각기 학대 위험이 크다.

3) 가족 상황적 요인

① 부양자와 **동거하는 경우**는 신체적·심리적 학대 발생 가능성이 높고, **동거하지 않을 경우**는 방임·유기 등의 발생 가능성이 높다.

② **남성 부양자는** 신체학대가 많고, **여성 부양자는** 방임이 많다.

4) 사회관계망 요인

- 노인과 부양자가 사회적으로 고립될수록, 사회 지지망이 없을수록, 발생 가능성이 높아진다.

5) 사회문화적 요인

① 사회서비스 체계가 발전하지 못한 곳일수록, 노인 공경 의식이 낮고 노인 차별주의가 확산할수록, 학대 발생 가능성이 높다.

② **강한 가족주의 의식**은 노인학대를 은폐하거나 반복적 발생을 촉진할 수 있다.

2. 노인학대 신고 의무자(※) p103

① 의료인, ② 사회복지시설 관련 종사자, ③ 장기기관요양종사자(시설장, 간호사, 사회복지사, 요양보호사 등)

3. [노인학대 유형] p105~111 ☆☆

가. 신체적 학대 ☆

① 노인에 대한 폭행, 제한된 공간에의 감금, 거주지 출입 통제 등의 행동 ☆

② 신체를 강제로 억압하는 행동, 물건이나 흉기 등으로 협박하거나 위협하는 행동

③ 생존에 위협을 주는 단절 행위(가스, 난방, 전기, 수도, 등으로부터 단절)☆

④ 원하지 않거나 수행하기 어려운 노동 등의 강요 행위

나. 정서적 학대

① 말을 걸거나 대화하지 않는 등 노인과의 접촉을 피하는 행위

② 사회관계 유지 방해 행위(연락과 경제활동, 이성 교제나 종교 활동 등을 방해)

③ 욕설이나 언어적으로 협박, 감정을 상하게 하는 행동

④ 집안 경조사에 참여하는 것을 방해하는 행동 ☆

다. 성적 학대: 성적 수치심을 유발하는 행동, 성희롱, 성추행 등의 모든 행동

라. 경제적 학대

① 노인의 동의 없이 재산을 착취하거나 노동에 대한 보상을 제공하지 않는 행위

② 무단으로 은행 계좌에서 현금 인출, 유언장 서명 변조, 연금을 가족 임의로 사용하는 행위

③ 명의도용, 노인 부양을 전제로 재산 증여받은 후 부양의무를 불이행하는 행위

마. 방임 ☆

1) **의·식·주 등 일상생활 관련 보호를 제공하지 않는 행동**

① 더러운 의복이나 찢어진 의복 입은 노인을 방치하는 행동

② 식사하기 힘든 노인을 방치하는 행동

③ 심각한 질환 있는 노인을 홀로 거주하게 하거나,

④ 부적절한 주거 공간에 거주하게 하거나, 떠돌게 하는 행동

2) **경제 능력 없는 노인에게 생활비, 세금, 종교 활동비, 경조사비 등을 제공 안 하는 것** ☆

비교) 생존에 위협을 주는 단절 행위(가스, 난방, 전기, 수도 등)인 신체적 학대와 비교할 것

3) **의료적 보호**(틀니 등의 보호 장구, 필요한 의료적 처치나 간병 등)**를 방치하는 행동**

바. 자기방임: 스스로 최소한의 자기 보호 관련 행위를 의도적으로 포기하는 것

사. 유기: 스스로 독립할 수 없는 노인을 격리하거나 방치하는 행위

1) **거동이 불편한 대상자**를 시설에 맡기고 연락 두절하는 행위

2) **인지기능을 상실한 노인**을 고의로 가출 또는 배회하게 하는 행위

3) **배회상태에서 발견된 노인**에 대하여 부양의무자가 부양의무 이행을 거부하는 행위

4. 노인학대 예방을 위한 법적·제도적 장치 p112~114

가. 법적 제도적 근거(노인복지법)

1) 누구든지 노인학대를 알게 된 때에는 노인보호전문기관 등에 신고할 수 있다.

2) 신고 의무자가 직무상 알게 된 때에는 노인보호전문기관 등에 신고하여야 한다. 이 경우 신고하지 않으면 500만 원 이하의 과태료가 부과된다.

나. [노인학대 예방을 위한 유관기관의 역할] ☆

1) **보건복지부**

　　① 노인 보호 업무와 관련된 법적·제도적 정책 수립

　　② 노인복지시설에 대한 행정·재정적 지원

2) **노인보호전문기관** ☆

　　① 노인 학대 사례 신고접수

　　② 학대 행위자 대상으로 재발 방지 교육

　　③ 신고 된 시설에서의 학대 사례에 대한 확인 및 개입[15]

　　④ 학대 사례에 관한 사례관리[16]절차 지원

3) **노인복지시설**

　　① 보호가 필요한 학대 피해 노인에 대한 입소 의뢰 시 신속한 지원

　　② 시설 내 종사자 또는 이용자 대상 노인학대 예방 교육

4) **사법기관**: 현장 조사와 수사, 응급조치 필요시 일시보호시설 또는 의료기관에 의뢰

5) **의료기관**: 의료서비스 제공, 노인학대 판정을 위한 의학적 진단, 소견 및 증언 진술

6) **법률기관**: 법률적 보호 및 학대자에 대한 보호처분을 포함한 판정, 후견인 지정 등

---

15)　신고접수 후 신속하게 학대 사실을 확인하고, 피해 노인과 신고자에 대한 상담, 필요시 응급 보호조치, 학대 행위자에 대한 조사 및 조치, 학대 재발 방지 대책 마련 등의 과정을 거친다.

16)　학대 피해자의 복합적인 문제 해결과 사회적 기능 회복을 돕기 위해 제공되는 전문적인 지원 체계를 의미한다. 이런 사례관리는 학대 피해자의 안전 확보, 심리적 안정, 건강 회복, 사회 복귀 등을 위한 맞춤형 서비스를 제공하고, 필요한 자원을 연계하여 전반적인 삶의 질 향상을 목표로 한다.

4장 요양보호사의 인권 보호와 자기 계발

1절 요양보호사의 인권 보호

1. 요양보호사의 인권

가. 문제가 되는 헌법상의 기본권. p116

   1) 평등권

   - 기관장이 요양보호사 채용 과정에서 나이가 많아 업무가 힘들 것 같다고 한 사례(평등권 침해)

   2) 노동 관련 권리

   - 대상자를 돌보느라 점심시간 없이 일하고 수당 없이 초과 근무한 사례(노동권 침해)

나. 장기요양요원지원센터에서는 장기요양요원의 권익(성희롱이나 노동권) 향상에 관한 상담 및 지원, 스트레스 등 정서 회복을 위한 심리상담 등의 사업을 하고 있다. ☆

2. [요양보호사의 법적 권익] ☆

가. 근로기준법 p117

   ① 근로기준법의 기준에 미치지 못하는 근로조건은 무효이다.

   ② 임금(임금의 구성항목)과 근로 시간, 취업의 장소와 종사하여야 할 업무의 내용, 취업규칙 내용, 기숙사 규칙에 관한 내용 등은 근로계약서에 명시하여야 한다. ☆

나. 안전과 보건에 관한 보호 p117~119

   1) 산업안전보건법

      ① 사업주(장기요양기관의 장)는 근로자(요양보호사)에게 안전에 대해 교육하여야 하고(법 29), 건강 문제를 예방하기 위해 노력해야 한다(법 39).

      ② 사업주는 근로자가 안전, 보건상의 이유로 작업을 중지하였을 때 불리한 처우를 해서는 안 된다(법 52조).

   2) 산업재해보상법 ☆

      ① 산재로 요양 중 퇴직, 사업장의 부도, 폐업하여도 산재급여를 받을 수 있다.

      ② 산재를 당했다는 이유로 해고할 수 없다.

      ③ 산재보험금은 조세 및 기타 공과금 부과가 면제되어, 세금을 떼지 않는다.

      ④ 퇴직 여부와 상관없이 보험급여를 받을 권리는 3년 혹은 5년간 유효하다.

⑤ **보험급여**는 양도 또는 압류할 수 없어 채권자가 건드릴 수 없다.

다. [성희롱으로부터의 보호] p120 ☆

1) 방문요양이나 치매 대상자를 돌보는 경우 성희롱을 당할 가능성이 생긴다.

2) **성희롱의 구분과 행위(유형)** ☆☆

    ① **언어적 성희롱**: 야한 농담, 외모에 대한 성적인 비유, 성적 사실관계를 묻는 행위

    ② **육체적 성희롱**: 신체의 일부를 밀착하거나 잡아당기는 등의 행위

    ③ **시각적 성희롱**: 음란한 편지 등 전송, 신체 부위의 고의적 노출 혹은 만지는 행위

3) **[성희롱 대처방안]** p120~122

    (1) **장기요양기관장**의 대처

        ① 요양보호사들에게 성희롱 예방 교육을 1년에 1회 이상 해야 한다. ☆

        ② 성희롱 **피해자**에게 원하지 않는 업무 배치 등 불이익한 조치를 해서는 안 된다.

        ③ **성희롱 한 서비스 이용자**에게 재발 방지 약속이나 서비스 중단 등의 조치를 한다.

        ④ 성희롱 지침을 문서화하여 기관 내에 두어야 한다.

        ⑤ 대상자 가족에게 사정을 말하고, 시정해 줄 것을 요구한다.

    (2) **요양보호사의 대처**

        ① **감정적인 대응**은 삼가고, **단호히 거부 의사**를 표현한다.

        ② 심리적 치유 상담 및 법적 대응 필요시, 외부 전문 기관에 상담해 도움을 받는다.

        ③ 시정 요구에도 **상습적으로 계속**할 경우, 녹취하거나 일지를 작성해 둔다.

2절   요양보호사의 직업윤리

---

1. [요양보호사의 직업윤리 원칙] p123 ☆

    ① 요양보호사는 대상자의 개인적 선호를 인정하며, 대상자를 차별 대우하지 않는다.

    ② 인도주의 정신을 바탕으로 대상자의 자기 결정권을 존중한다.

    ③ 지시에 따라 업무를 성실히 수행하고 업무의 경과와 결과를 시설장에게 보고한다.

    ④ 효율적이고 안전하게 업무를 수행하기 위해 지속적으로 지식과 기술을 습득한다.

    ⑤ 건강관리, 복장 및 외모 관리 등을 포함하여 자기 관리를 철저히 한다.

    ⑥ 업무 수행 시 항상 친절한 태도로 예의 바르게 행동한다.

    ⑦ 사생활 존중하고 업무상 알게 된 개인정보는 비밀로 유지한다.

    ⑧ 업무와 관련하여 대상자의 가족, 의사, 간호사, 사회복지사 등과 적극적으로 협력한다.

    ⑨ 대상자로부터 서비스에 대한 물질적 보상을 받지 않는다.

    ⑩ 대상자와 수직적인 관계가 아닌, 상호 대등한 관계임을 인식해야 한다.

2. [요양보호사의 윤리적 태도] p124~126 ☆

① 대상자를 도움이 필요한 하나의 인격체로 존중해야 한다.

  - 대상자의 종교를 존중하고, 자신의 종교를 선교의 목적으로 강요해서는 안 된다.

  - 개인 판단만으로 서비스를 제공하지 말고, 반드시 대상자에게 의견을 물은 후 실행한다.

② 요양보호사로 종사하게 된 동기를 점검하며 겸손한 태도를 유지한다.

  - 힘들어 지칠 수 있지만, 항상 초심을 잃지 않고 요양보호사 자신을 점검한다.

③ 요양보호사는 성실하고 침착한 태도로 책임을 갖고 업무 활동을 해야 한다.

  - 자신의 활동이 모든 요양보호사를 대표한다고 생각한다.

④ 관련된 모든 직업인과 상호 협력하는 태도와 조화를 이루는 자세를 가져야 한다.

⑤ 필요한 교육훈련 프로그램에 참여하는 등 지속적인 학습과 자기 계발을 해야 한다.

⑥ 대상자의 신뢰를 얻기 위해 친절하고 예의 바른 태도, 바른 언어생활을 가져야 한다.

  - **방문 일을 변경할 때**는 사전에 대상자에게 양해를 구하고, 시설장에게 보고한다.

  - **방문 시 대상자가 없다면** 방에 들어가지 말고, 가족이나 기관에 연락하거나 다음 방문 일을 적어 메모를 남긴다. ☆

  - 대상자에게 유아어, 반말, 명령어를 사용하지 않는다.

  - 대상자와 별도의 서비스계약을 하거나 타 기관에 의뢰하여서는 안 된다.

⑦ 요양보호사는 다음과 같은 행위를 하지 말고, 법적·윤리적 책임을 다해야 한다.

  - 복지용구를 판매하거나 알선하는 행위

  - 본인부담금을 할인하거나 추가로 부담하는 행위

  - 대상자의 비밀이나 사적인 생활을 발설하는 행위

  - 등급판정 또는 장기요양인정 신청을 유도하는 행위

⑧ 급여 제공 도중 일어날 사고를 예방해야 하고, 발생 시엔 즉시 시설장에게 보고한다.

⑨ **전문가의 진단이 필요한 사항**은 판단, 조언하지 말아야 하고, 시설장에게 보고하여 전문가와 상담할 수 있도록 연계한다.

⑩ 법적인 소송에 휘둘리지 않기 위해 다음을 준수한다.

  - 서비스 제공 시 정해진 원칙과 절차를 따른다.

  - 서비스 내용, 대상자의 상태 변화 등을 세심히 관찰하며 정확히 기록한다.

  - **제공해야 할 서비스 내용 및 방법이 확실하지 않을 때**는 도움을 요청한다.

  - 누군가에 의해 학대를 받는다고 의심되는 경우 보고하거나 신고한다.

■ [요양보호사 업무에서의 윤리 문제 사례 요약(사례와 그 대처)] p127~130 ☆

1) 기존대상자의 **남편마저 돌봐달라는 장남의 요청을 거절**한 사례

  - 대상자를 차별해서는 안 되는 직업윤리 위반이다. 거부하면 처벌받게 된다.

  - 요양보호사 본인이 서비스 제공 여부를 결정하지 말고, 관리 책임자에게 보고해야 한다.

2) 70대 노인 대상자가 **부적절한 성적인 행동**을 하는 사례

   - 단호하게 거부한 후 대상자의 가족과 시설장에게 이러한 사실을 알리겠다고 전한다.

   - 반복적으로 같은 일이 일어나면 서비스를 중단하겠다고 알린다.

3) 대상자로부터 일정한 조건부로 **본인부담금 면제를 요청**한 사례 ☆

   - 본인부담금 면제 등의 요구는 불법임을 설명하고,

   - 이러한 불법행위는 신고하면 포상금을 받을 수 있다는 정보를 제공한다.

4) 리베이트를 챙기던 센터의, 직원으로부터 **소개받아 복지용구를 구입**한 사례

   - 유인·알선에 의한 부당한 수익의 목적이 있기에 직업윤리에 어긋나며 처벌을 받는다.

   - 복지용구에 대해서는 신중하게 선택하도록 정보를 제공한다.

5) (가족요양하는 요양보호사 간) **교차 서비스를 제공하여 그 이익을 센터와 나눈 사례** ☆

   - 교차 서비스 제공은 탈법행위이다.

   - 이러한 제안이 있다면, 본 제도의 취지를 일탈한 것이라 거부한다.

6) **기저귀 재사용 강요**로 인해 대상자가 회음부 염증이 생긴 사례

   - 다시 사용하지 못할 이유를 설명해도, 계속 강요한다면 관리 책임자와 다른 가족에게 알려야 한다.

3. 노인장기요양보험법 위반에 따른 벌칙[17] p133

<table>
<tr><td>3절</td><td>요양보호사의 건강 및 안전관리</td></tr>
</table>

1. 근골격계 질환의 예방

가. [근골격계 질환의 위험 요인] p134, 135 ☆

1) 근골격계 질환이 발생하는 작업의 상황이나 환경

① 반복적으로 같은 동작을 하는 경우

② 불안정하거나(물건을 몸에서 멀리 놓고, 드는 것), 불편한 자세로 작업하는 경우

③ 무거운 물건을 들어 옮기거나, 갑자기 무리한 힘을 주게 되는 경우

④ 자주 대상자를 들어야 하거나, 피곤하고 지친 상태에서 작업하는 경우

---

17)　① 2년 이하의 징역이나 2천만 이하의 벌금 사항

　　ⅰ **지정받지 아니하고** 장기요양기관을 **운영**하거나 **거짓 그 밖의 부정한 방법으로 지정**받은 자

　　ⅱ **본인부담금**을 면제 또는 감경하는 행위를 한 자

　　ⅲ **수급자를 소개**, 알선 또는 유인하는 행위를 하거나 **이를 조장**한 자

　　ⅳ 업무 수행 중 알게 된 **비밀을 누설**한 자

　② 1년 이하의 징역이나 1천만 이하의 벌금 사항

　　ⅰ 정당한 사유없이 장기요양**급여를 거부**한 자

　　ⅱ 거짓이나 부정한 방법으로 장기요양**급여를 받거나 다른 사람에게 받게** 한 자

　　ⅲ 정당한 사유없이 **권익보호조치**를 하지 아니한 자

2) 근골격계 질환이 발생하는 환경

① 미끄럽거나 물기가 있는 바닥, 평평하지 않은 바닥

② 바닥에 물체가 많이 있는 작업장이나 통로

③ 정비되지 않은 보행로 또는 고장이 난 장비, 적절하지 않은 계단 높이

④ 밤 근무 시 어두운 조명

나. 근골격계 질환의 종류 및 관리법

1) [손목 통증(수근관증후군)] p138, 139 ☆

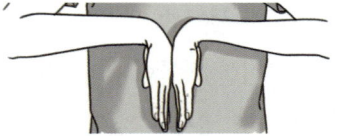

① **손목관절이 좁아지거나 내부 압력이 증가하여 신경이 자극되는 경우** 손목에 통증이 나타나는 질환이다. 손목을 지나치게 **손바닥 방향으로 힘을 주어 굽힐 때** 악화된다.

② **양측 손등을 맞대고 미는 동작**을 유지한 채 **1분 정도** 손목을 구부릴 때 **손 저림**이 심해지면 수근관증후군이다(팔렌 검사).

③ 손의 감각 이상, 저린 감각, 통증, 근력 약화가 특징이고, 엄지의 반쪽 부위, 둘째, 셋째, 넷째 손가락과 이와 연결된 손바닥 피부의 감각이 둔해진다.

④ 밤에 통증이 악화하여 밤잠을 설치는 경우가 흔하며, 손을 털면 저림과 통증이 완화된다.

2) **요통** p139~141, p436(체위 변경과 이동 시의 신체 정렬 방법)

- **[요통을 예방하면서 물건을 이동하는 방법]** ☆

(1) **물건을 양손으로 들어 올릴 때**

① 허리를 펴고, 무릎을 굽혀 몸의 무게 중심을 낮추고, 지지 면을 넓힌다.

② 무릎을 펴서 들어 올린다.

③ 물건을 든 상태에서 방향을 전환할 때 허리(몸통)를 돌리지 않고, 발을 움직인다.

④ 물건은 최대한 몸 가까이 위치하도록 하여, 들어 올린다.

⑤ 허리가 아닌 다리를 펴서 들어 올린다.

(2) **한 손으로 들어 올릴 때**는 발을 앞뒤로 벌려 지지 면을 넓힌 후 무릎을 굽혀 몸의 무게 중심을 낮춘다.

(3) **침대에 있는 물체를 움직일 때**는 한 쪽 무릎을 위에 올리고 자세를 낮추어 움직인다.

3) [팔꿈치 통증] p143, 144 ☆

① 손목을 과도하게 굽히는 일을 하거나(**팔꿈치 내측상과염-골프 엘보**-아래의 오른쪽 그림) 손목을 뒤로 젖히는 동작을 많이 할 경우(**팔꿈치 외측상과염-테니스 엘보**-아래의 왼쪽 그림), 팔꿈치관절에서 시작하여 손목관절까지 통증이 나타난다.

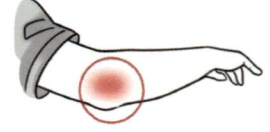 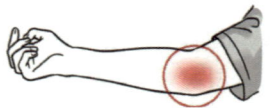

② 팔꿈치 통증 예방에 좋은 스트레칭 운동

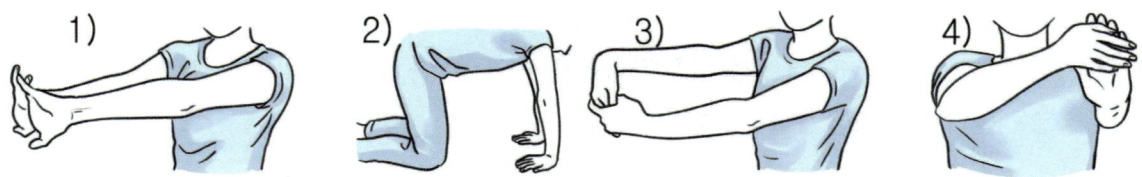

위의 그림에 적시된 동작 가운데, **3번**은 테니스 백핸드에 의해 생기는 외측상과염에 좋다고 하며, 이는 테니스 엘보의 핵심 스트레칭이다. **나머지**는 내측상과염 통증 예방과 특히 관련이 있어 보인다. 1번과 4번 동작은 문제집에서도 그런 식으로 등장한다.

다. **근골격계 질환의 치료** p144, 145

1) **[초기 치료: 손상 후 24~72시간 안에 치료하는 것]** ☆

   ① **휴식**: 외상을 조절하고 추가적인 조직 손상을 막기 위해서이다.

   ② **냉찜질**: 손상과 부종, 통증과 근 경련을 줄이고, 타박상과 삔 증상에 도움이 된다. **얼음주머니**는 2시간마다 20~30분씩 하는 것이 좋다. 온찜질 X

   ③ **압박**: 부종과 통증을 줄여 주며, 압박붕대를 사용한다.

   ④ **올리기**: 부종을 줄여 조직의 손상을 감소시킨다. → 심장보다 낮게 한다. X

2) **급성기 이후**: 물리치료 및 운동 치료

라. **[근골격계 질환 예방을 위한 전신 스트레칭]** p145~147

1) **목적**: 근육 긴장 완화, 부상 예방, 관절 가동 범위 확장, 운동신경과 혈액순환 촉진 등

2) **스트레칭 방법**(스트레칭 시의 주의 사항) ☆(숫자를 명심함)

   ① 같은 동작은 5-10회 반복하고, 동작과 동작 사이에 5-10초 정도 휴식을 한다.

   ② 천천히 안정되게 한다.

   ③ 통증을 느끼지 않고 시원해질 때까지 계속한다. -통증이 느껴질 때까지 X

   ④ 스트레칭된 자세로 10~15초 정도 유지한다.

   ⑤ 상하좌우 균형 있게 교대로 하며, 호흡은 편안하고 자연스럽게 한다.

2. 요양보호사의 감염 예방

가. **[요양보호사의 일반적 감염 예방]** p148

1) **기관 차원에서 할 일**

   적절한 보호 장구의 지급, 인플루엔자 등의 예방접종과 정기적인 검진을 받도록 한다.

2) **요양보호사가 할 일**

   ① **요양보호사가 감염된 경우**는 대상자와 접촉하지 않는다.

② **대상자가 감염된 경우**는 보호 장구를 착용하고 대상자와 접촉한다.

③ **임신한 요양보호사**는 풍진, 수두 등 질환자와 접촉하지 않는다(선천성 기형 위험). ☆

④ **기침할 때**는 휴지나 손수건으로 입을 가리거나, 손이 아닌, 옷소매로 입과 코를 가리고 하며, 비누로 흐르는 물에 30초 이상 손을 씻는다(기침 예절).

나. 요양보호사에게 흔한 감염성 질환 예방 p148~152

1) **[결핵]** ☆

① **결핵 대상자 접촉 시**, 병원 등을 방문해 결핵 감염에 대한 검사[18]를 받아야 한다.
- 즉시 병원이나 보건소에 방문하여 결핵균에 노출 여부를 검사한다. O(표준 교재 p669)
- 바로 결핵 검사를 받아야 한다. X

② **2~3주 이상의 기침, 발열, 수면 중 식은땀** 등의 증상- 반드시 결핵 검사[19]를 받는다.
- 2주~1개월 후 흉부 방사선(X-ray) 검진과 객담검사를 한다. O ☆

③ **결핵 의심 대상자를 돌볼 때**에는 보호 장구(마스크, 장갑)를 착용해야 한다.

④ **대상자가 결핵이 의심**되면 의료기관이나 보건소에 진료를 권장한다.

⑤ **결핵에 걸린 대상자와 물건을 함께 쓰는 것**은 괜찮다. ☆

⑥ 결핵균은 직사광선을 쏘이면 수 분 내 죽으므로, 침구 등의 일광 소독이 중요하다.

2) **[독감]** - 38도 이상의 고열이 동반하는 급성 호흡기 질환

① **갑작스러운 발열**, 두통, 전신 쇠약감, 마른기침, 인후통, 코막힘, 근육통 등의 증상

② **회복될 즈음 다시 열이 나고 기침 및 누런 가래가 나오면** 폐렴이 의심되므로 반드시 진료를 받는다.

③ 안정과 충분한 수분을 섭취하고, 필요시 해열제나 처방받은 항바이러스제를 복용한다.

④ 매년 1회 예방접종을 통해 감염을 예방한다(10월~12월 사이에 예방접종).

⑤ 독감 걸린 요양보호사는 1주일 정도는 쉬어야 한다.

3) **[노로바이러스]**

- 11월부터 다음 해 4월까지 발생 가능성이 높으며, 감염력이 강한 질환이다.

① 오염된 음식 섭취가 원인이며, 장염을 일으킴. 구토, 메스꺼움, 오한 복통을 동반한다.

② **감염된 요양보호사**는 2~3일간 업무를 중단한다.

③ **증상 회복 후에도** 2~3일간 음식 조리에 참여하지 않는다.

④ 개인위생에 유의하고, **어패류** 등은 반드시 익혀 먹는다.

---

18) **결핵 감염 검사**는 결핵균에 노출되었는지를 검사하는 것이다. 잠복 결핵은 결핵균에 감염되었지만, 질병이 발병하지 않은 상태로, 전염성은 없으나 활동성 결핵으로 진행될 가능성이 있다.

19) **결핵 검사(활동성 결핵 검사)**는 감염된 결핵균이 활동성 결핵으로 진행되었는지를 확인하는 검사를 말한다. 흉부 X선 검사와 객담검사 등을 하는데, 양성으로 판정되면 항결핵 치료를 시작한다.

4) **[옴]**

    (1) 옴 대상자와의 직접 접촉이나 의복 침구 등에 의한 간접 전파로 감염된다.

    (2) 가려움증(밤에 심함), 물집, 고름 등의 증상이 있다.

    (3) 치료 및 예방

        ① 장갑과 가운을 착용하고 도포용 약제를 목에서 발끝까지 온몸에 골고루 바른다.

        - 머리나 얼굴, 마비로 인해 수축하거나 굴곡이 진 부위도 바른다.

        - 옴이 가장 활동적인 밤에 바르고 바른 약은 아침에 씻어 낸다. ☆

        ② 대상자, 동거 가족이나 요양보호사 등 모두 증상 유무와 관계없이 동시에 치료한다. ☆

        ③ **내의 · 침구류:** 뜨거운 물로 10~20분 세탁하고, 세탁 후 3일 이상 사용하지 않는다.

        ④ **세탁이 어려운 것:** 3일간 햇볕을 쬐거나 다림질한 후 사용한다.

5) **[머릿니]**

    (1) 가려움, 수면장애, 피부 상처 등의 증상이 있다.

    (2) 살아있는 머릿니 감염이 있다고 판단하는 경우에만 치료한다.

        ① 머릿니는 살충 성분이 포함된 샴푸 제제로 치료한다(1주일 간격으로 재치료).

        ② **감염자가 사용한 물품**은 뜨거운 물에 세탁하거나 고온으로 기계 세탁한다.

        - 55도 이상에서 5분 노출 시 사멸한다.

        ③ 진공청소기를 사용한다.

3. 요양보호사의 직무 스트레스 관리와 자기 효능감 증진 p152~158

가. 요양보호사의 직무 스트레스와 관련 요인

  1) **직무 스트레스** - 과도할 경우 다음과 같은 심각한 문제를 가져온다.

    ① 건강상의 많은 문제를 일으키고 사고를 발생시킬 수 있는 위험 요인이다.

    ② 신체의 구조와 기능에 손상을 주게 된다.

    ③ 술이나 약물의 남용, 대인관계 기피, 수면장애 등의 행동 변화를 초래한다.

    ④ 업무 수행 능력의 저하로 퇴직할 가능성이 높아진다.

    ⑤ 우울증 등의 정신 병리 증상이 나타날 수 있다.

  2) **요양보호사의 직무 스트레스 요인** p153

    ① **직무 요구:** 신체적 노동 강도가 큰 직무상의 요구에 노출되어 있다.

    ② **감정노동:** 대상자의 필요와 욕구에 따라 감정을 조절해야 한다.

    ③ **성희롱:** 수급자인 남자 노인으로부터의 성희롱 발생 가능성에 노출되어 있다.

    ④ **역할의 모호:** 업무 밖의 가사 노동을 요구받는 경우가 흔하다.

    ⑤ **조직 체계:** 대상자의 요구에 따라 일을 하므로, 근로조건의 일관성 유지가 어렵다.

나. **직무 스트레스**

1) **직무 스트레스 예방:** 근로 시간 관리, 휴식 시간과 공간 제공, 업무 지침 제공, 정기 회의와 의사소통 체계 확보, 관리자의 지지, 동료 지지체계 지원, 교육, 근로조건 개선, 지침 준수 등으로 평소 스트레스 관리에 유의해야 한다.

2) **직무 스트레스 평가와 관리**

3) **직무 스트레스 대처방안**

(1) **직무 스트레스나 우울증이 의심될 때**

① 빨리 인식하고 대처해야 한다.

② 문제를 혼자서 끌어안지 말고, 상담이나 도와줄 사람을 찾는다.

③ 증상이 계속되면, 휴양이나 약물 치료를 고려한다.

(2) **[증상 완화를 위한 자기 관리 방법]** p156, 157

① **긴장이완기법**

- 의자에 편하게 앉은 상태에서 특정 근육을 긴장시킨 후 10초 정도를 유지한다.

- 이후 즉시 이완시킨 후 50초 정도 천천히 호흡하며 이완 상태를 느낀다.

- 신체 내 다른 근육으로 옮겨서 그 과정을 되풀이한다.

② **호흡법**

- 편하게 앉거나 누운 상태에서 호흡을 통해 긴장을 이완시키는 기법이다.

③ **심상훈련**

- 과거 편안했던 기억을 떠올리며 긴장을 푸는 기법으로, 호흡하면서 "편해", "쉬어" 등의 단어를 천천히 속으로 반복한다.

④ **자신의 생각 변화(인지 수정)**

- 꾸지람을 관심이라고 여기며, 생각을 변화시켜 상황을 긍정적으로 인지하는 기법이다.

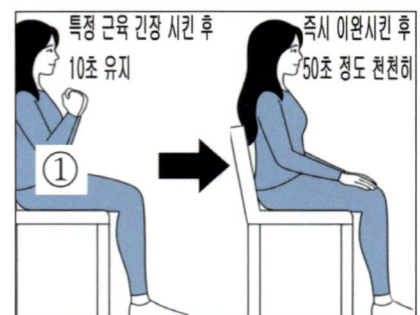  

노화와 건강 증진

14문제가량 출제-필기

5장

노화에 따른 변화와 질환

1절 [노화에 따른 변화와 노인성 질환의 특성] p162 ☆

① 노인성 질환은 다른 질병을 쉽게 동반한다(단독으로 발생하는 경우는 드묾).

② 정상적인 노화 과정과 구별이 어렵다. ☆

③ 원인이 불명확한 만성 퇴행성 질환이 대부분이다. ☆

④ 경과가 길고, 재발이 빈번하며 합병증이 잘 생긴다. ☆

⑤ 신장 기능이 저하하여, 수분과 전해질[20]의 균형이 깨지기 쉽다.

⑥ 약물에 대한 반응이 민감하여 약물을 신중히 사용해야 한다. ☆

⑦ 한편, 약물 중독에 빠질 수도 있다(신장의 소변 농축 능력과 배출 능력 저하). ☆

⑧ 위험 요인에 노출되면 쉽게 질병에 걸리게 된다.

⑨ 초기 진단이 어렵다. ☆

⑩ 가벼운 질환에도 의식장애를 일으키기 쉽게 된다.

2절 신체 계통별 주요 질환

1. 소화기계

가. [노화에 따른 소화기계의 특성] p163 ☆

① 맛을 느끼는 세포 수가 줄고, 후각 기능이 떨어져, 미각이 둔감해진다.

- 특히 단맛과 짠맛에 둔하고(단 짠 둔), 반면 쓴맛과 신맛은 민감하다(쓴 신 민). ☆

② 타액과 위액분비 저하 및 위액의 산도 저하로 소화능력이 저하된다.

③ 소화능력이 저하되어, 가스가 차고 설사, 구토, 변비 등의 증상이 생긴다.

④ 췌장의 소화효소[21] 생산이 감소하여 지방의 흡수력이 떨어진다. ☆

⑤ 췌장의 호르몬(인슐린) 분비 감소로 당내성[22]이 떨어져 당뇨병이 쉽게 걸린다.

---

20) 나트륨, 칼륨, 칼슘, 마그네슘 등의 미네랄 성분이 체액에 녹아서 이온으로 쪼개진 상태를 가리킨다.

21) 예컨대, 아밀라아제, 트립신, 키모트립신, 리파아제 등의 소화효소가 그것이다.

22) 당내성(糖耐性)은 사전상으로는 '일정량의 당을 투여하였을 때 혈당 상승 폭이 작은 성질'을 말하는데, 이는 신체가 포도당을 대

⑥ **직장 벽의 탄력성이 감소**하고 괄약근의 긴장도가 떨어져 **변실금**이 생긴다.

⑦ **간 기능이 약화**로 약물의 대사와 제거 능력이 저하한다. ☆

나. 주요 질환(위염, 위궤양, 위암, 대장암, 설사, 변비 등)

1) **[위염]** p164

(1) 위 점막에 염증이 생긴 경우를 말한다.

(2) 충분히 씹지 못한 채 음식을 섭취하거나 자극적인 약물이나 과식 등 식습관이 원인이다.

(3) 식후 팽만감, 트림, 구토, 식후 3~4시간 후 공복 시 발생하는 명치부위 심한 통증 등이 있다. ☆

(4) **치료 및 예방**

- 하루 정도 금식(수분은 섭취해야)하여 위의 부담을 덜고 구토를 조절한다. 금식 후에는, 미음 등의 유동식을 섭취한 뒤 된죽을 먹는다.

- 과음·과식을 삼가고 너무 뜨겁거나 자극적인 음식을 피한다.

- 처방받은 제산제, 진정제 등의 약물을 복용한다. - 지사제(설사 멈추는 약) X

2) **[위궤양]** p165

(1) 위벽의 점막뿐만 아니라 근육층까지 손상된 위장병이다.

(2) **원인**

- 잘못된 식습관으로 인한 위 점막 손상, 스트레스에 의한 위 자극,

- 담배·술·커피 등이나 해열제, 진통제, 소염제의 잦은 사용에 의한 위 자극,

- 위 내 헬리코박터균에 의한 감염 등이 있다.

(3) **증상**

- 속 쓰림, 소화불량, 새벽 1~2시에 발생하는 속 쓰림과 상복부 불편감 등이 있다. ☆

- 심한 경우 위 출혈, 위 천공, 위 협착이 생긴다.

(4) **치료 및 예방**

- 진통제 복용 시 위 점막보호제를 함께 먹는다.

- 약물요법과 식이요법, 충분한 수면, 심신 안정 등이 필요하다.

- 규칙적인 식사와 절대적인 금연이 필요하다.

3) **[위암]** p166

(1) 위에 생긴 악성 종양을 말한다.

(2) 짠 음식과 염장 식품 등의 섭취, 위암의 가족력, 음주와 흡연 등이 관련 요인이며, 가족력이 있는 경우 위험도가 2배 증가하며, 남자가 여자보다 2배 많다.

(3) 서서히 진행되어 증상이 잘 나타나지 않는다.

사하는 능력을 의미하게 된다.

- 체중감소, 식욕감퇴, 속 쓰림, 오심, 복부 통증이나 불편감, 빈혈, 피로, 권태감,
- 출혈, 토혈, 혈변, 구토, 진단 검사에서 복부 종양 덩어리. 간 비대 등의 증상이 있다.

(4) 치료 및 예방

- 치료 후 5년간 재발 확인 여부를 위해 정기적인 검진을 한다. ☆
- 헬리코박터균 치료, 조기 진단을 통한 조기 발견이 중요하다.
- 균형 잡힌 식사를 하고, 자극적인 음식이나 태운 음식 및 훈연한 음식은 피한다.

4) **[대장암]** p169

(1) 맹장, 결장과 직장에 생기는 악성 종양이다.

(2) 대장 용종의 과거력, 대장암의 가족력, 매일 알코올 섭취, 고지방, 고칼로리, 저섬유소, 가공 정제된 저잔여식이[23] 등이 관련 요인으로 작용한다.

(3) 장 습관의 변화와 장폐색, 설사, 변비, 혈변, 직장출혈, 점액분비 등의 증상이 있다. ☆

(4) 대장암 환자의 식사법

- 영양소가 골고루 들어 있는 음식물을 소량씩 규칙적으로 섭취한다.
- 천천히 꼭꼭 씹어 먹으며, 잦은 간식과 늦은 식사, 자극을 주는 찬 음식 등을 피한다.
- 싱겁게 먹고, 통곡식, 현미밥, 생채소, 생과일을 많이 섭취한다. ☆
- 동물성 식품 섭취를 줄이고, 가공식품, 훈연식품을 피하며, 식물성 지방을 섭취한다.
- 하루에 6~8잔 생수 마시기를 실천한다.

5) **[설사]** p169

(1) 평상시보다 변이 묽은 상태로 배변량과 배변횟수가 증가한다.

(2) 장의 감염, 스트레스, 하제(설사를 일으키는 약)의 남용, 소화 기능의 저하, 오염된 음식물, 식중독 등이 관련 요인으로 작용한다.

(3) 치료 및 예방

- 의사의 처방에 따라 지사제를 복용한다.
- 심신을 안정시키고 몸을 따뜻하게 한다.
- 음식물 섭취량을 줄이고 물을 충분히 마셔 탈수를 예방한다. ☆
- 장운동을 증가시키는 음식의 섭취를 피한다. ☆
  매운 후추, 카페인이 든 음료수, 술, **고섬유소**, 고지방 음식 등이 그러하다.

6) **[변비]** p171

(1) 대변을 보는 횟수가 주 2~3회 이하인 경우, 또는 대변이 딱딱하거나 배변 시 과도한 힘이 들어가면서 변을 보기 힘들어지는 경우를 말한다.

---

23) 섬유소와 잔사량이 적은 음식을 섭취하는 식사법으로, 장에 휴식을 주기 위해 사용된다.

(2) 장운동 저하, 지나친 저잔여식이, 수분과 고섬유질 음식 섭취의 감소, 하제 남용으로 인한 배변반사 저하, 항암제 같은 약물의 지속적 복용 등이 변비의 관련 요인이다.

(3) **치료 및 예방**

- 식물성 식이섬유, 유산균이 많이 포함된 음식물과 충분한 물을 먹는다. ☆
- 우유는 장의 운동을 높이고 변의를 자극하므로 적극적으로 섭취한다.
- 대장의 운동을 높이는 체조나 걷기운동을 꾸준히 한다. ☆
- 복부 마사지(배꼽 중심으로 시계방향)로 배변을 돕는다. ☆
- 규칙적인 배변 습관을 들이고, 변비를 유발하는 약의 복용을 중단한다.
- 대상자가 관장을 해달라고 요구하는 경우, 간호사 등 의료인과 상의한다.

2. 호흡기계

가. [노화에 따른 호흡기계의 특성] p173 ☆

① 콧속 점막의 건조로 공기를 효과적으로 흡입하지 못한다.

② 폐포 탄력성의 저하와 폐 순환량의 감소로, 폐활량이 줄어 쉽게 숨이 찬다.

③ 호흡 근육 위축과 근력의 약화로, 호흡 증가 시 피로해지기 쉽다.

④ 기침 반사와 섬모운동의 저하로, 미세 물질을 걸러 내지 못한다. ☆

⑤ 기관지 내 분비물 증가로, 호흡기계 감염이 쉽다.

나. 주요 질환(독감, 만성기관지염, 폐렴, 천식, 폐결핵)

1) **[독감(인플루엔자)]**: 앞의 내용을 참조할 것

2) **[만성기관지염]** p174~175

(1) 기관지의 만성적 염증으로 기도가 좁아져 숨쉬기 힘든 질환이다.

(2) 흡연이나 매연에의 노출, 세균성 혹은 바이러스성 감염이 관련 요인이다.

(3) 심한 기침, 특히 이른 아침에 발생하는 가래 끓는 기침, 점진적인 호흡곤란의 심화, 흰색이나 회색 또는 점액성의 화농성 가래 등이 대표적인 증상이다.

(4) **치료 및 예방**

- 심호흡과 기침을 하여 가래를 배출한다. ☆
- 처방받은 거담제와 기관지확장제를 사용하여 가래를 묽게 하고, 기관지를 넓혀 준다.
- 오염된 공기에 노출되지 않게 하며, 공기청정기를 설치한다.
- 갑작스러운 온도변화, 차가운 기후, 습기가 많은 기후 등에의 노출을 피한다.

3) **[폐렴]** p175

(1) 폐 조직에 염증이 생겨 산소를 운반하는 능력이 감소하는 질환이다.

(2) 세균이나 바이러스성 감염, 음식물 등이 기도 내로 넘어가 기관지와 폐에 염증을 유발하는 흡인성 폐렴 등이 관련 요인이다.

(3) 두통, 근육통, 고열, 기침, 흉통, 호흡곤란, 화농성 가래 등의 증상을 동반한다.

(4) **치료 및 예방**

　- 산소 공급, 호흡이 편한 체위, 기침 및 심호흡 등으로 혈액의 산소 농도를 유지한다.

　- 규칙적인 환기와 적절한 습도 및 온도 유지 등이 필요하다.

　- 65세 이후에는 1회, 환절기 이전에 폐렴구균 예방 접종을 한다.

4) **[천식]** p176~177

(1) 기도의 만성 염증으로 기관지 벽의 부종과 기도 협착, 여러 가지 자극에 대해 기도가 과민반응을 보이는 상태이다.

(2) **관련 요인**

감기, 비염, 스트레스, 흥분, 꽃가루, 집먼지진드기, 동물의 털 및 배설물, 곰팡이, 대기 오염, 자극적인 냄새, 차고 건조한 공기, 노화에 따른 폐 기능 감소 등이 관련 요인이다.

(3) **증상** - 기침, 숨 쉴 때 쌕쌕거리는 호흡음, 호흡곤란, 점액 분비량의 증가 등이 있다.

(4) **치료 및 예방**

　- **호흡곤란이 심한 경우 운동할 시 30분 전에 기관지 확장제를 흡입하면 도움이 된다.**

　- 갑작스러운 온도변화를 피한다.

　- 침구류는 뜨거운 물로 세탁한다(진드기나 곰팡이 없애기 위해). ☆

　- 매년 1회 인플루엔자 백신을, 65세 이후엔 1회 폐렴구균 백신을 예방 접종한다.

※ **흡인용 기관지확장제 사용법**(만성기관지염과 천식 등의 환자) p177

기관지확장 흡인기 사용법

① 사용 전에 흡인기의 뚜껑을 열고 흔든다.

② 마개를 열고 흡인기를 입으로 문다.

③ 입으로 숨을 들이쉬면서 1회 용량이 흡입되도록 흡인기를 누른다.

④ **3~5초간** 천천히 깊게 숨을 들이쉰다.

⑤ 약이 폐에 깊숙이 도달하도록 **10초간** 숨을 참은 다음 천천히 내쉰다.

5) **[폐결핵]** P148~149, p178(요양보호사에게 흔한 질병)

(1) 결핵균에 의한 호흡기 감염, 알코올 등 약물 남용, 영양부족, 스테로이드와 같은 면역억제제 사용 등이 관련 요인이다.

(2) **증상**

　- 초기에는 대부분 무증상이다가 흉부 방사선(X-ray) 촬영에 발견되는 경우가 많다.

　- 2주 이상의 기침과 흉통이 있다(앞에선 2~3주 이상의 기침, 발열 등의 증상으로 기술).

- 오후에 고열이 있다가, 늦은 밤에 식은땀과 함께 열이 내리는 것이 반복된다. ☆

(3) 치료 및 예방

- 6개월 이상 장기간 약물을 복용해야 하기에, 제대로 복용하는지 관찰한다.
- 항결핵제는 여러 가지이고, 복용할 약의 양도 많다.
- 약물 투여로 인한 위장장애, 홍조, 피부발진, 발열 등의 부작용을 관찰한다.
- 주기적인 간 기능 검사와 객담검사를 받는다.

※ 기침 예절

① **기침이나 재채기 시**: 코나 입을 휴지나 손수건으로 가리며, 없을 때는 소매로 가린다.

② **사용한 휴지**는 휴지통에 버린다. 소각한다. X

③ 호흡기 감염 증상이 있는 사람은 가급적 마스크를 사용해야 한다.

3. 심혈관계(혈액, 심장, 혈관으로 구성)

가. [노화에 따른 심혈관계의 특성] p181 ☆

① 나이가 들면 심장근육이 두꺼워져서, 탄력성이 감소한다.

② 최대 심박출량과 심박동수가 감소한다.

③ 말초혈관으로부터 심장으로의 혈액순환이 감소한다(말초혈관의 저항성 증가).

④ 기립성 저혈압, 정맥의 약화로 인한 하지부종과 정맥류, 치질 등이 생긴다.

나. 주요 질환(고혈압, 동맥경화, 심부전, 빈혈)

1) [고혈압(140mmHg/90mmHg 이상)] p181 ☆

(1) **혈압**은 음식 섭취, 음주, 측정 시간, 자세, 긴장감, 신체활동, 계절 등에 따라 **변화**한다.

(2) **관련 요인**

- **본태성(일차성) 고혈압**: 정확한 원인이 밝혀지지 않고 있으며, 전체 고혈압의 90~95%이다.
- **속발성(이차성) 고혈압**: 다른 질병의 합병증(심장질환 등)으로 발생한 고혈압이다.

(3) **증상**

- 뇌동맥 파열로 인한 뇌졸중 혹은 사망, 심장 및 신장 기능 장애,
- 뒷머리가 뻐근하게 아프고 어지럽거나 흐리게 보이는 증상,
- 이른 아침의 두통, 이명, 코피, 가슴이 답답하거나 숨이 참, 팔다리 저림 등이 있다.

(4) **치료 및 예방**

- 저염식이(하루 6g 이하), 저지방식이를 한다.
- 스트레스를 피하고, 안정을 취하고 즐거운 마음가짐을 유지한다.
- 심장에 무리가 없는 적당한 운동을 규칙적으로 한다. 일주일에 3~5회, 30분~60분, 땀이 날 정도로 운동을 한다.

- 표준체중 유지, 복부비만 조심, 금주와 금연의 실천 등에 유의해야 한다.

(5) 고혈압약 복용에 대한 편견 ☆

- 증상 없으면 치료하지 않아도 된다(X). 증상이 없어도 혈압이 높으면 치료해야 한다.
- 두통 등의 증상이 있을 때만 약을 먹는다(X). 의사의 처방이 있으면 약을 먹어야 한다.
- 오래 먹으면 몸이 약해질지 걱정이다(X). 그래도 고혈압 합병증 발생보다는 안전하다.
- 혈압이 조절되면 그만 먹어도 된다(X). 중단하면 다시 혈압이 올라갈 수 있다.

2) [동맥경화증] p184

(1) 동맥혈관의 안쪽 벽에 지방이 쌓여 혈관 내부가 좁아지거나 막혀 혈액의 흐름에 장애가 생기고 혈관 벽이 굳어지면서 발생하는 질환이다.

(2) 지방 대사 이상, 콜레스테롤이나 지방 섭취 과다, 스트레스, 비만, 흡연, 과음, 폐경, 운동 부족, 고지혈증, 당뇨병, 고혈압 등이 관련 요인이다.

(3) 증상

- 뇌졸중, 불면증, 손발 통증, 냉증, 머리가 무겁고 아프거나 뒷골 당김 등의 증상,
- 흉통(관상동맥이 좁아져 심장에 산소 공급이 불충분), 압박감, 조이는 느낌이 있다.

(4) 치료 및 예방

- 저염식이, 저지방식이, 금연을 실천하고, 규칙적으로 운동한다.

3) [심부전] p185 ☆

(1) 심장의 수축력 저하로 신체조직에 필요한 만큼의 충분한 혈액을 보내지 못하는 상태이다.

(2) 관상동맥질환, 고혈압, 심장병이나 신장병 등이 관련 요인이다.

(3) 증상

- 앉은 자세 호흡(심부전 환자는 누운 자세에서 호흡하기가 어려움), 식욕상실, 허약감,
- 피로, 의식 혼돈, 현기증, 지속적인 기침과 객담 배출, 호흡곤란, 의존성 부종 등의 증상

(4) 치료 및 예방

- 저염식이, 수분 제한[24], 저지방식이를 하며, 고콜레스테롤을 제한한다.
- 음식은 소량씩 나눠 섭취하고, 규칙적인 운동과 금연, 스트레스 조절 등을 한다.
- 고혈압과 고지혈증을 치료하고, 매일 체중을 측정하여 부종 정도를 확인한다.

4) [빈혈] p186

(1) 적혈구나 헤모글로빈이 부족해 혈액이 필요한 만큼의 산소를 공급하지 못하는 상태이다.

(2) 위궤양, 십이지장궤양, 치질, 암 등 위장관에서 출혈이 되거나, 철분 섭취 부족 혹은 철분의 흡수에

---

[24] 심장이 혈액을 충분히 펌프질하지 못하는 상태에서 과도한 수분 섭취는 혈액량을 증가시켜 심장에 부담을 주고, 폐나 다른 장기에 부종을 유발할 수 있기 때문이다.

문제가 있는 경우 등이 관련 요인이다.

(3) 현기증, 두통, 창백, 빈맥, 저혈압, 호흡곤란, 복부팽만, 성욕 감퇴 등 증상이 나타난다.

(4) **치료 및 예방**

- 철분이 많은 음식인, 굴, 달걀노른자. 붉은 살코기, 콩류, 시금치 등이 그러하다.

- 철분은 비타민C와 함께 복용하면 좋다(비타민C는 철분의 흡수력을 증가시킴). ☆

(5) **갑자기 어지러움 느끼는 경우**, 그 자리에 주저앉게 하여 낙상을 예방할 수 있다. ☆

4. 근·골격계

가. **[노화에 따른 근·골격계의 특성]** p187 ☆

① 추간판이 오그라들어 키가 줄어든다.

② 뼈의 질량이 감소하고, 골 감소증과 골다공증으로 작은 충격에도 골절되기 쉽다.

③ 근 긴장도와 근육량이 저하하고, 인대의 탄력 감소로 신체활동과 운동능력이 감소한다.

④ 호흡기계 노화로 산소를 유용하게 사용하지 못하여 근육경련과 근육피로가 잦다.

⑤ **어깨**는 좁아지고, **골반**은 넓어진다.

⑥ **팔·다리 지방**은 감소하고, **엉덩이와 허리의 지방**은 증가한다.

나. **주요 질환**(퇴행성관절염, 골다공증, 고관절 골절)

1) **[퇴행성관절염]** p188 ☆

(1) 관절을 싸고 있는 조직의 퇴화, 연골의 탄력성 저하 등이 관련 요인이다.

(2) **증상**

- 관절 부위의 통증 - 날씨와 활동의 정도에 따라 통증의 호전과 악화가 반복한다.

- 아침에 일어나면 관절이 뻣뻣해지는 경직 현상이 나타나며 30분 이내 풀어진다.

- 계단 오르기 등 관절을 많이 사용할수록 심한 통증을 느낀다.

- 운동 장애 및 관절의 변형이 생긴다.

(3) **치료 및 예방**

- 체중을 조절하고, 통증이 악화되지 않는 범위 내에서 관절운동을 한다.

- 관절에 부담을 주지 않는 규칙적인 운동(**수영, 체조, 평평한 흙길 걷기**)을 한다.

2) **[골다공증]** p189 ☆

(1) 폐경, 여성호르몬 부족, 골격이 약하고 저체중, 칼슘 섭취 부족, 장기적인 혈전, 예방약(아스피린, 헤파린) 복용, 흡연, 음주, 카페인의 과다 섭취(칼슘 배출 촉진), 젊은 시절의 무리한 다이어트 등이 관련 요인이다.

(2) 허리통증, 등이나 허리가 굽음, 잦은 골절 등을 동반한다.

(3) **치료 및 예방** ☆

- 호르몬 치료(폐경기 여성)를 하며, 충분한 칼슘을 섭취하여 예방한다.
- 걷기와 같은 근육과 뼈에 힘을 주는 체중부하 운동을 매일 한다.
- 비타민D가 함유된 음식을 섭취하도록 한다(비타민D는 칼슘 흡수를 도움).
- 강렬한 자외선은 피하면서 햇볕을 자주 쬔다(주 2~3회, 팔다리에, 30분~1시간).

3) **[고관절 골절]** p192
① 하지 기능의 부전, 알코올 섭취, 골다공증, 시력장애, 보조기 사용 등이 관련 요인이다.
② 서혜부(사타구니)와 대퇴부의 통증, 이동의 제한, 뼈가 부스러지는 소리 등이 동반한다.
③ **치료 및 예방** - 골절 부위의 수술, 낙상의 예방 등이 필요하다. ☆

5. 비뇨·생식기계

가. **[노화에 따른 비뇨·생식기계의 특성]** p194 ☆

1) **여성 노인**
- 여성호르몬의 감소로 난소의 크기 감소와 그 기능이 쇠퇴한다.
- 얇아진 질벽, 탄력성과 윤활 작용의 감소로 성교 시 통증이 생긴다. 그럼에도 성욕이 감소하는 건 아니다.
- 유방과 유방을 지지하는 근육이 위축하여, 가슴이 처지고 작아진다.
- 질의 수축 및 분비물의 저하로 질염이 잘 발생한다.
- **방광 기능과 대뇌 기능의 저하 등으로** 빈뇨증, 야뇨증, 요실금이 나타난다.

2) **남성 노인**
- 남성 호르몬 감소로 동맥혈관에 변화가 일어나 발기가 지연된다.
- 또한 전립선 비대증이 대부분의 노인에게 생긴다.
- 잔뇨량의 증가, 방광용적의 감소, 방광 근력의 저하 등으로 자주 소변을 보게 된다.

나. **주요 질환**(요실금, 전립선비대증)

1) **[요실금]** p195 ☆
(1) 방광의 저장능력의 감소, 골반 근육의 조절 능력 약화, 호르몬 생산 중지로 인한 요도 기능의 약화, 요로감염 및 복압 상승, 변비 등이 관련 요인이다.
(2) **증상**
- **복압성 요실금**: 기침, 웃음, 재채기, 달리기, 줄넘기 등 복부 내 압력 증가에 기인한다.
- **절박성 요실금**: 소변보고 싶다고 느끼자마자 바로 나오는 증상을 보인다.
- **역류성 요실금**: 소변이 가득 찬 방광에서 조금씩 넘쳐 지속적으로 흘러나오는 증상이 있다.
(3) **치료 및 예방** ☆☆
- 골반 근육 강화 운동을 꾸준히 실천한다(배뇨 조절 능력 향상을 도움).

- 충분한(적절한) 수분을 섭취한다(방광 기능 유지).
- 식이섬유소가 풍부한 음식으로 변비를 예방한다(배변 시 복압 증가함).
- 체중 조절을 한다(비만도 복부 내 압력 증가시킴).

2) [전립선 비대증] p196 ☆

(1) 노화에 따른 호르몬 불균형(남성 호르몬 감소, 여성호르몬 증가), 비만, 고지방 고콜레스테롤 음식 섭취 등이 관련 요인이다.

(2) **증상**

- 비대한 전립선이 요도를 눌러 요도가 좁아져 소변 줄기가 가늘어진다.
- 힘을 주어야 소변이 나오며, 소변을 보고도 시원치 않다(잔뇨감). ☆
- **빈뇨**(2시간 이내에 소변봄), **긴박뇨**, **야뇨** 등의 증상이 나타난다.

(3) **치료 및 예방**

- 심하면 전립선절제 수술을 받는다.
- 도뇨관을 사용하여 정기적으로 소변을 배출한다(유치도뇨관이 아님).
- 방광염을 예방하기 위해, 낮에 규칙적으로 배뇨한다.
- 약물요법을 통해 신장 기능의 손상을 치료한다.
- 금주, 저지방의 식사 및 적당한 운동을 한다.

6. 피부계

가. [노화에 따른 피부계의 특성] p199 ☆

① 피부가 얇아져 탄력성이 감소하고, 피하지방 감소로 기온에 민감해진다.
② 피하지방과 수분의 소실로 건조해지고 주름이 생긴다.
③ 발톱과 손톱이 두꺼워지고 세로줄이 생기며, 머리카락은 가늘어지고 탈색된다.
④ 머리카락이나 수염은 줄어들고, 입가나 뺨에는 털이 증가한다.
⑤ 가려움증, 통증, 지각이상 등의 증상이 흔하며, 가려움증은 밤과 겨울철에 심하다.
⑥ 상처 회복이 지연되고 궤양이 생기기 쉽다.

나. 주요 질환(욕창, 피부 건조증, 대상포진 등)

1) [욕창] p200 ☆

(1) 대상자의 피부가 바닥에 오래 눌려 혈액 공급이 차단되면서 피부가 괴사하는 상태이다.

(2) 장기간의 와상, 체위 변경의 어려움, 압박받는 부위에 가해진 압력, 근육위축, 피하지방 감소 등 피부와 뼈의 완충지대 감소, 실금으로 인한 피부 손상, 잘못 다뤄 생긴 찰과상 등이 관련 요인이다. ☆

(3) **욕창의 단계별 증상** ☆

- **1단계**: 피부가 분홍·푸른색이며, 누르면 잠시 하얗게 되고 열감이 있지만 표피는 정상이다.

- **2단계**: 피부가 벗겨지고 물집이 생기고 조직이 상한다. 표피와 진피에 부분적 손상이 있다.
- **3단계**: 깊은 욕창이 생기고 괴사조직이 생긴다. 표피, 진피를 포함한 피하조직 전체에 손상이 있다.
- **4단계**: 뼈와 근육까지 괴사한다. 피하조직과 근육, 뼈나 관절의 조직에 손상이 있다.

(4) **욕창 초기 대처법**

- 미지근한 물수건으로 찜질하고, 마른 수건으로 물기를 닦아 낸다.
- 주위를 나선 그리듯이 마사지하고 가볍게 두드려 혈액순환을 촉진한다. ☆
- 미지근한 바람으로 건조하고, **춥지 않을 때**는 30분 정도 햇볕을 쬔다.

(5) **치료 및 예방** ☆☆

① 매일 피부 상태를 점검하여 붉게 된 부위가 있는지 확인한다.

② **규칙적인 체위 변경:** 침대는 2시간마다, 의자나 휠체어는 1시간마다 한다. ☆

③ 대상자를 이동할 시 피부가 밀리지 않게 조심한다.

④ 젖은 시트는 바로 교체하고, 주름이 있는 시트는 욕창이 잘 걸리므로 주름을 편다.

⑤ 피부가 습하거나 오염물이 묻으면 재빨리 자극 없는 비누, 미지근한 물로 씻고 말린다.

⑥ **압박 제거 보조기**를 적절히 사용한다. ☆

- 약한 부위의 압력을 줄이기 위해 욕창 예방 매트리스와 방석 및 베개를 사용한다.
- 뼈 주위를 보호하고, **무릎 사이**에는 베개를 끼워 마찰을 방지한다. ☆
- **허리와 어깨의 욕창:** 다리를 구부려 **무릎 사이**에 방석을 끼우고 옆으로 눕게 한다. ☆
- **천골 주위:** 도넛 모양의 베개는 사용을 삼간다(혈액순환 저해). ☆

⑦ 뜨거운 물주머니와 파우더(피부를 자극하고 땀구멍을 막음)는 사용하지 않는다.

⑧ 긁히는 일이 없도록 손톱을 짧게 자른다.

⑨ 단백질 등의 영양분을 충분히 섭취하게 하고, 충분한 수분을 제공한다.

2) **[피부 건조증]** p202

(1) 피부 발적, 부종이나 통증, 전완, 손과 하지의 가려움증 등을 동반한다.

(2) **치료 및 예방**

- 가습기 사용해 습도를 조절하고, 충분한 수분을 섭취하게 한다.
- 목욕 후 물기는 두드려 말리고, 물기가 완전히 마르기 전에 보습제를 바른다.

3) **[대상포진]** p203 ☆

(1) 수두 바이러스에 의해 피부와 신경에 염증이 생기는 질환이다.

(2) 과거 수두를 앓았던 사람이 주로 걸리고, 면역력이 떨어지는 사람은 걸릴 위험이 크다.

(3) 고령, 백혈병, 골수나 기타 장기이식, 자가면역질환 등이 관련 요인이다.

(4) 가려움, 피부 저림이나 작열감을 동반한 발진, 수포, 통증 등을 동반한다.

(5) **대상포진 자가 진단법**(※)

- **물집이 나타나기 전** 감기 기운과 일정 부위의 통증이 생긴다.
- 작은 물집이 몸의 한쪽으로 모여 띠 모양을 형성한다.
- 수두나 대상포진을 앓았던 경험이 있는지 확인한다.
- 평소 허약하거나 노인이거나 암 등의 질병으로 면역력이 약한지 확인한다.

(6) **치료 및 예방**
- 처방된 약을 사용해 통증을 줄이고 수포를 빨리 건조하게 한다.
- 긁지 않도록 한다 (병소가 퍼지거나 감염되기에).
- 대상포진 예방 백신을 투여하여 세포성 면역을 높인다.

4) **[옴]**
- 옴 대상자나 침구, 옷 등과의 접촉을 피한다. - p204, 205

5) **[머릿니]**
- 모자, 수건 등 감염 가능성 있는 물건의 접촉을 피한다. p206

6) **[기저귀 피부염(기저귀 습진)]** p207
- 기저귀를 자주 갈아 주어 습하지 않도록 하고 통풍을 해 준다. 보습제 사용 X
- 진균(곰팡이) 치료를 위한 항진균제나 스테로이드 연고를 바른다.

7) **[지루성 피부염]** p207, 208
- 두피나 얼굴 등 피지선(기름샘)의 활동이 증가한 부위에 '홍반'과 '인설'을 특징으로 하는 만성 염증성 피부 질환이다. '인설'은 피부의 각질화된 상피세포를 말하며, 건조하거나 습한 각질 덩어리이다.
- 스테로이드 연고를 바른다.

8) **[간찰진]** p208
- 피부가 접히는 부위 염증이 생기는 피부질환으로, 마찰이나 습윤, 열, 압력, 공기의 순환 부족 등으로 인해 피부가 연화되고 자극이 발생해 짓무르는 증상이 나타난다.
- 통풍을 시키고, 국소 항생제, 항진균제 등을 바른다.

9) **[노인성 자반]** p209
- 노화, 장기간의 자외선 노출, 강력한 스테로이드 연고 도포 등으로 출혈이 생기는 질환이다.
- 노화에 의한 자연적인 현상인 경우가 대부분이다 (노인학대 오해 소지).

10) **[우정문신(피부병 아님, 문신의 종류)]** p209, 210

7. 신경계

가. [노화에 따른 신경계의 특성] p211

① 신경세포의 기능이 저하하고, 근육의 긴장과 자극 반응성이 저하한다.

② 감각이 둔화하고, 정서적 조절이 불안정해진다.

③ 운동 부족으로 불면증이나 수면장애가 심해진다.

④ 단기기억은 감퇴하고, 장기기억은 대체로 유지하는 경향이 있다.

⑤ 균형을 유지하는 능력과 신체를 바르게 하는 능력이 감소한다.

나. 주요 질환: 치매, 뇌졸중, 파킨슨병 등은 제6장에서 독자적으로 기술되고 있다.

8. 감각기계

가. [노화에 따른 감각기계의 특징] p211 이하 ☆

1) 노화에 따른 시각의 특징

① **결막**은 얇아지고 누렇게 변하며, 눈 자극감, **각막궤양**이 생긴다.

② **눈물의 양**이 감소하여 건조해 지고 눈이 뻑뻑하여 불편감이 있다.

③ **공막**에 갈색 점이 생기고, **각막반사**가 저하되어 손상이나 감염에 약해진다.

④ 색 식별 능력이 떨어져 같은 계열의 색을 잘 구별하지 못한다.

   - 특히 **수정체의 황화현상**으로 보라, 남색, 파란색의 구별이 어렵다. ☆

⑤ **망막**과 **신경계의 변화로** 가까운 물체에 초점을 맞추는 능력이 상실되는 '노안'이 된다.

⑥ **동공**의 지름이 축소하여, 빛을 잘 받아들이지 못하므로 밝은 곳을 좋아하게 된다.

⑦ 안질환의 원인이 되는 눈부심의 증가, 시력 저하, 빛 순응의 어려움 등이 나타난다.

2) 노화에 따른 청각의 특징

① 귓바퀴가 커지고 늘어난다(귓바퀴에 연골이 계속 형성되고 피부 탄력성이 상실).

② 외이도의 가려움증과 건조증이 증가한다(피부 노화로 인한 피지 분비 감소 등).

③ 이관이 내측으로 위축되어 좁아진다(이관 주변 근육의 퇴화 등). ☆

④ 귀지가 더욱 건조하고, 외이도가 폐쇄될 수 있다.

⑤ 고막이 두꺼워지고 다른 질환으로 손상되어, 음의 전달 능력이 감소한다.

⑥ 소리의 감수성, 말의 이해, 평형 유지 등에 문제가 생긴다.

3) 노화에 따른 미각의 특징

① 혀의 유두 돌기가 위축하고, 미뢰의 개수와 기능이 감소한다.

② 구강점막의 재생이 어렵고, 침 분비량은 줄어들고 식욕에 변화가 생긴다.

③ 맛에 대한 감지 능력이 저하하여, 조미료를 많이 넣은 음식을 선호하게 된다.

④ 쓴맛과 신맛을 감지하는 기능은 **더 강화되고**(민감), 단맛과 짠맛의 경우엔 점차 **약화된다**(둔감).

4) **노화에 따른 후각의 특징**: 후각 세포가 감소하여 후각이 둔화된다.

5) **노화에 따른 촉각의 특징**

　① **통증에 대한 민감성**이 감소하여, 둔감한 반응을 보인다.

　② 그럼에도 **통증을 호소하는 정도**는 증가한다.

나. **주요 질환**(녹내장, 백내장, 노인성난청)

1) **[녹내장]** p213, 214 ☆

　(1) 안압의 상승으로 시신경이 손상되어 시력이 점차 약해지는 질환이다.

　(2) 유전적 소인이나 스트레스 등이 관련 요인으로, 원인이 불명이다.

　(3) 좁은 시야, 눈 이물감, 어두움 적응 장애, 색깔 변화의 인식 어려움, 뿌옇고 혼탁한 각막, 안구 통증, 두통, 구역질, 심하면 실명 등의 증상이 나타난다. ☆

　(4) **치료 및 예방**

　　- 약물요법을 하거나 수술을 받는다.

　　- 완전한 치료법은 없으며, 시력의 약화를 막거나 늦출 수 있을 뿐이다.

　　- 어두운 곳에서 책을 보거나 일하지 않으며, 무거운 물건을 드는 것도 좋지 않다.

　　- 심신의 과로를 피하고, 규칙적인 생활을 한다.

　(5) **녹내장 대상자의 일상생활 주의 사항**

　　- 목이 편한 복장을 하고, 금연 및 절주를 실천한다.

　　- 머리로 피가 몰리는 자세나 복압이 올라가는 운동은 피한다.

　　- 고개 숙인 자세에서 장시간 독서하거나 작업하는 것을 피한다.

　　- 몸을 편하게 하고 흥분하지 말아야 한다.

　　- 기온에 유의한다(녹내장은 추운 겨울이나 더운 여름에 발작하기 쉬움).

　　- 한 눈에 녹내장이 오면 다른 쪽도 발생할 가능성이 크므로, 두 눈 모두 정기 검진 필요하다.

2) **[백내장]** p215 ☆

　(1) 수정체가 뿌옇게 혼탁해져서 시력장애가 발생하는 질환이다.

　(2) 노화, 지나친 음주나 흡연, 눈 주위 부상, 당뇨병, 고혈압 등의 합병증, 과도한 자외선 노출 및 텔레비전 시청 등이 관련 요인이다.

　(3) 눈동자의 하얀 백태, 동공의 백색 혼탁, 색 구별 능력 저하, 불빛 주위에 무지개가 보임, 낮과 밝은 불빛 아래에서의 눈부심, 통증 없는 시력 약화 등의 증상이 나타난다. ☆

　(4) **치료(약물치료와 수술) 및 예방**

　　- 심해지면 인공 수정체로 바꿔 주는 수술을 한다.

　　- 백내장 유발 원인을 억제함으로써 예방할 수 있다.

3) **[노인성난청]** p216

(1) 노화에 따른 고막, 내이의 퇴행성 변화에 의한 청력 감소이다.

(2) 동맥경화, 대사이상, 장기간의 소음 노출 등이 관련 요인이다.

(3) '스, 츠, 트, 프, 크'와 같은 고음에서의 난청, 소리에 대한 민감성, 언어 구분 능력, 평형감각의 저하 등의 증상이 나타난다.

(4) **치료 및 예방**

- 소음이 없는 장소에서 말하는 사람의 얼굴을 볼 수 있게 하고 천천히 또박또박 말한다.
- 고음의 큰 소리보다는 저음의 차분한 소리로 말해 준다.

9. **내분비계**

가. **[노화에 따른 내분비계의 특성]** p217 ☆

① **뇌하수체, 부신 등은** 변화가 크지 않지만, **당대사 및 갑상선 분비 호르몬, 에스트로겐 분비는** 감소한다.

② 포도당 대사 능력과 인슐린에 대한 민감성[25]의 감소로 쉽게 고혈당이 된다.

③ 공복혈당이 상승한다.

④ 근육 질량이 감소하여 기초대사율이 감소한다.

나. **주요 질환 - [당뇨병]** p217~220 ☆

(1) 신체 내에서 인슐린이 제대로 공급되지 못해 혈중 포도당 수치가 올라가서 소변에 당이 섞여 나오는 질환이다.

(2) 유전, 비만 운동 부족, 스트레스 등이 관련 요인이다.

(3) **증상**

① 다음증(수분 섭취 증가), 다뇨증(많은 소변), 다식증(많이 먹음, 그럼에도 체중이 감소함),

② 흐릿한 시력과 무기력[26], 두통, 발기부전, 질 분비물 증가 및 질 감염의 증가,

③ 상처 치유의 지연[27], 감각 이상과 저하 등의 증상이 있다.

④ **요동치는 혈당** ☆

- **고혈당 증상**(식사량 증가, 활동량 감소, 감염[28]): 배뇨 증가[29], 체중감소[30], 피로감, 식욕 증가 등의

---

25) 몸의 세포들이 인슐린의 혈당 조절 작용에 얼마나 잘 반응하는지를 나타내는 지표라고 한다. 만약에 인슐린 민감성이 낮으면 인슐린이 작용해도 혈당 조절이 잘 안되는 상태, 즉 인슐린 저항성이 나타날 수 있다.

26) 혈당 조절이 잘 안될 때 나타날 수 있는 일반적인 증상이라고 한다. 혈당이 높으면 눈의 혈관이 손상되어 시력 문제가 발생할 수 있다.

27) 혈액순환 장애, 신경병증, 감염의 취약, 굳은살 생성 등 다양한 요인에 의해 발생할 수 있다고 한다.

28) 감염은 신체에 스트레스로 작용하여 코르티솔, 글루카곤, 아드레날린과 같은 혈당 상승 호르몬의 분비를 촉진한다. 또한, 감염으로 인해 인슐린 저항성이 증가하여 혈당 조절이 어려워지고, 감염 부위에서 염증 반응이 일어나 혈당 수치를 높일 수 있다고 한다.

29) 혈액 속의 과도한 포도당을 제거하기 위해 신장에서 여분의 수분을 배출하기 때문이다.

30) 포도당이 에너지원으로 충분히 사용되지 못하고, 대신 체내 저장된 지방과 단백질이 분해되어 에너지원으로 사용하게 되어 몸이

증상

- **저혈당 증상**(식사량 감소, 활동량 증가): 많은 땀[31], 두통, 시야 몽롱, 어지러움[32], 배고픔 등의 증상
- 인슐린 주사를 맞고 식사를 하지 않으면, 대상자는 저혈당 증상이 발생할 수 있다.

(4) 치료 및 예방

① 식이요법

- 혈당 조절을 위해 하루 세 번 규칙적인 식사를 한다.
- 균형 잡힌 식사, 저염식이, 고섬유질 저콜레스테롤 음식 섭취 등을 실천한다.
- 단 음식과 술 섭취를 제한한다.

② 운동요법 ☆

- **공복 시 운동**을 하거나 장기간 등산할 때는 저혈당에 대비해야 한다.
- 식후 30분~1시간 후 혈당 오르기 시작할 즈음, 매일 최소 30분 이상, 주 5일 이상 실시한다.
- **혈압이 높은 경우는** 혈압 조절 후에, **혈당이 300 이상인 때는** 혈당 조절 후에, 각각 한다.

③ 약물요법

- 경구용 혈당강하제나 인슐린을 이용한 약물요법을 병행한다.
- **인슐린 주사약**은 반드시 주사로 주입한다.

(5) 당뇨병 대상자의 발 관리 원칙(※)

- 발 씻고 말리기
- 발 건조 예방하기(보습제 사용). 반면, 발가락 사이는 로션을 바르지 않는다.
- 발가락이 노출되지 않게 양말을 착용하며, 발톱은 일자로 자른다.
- 차갑거나 뜨거운 곳 노출을 금한다.

10. 심리·신경계

가. 노화에 따른 심리·신경계의 특성(1장 노년기 심리적 특성과 같은 기술) p220

나. 주요 질환

1) [우울증] p220~222 ☆

(1) 뇌 신경전달물질의 변화, 치매, 유전적 요인, 질병 수술 등 신체적 원인, 호르몬 변화 등이 관련 요인이다.

(2) 매사에 관심이 없고 즐거운 것이 없음, 불면 혹은 과도한 수면, 식욕과 체중 변화, 불안, 초조 및 무기력, 두통과 소화불량 등의 신체 증상을 호소한다.

말라가게 된다. 또한 수분 배출 역시 한몫을 한다.

31) 혈당이 낮아지면 우리 몸은 위기 상황으로 인식하고, 교감신경을 활성화하여 혈당을 높이려고 시도한다. 이 과정에서 땀 분비가 증가하게 된다.

32) 뇌에 충분한 포도당이 공급되지 않아 뇌 기능이 떨어져 두통, 시야 몽롱, 어지러움 등이 올 수 있다.

(3) 치료 및 예방

- 심하면 자살 위험이 증가하므로 주의 깊은 관리가 필요하다.

- 주변 사람들과 가족에게 많은 지지를 하도록 조언한다.

  단순히 괜찮을 것이라는 말은 도움이 안 된다.

- 대상자의 느낌, 분노를 인정하고 수용하며 언어로 표현하도록 돕는다.

- 모임 등 사회적 활동을 권하고 햇볕을 받으며 규칙적인 운동을 유도한다.

(4) 노인의 **우울증**과 치매의 비교(※) ☆

	노인의 우울증	치매
①	짧은 기간에 급격히 발병한다.	긴 시간에 걸쳐 서서히 발병한다.
②	정신과적 병력이 있는 경우가 많다.	그런 병력이 없는 경우가 많다.
③	기억력 장애를 호소한다.	문제가 없다고 주장하는 경우가 많다.
④	질문에 모른다고 대답하는 경우가 많다.	어떻게든 대답하려고 한다.
⑤	인지기능 저하 정도의 편차가 심하다.	일관된 인지기능의 저하가 있다.
⑥	단기기억과 장기기억이 동등하게 저하한다.	단기기억이 더 심하게 저하한다.
⑦	우울이 (기억력 저하보다) 먼저 시작한다.	기억력 저하가 먼저 시작된다.

- 노인의 우울증은 건망증 등 인지 저하 증상이 두드러지기에, 치매와 구별해야 한다.

2) [섬망] p223~227 ☆

(1) 의식의 혼탁과 인지기능의 저하를 특징으로 하는 급성 증후군이다.

(2) 수 시간 혹은 수일에 걸쳐 급격히 발생하며, 몇 주 혹은 몇 달까지 지속되기도 한다.

(3) 인지 손상 등의 **소인적 요인**이나 기동성 저하 등의 **촉진적 요인**이 관련 요인이다.

(4) 증상

- 의식 수준의 변화로 잠이 덜 깼거나 몹시 졸린 상태에서 행동하는 사람처럼 보인다.

- 수 시간이나 수일에 걸쳐 호전과 악화가 반복하며, 기복이 심한 것이 특징이다.

- 주의력 감퇴, 시간·장소·날짜 등에 대한 지남력 장애 등의 인지 장애를 가진다.

- 지각장애, 편집 망상, 초조, 정서 불안정 등의 정신병적 증상이 있다.

(5) **섬망**과 치매의 비교

섬망은 단독으로 발생하기도 하고 치매와 동반하기도 하는데, 둘은 인지 장애와 정신병적 증상을 동시에 가지기에, 섬망과 치매의 차이를 구별할 필요가 있다.

	섬망	치매
①	갑자기 나타난다.	서서히 나타난다.
②	대체로 회복된다.	만성으로 진행한다.
③	초기에 사람을 못 알아본다.	나중(말기)에 사람을 못 알아본다.
④	신체 생리적 변화가 심하다.	신체 생리적 변화가 적다.
⑤	의식의 변화가 있다.	말기까지 의식의 변화는 적다.

⑥	주의 집중이 떨어진다.	주의 집중은 별로 떨어지지 않는다.
⑦	수면 양상이 매우 불규칙하다.	수면 양상이 개인별로 차이가 있다.

(6) 치료 및 예방

충분한 식사와 수분 섭취를 통한 전해질 불균형 예방, 통증관리 등을 통해 예방하며, 원인의 치료 및 다음의 비약물적 요법(① ~ ⑥)이 도움이 된다.

① 지남력의 유지

- **낮**에는 창문과 커튼을 열어 시간을 알게 하며, 식사할 때도 시간을 말한다.
- 개인 사물, 사랑하는 사람의 사진, 달력, 시계 등을 가까이 둔다.
- 일상생활, 규칙, 도움을 청할 사람 및 방법 등을 반복적으로 알려 준다.

② 신체 통합성의 유지

- 할 수 있는 일을 하도록 말로 지지하고, 능동적인 관절운동, 목욕과 마사지를 한다.

③ 개인의 정체성 유지-접촉하는 사람 수를 줄이고, 가족 구성원의 방문을 격려한다. ☆

④ 초조의 관리-항상 단호하고 부드러운 목소리로 말한다. ☆

⑤ 착각 및 환각의 관리-대상자 말 경청, 현실을 확인할 수 있는 환경을 만들어 준다.

⑥ 야간의 혼동 방지-밤에는 창문을 닫고 커튼을 치고 불을 켜 둔다. ☆

3절   노인증후군과 노쇠 p228

1. 노인증후군의 정의

허약한 노인에게서 흔하면서 그 원인이 다양하고 치료와 동시에 돌봄이 중요한 증상이나 소견을 말한다.

2. [노인증후군의 공통된 특징들] p230

① 노쇠한 노인들에게서 많이 생기며, 삶의 질과 지능에 막대한 영향을 준다.

② 여러 원인이 여러 장기에 영향을 주어 발생한다.

③ 주된 증상은 특정한 병적 상태로 설명되지 않는 경우가 많다.

④ 어떤 경우에는 서로 연관성 없이 떨어져 있는 두 기관이 동시에 관여하기도 한다.

- 예컨대, 요로감염이 섬망을 유발하기도 한다. ☆

⑤ 노인 증후군끼리 많은 위험인자를 공유한다.

3. 노쇠와 시설입소 p231

1) 모든 노인증후군은 결국 노쇠의 과정을 거쳐 장애, 의존, 시설 입소, 사망 등의 나쁜 결과로 이어지는데, 노쇠 자체도 노인 증후군이다.

2) 노쇠의 **핵심**은 근감소증이다.

3) **근감소증의 3가지 요소**는 근력 감소, 보행 능력 감소, 근육량의 감소 등이다.

6장 치매, 뇌졸중, 파킨슨 질환

1문제가량 출제-필기

1절 [치매] p236~243 ☆

다양한 원인으로 인해 기억력을 비롯한 여러 가지 인지기능의 장애가 나타나 일상생활을 수행할 수 없는 뇌의 질환이다. 일상에 지장이 없는 생리적인 뇌의 현상인 건망증과 비교가 된다.

1. 관련 요인

① **노인성 치매인 알츠하이머병**: 가장 흔한 치매 유형으로, 아밀로이드 베타 단백질의 비정상적 축적으로 신경세포 기능이 저하되는 퇴행성 뇌질환이다.

② **혈관성 치매**: 뇌졸중 등으로 인해 뇌세포가 손상되면서 발생하는 치매이다.

③ **대뇌병변**: 약물·알코올 중독, 대사성 질환 등으로 인해 생길 수 있는 뇌 손상이다.

2. 증상

가. 인지기능 장애

1) **기억력 저하**: 단기기억 저하가 먼저 오면서, 심해지면 장기기억까지 저하한다.

2) **언어능력 저하**: 말을 표현하거나 이해하는 능력이 저하되어 의사소통이 어렵다.

3) **지남력[33] 저하**: 날짜, 요일, 계절, 밤낮을 착각하고, 집도 알아보지 못하고 가족도 못 알아보게 된다.

4) **시공간 파악 능력 저하**

   - 자주 다니던 곳에서도 길을 잃고 헤매게 되며, 집에선 화장실과 안방을 구분하지 못한다.

5) **실행 능력 저하** ☆

   - **감각 및 운동기관이 온전**한데도 불구하고 목적성이 있는 행동을 하지 못한다.
   - 예컨대, 운동화 끈을 못 매거나, 식사나 옷 입기 등의 일도 잊게 된다.

---

33) 영어에서 '지남력'을 orientation이라고 부른다. 'orientation'은 원래 '(동쪽으로의) 방향 설정'이라는 기본 의미를 지니고 있다. 이 단어는 주로 단순한 물리적 방향이나 아이디어 등을 가리키지만, 의학에서는 그 의미가 확장되어 '자신을 둘러싼 시간, 장소, 사람 등에 대한 인식을 설정하는 능력'을 뜻하게 되었다. 한편, 다소 억지스럽게 느껴지는 번역어, '지남력(指南力)'은 자석을 가리키던 옛말 '지남철(指南鐵)'에서 유래한다. 지남철이 나침반처럼 (남쪽으로의) 방향을 가리키는 기능을 지녔듯, '지남력'이라는 용어 역시 'orientation'이 의학적 의미로 확장된 결과를 억지로나마 담고 있는 셈이다.

나. 정신행동 증상

　　1) **우울증**: 말수가 줄고 의욕이 없으며, 식욕의 감소, 수면 양상의 변화, 자살 생각 등이 나타남

　　2) **망상과 의심**: 의심이 심해져 고착화되는 경우를 망상이라 한다(예컨대, 도둑 망상).

　　3) **환각과 착각**

　　　　- 환각은 실제로는 없는 것을 있는 것으로 여기는 상태이다.

　　　　- 착각은 실제로 존재하는 것을 다르게 인식하는 것이다.

　　4) **초조 및 공격성**: 반복 행동도 초조 증상의 형태이다.

　　5) **수면장애**: 얕은 잠, 자주 깸, 밤의 배회, 많아지는 낮잠과 낮과 밤이 바뀐 수면 양상 등을 보임

3. 단계별 특징과 증상 ☆☆

가. 치매 초기(일상생활에서 약간의 도움이 필요한 상태) - **빈**번히 깜빡깜빡하는 단계

　- 새로운 것(최근의 생활 사건, 시사 문제)이나 물건 둔 장소, 시간 등을 잘 잊어버린다.

　- 말할 때 적절한 단어가 떠오르지 않는다.

　- 우울·짜증·의심 등의 증상이 나타나기 시작한다.

나. 치매 중기(일상생활에서 상당한 도움이 필요한 상태) - 명칭 실어증이 나타나는 단계

　- 새로운 것 외우는 것이 불가능, 과거 기억 떠올리는 것도 어렵다.

　- 주소, 전번, 가족 이름도 잊어버린다.

　- 시간 외에 공간도 헷갈리기 시작한다(집 주변을 헤맴).

　- 환각·망상·불안·초조·배회 등의 이상 행동 증상이 심해진다.

다. 치매 말기(일상생활에서 전적인 도움이 필요한 상태) - **말**이 없어지는 단계

　① 대부분의 기억 소실, 가족이나 지인도 알아보지 못한다,

　② 언어능력이 더욱 떨어져 대화가 거의 불가능하다.

　③ 정신행동 증상은 오히려 점점 줄어든다.

　④ 대소변 조절, 보행, 식사하기 등 기본적 일상이 어려워지고, 결국 와상 상태가 시작된다.

4. 치료

가. 치매 대상자는 3~6개월 간격으로 병원에서 진료를 받는다.

나. 비약물요법 실시

　- **환경개선**: 가급적 단순하고 안정적인 환경을 제공한다.

　- **행동 개입**: 환자의 행동을 수정하기 위한 것으로, 설득, 칭찬, 격려, 억제 등을 사용한다.

　- **인지 및 활동 자극**: 수공예, 간단한 물건 만들기, 원예, 독서, 그림 그리기 등을 활용한다.

5. 예방

- 만성질환을 철저히 관리하고, 채소와 어류를 포함한 소량의 균형 잡힌 식사를 한다.
- 적절한 운동을 규칙적으로 하고, 취미활동 및 사교활동을 통한 두뇌활동을 한다.
- 기억력 장애 증상이 있으면, 치매안심센터를 통해 조기 검진을 받는다.

2절　[뇌졸중] p244~247 ☆

뇌에 혈액을 공급하는 혈관이 막히거나, 터지면서 뇌에 손상이 생기고, 이로써 신체장애가 발생하는 뇌혈관 질환을 뇌졸중(腦卒中)이라고 한다.

1. 위험 요인
- 조절 불가능한 요인: 고령, 남자, 뇌졸중 가족력 등이다.
- 조절이 가능한 요인: 흡연, 신체활동 부족, 고나트륨식이, 비만, 고혈압, 당뇨병, 이상지질혈증, 심장병 등이다.

2. 증상 및 후유증 - 회복은 1개월까지가 가장 빠르므로 조기 재활이 중요하다. ☆☆
① **반신마비**: 손상된 뇌의 반대쪽 팔다리, 안면 하부에 갑작스러운 마비가 온다. ☆
　- 예컨대, 오른쪽 뇌에 뇌졸중 발생 시 왼쪽 다리의 마비가 온다.
② **전신마비**: 뇌간 손상 시 전신마비와 함께 의식이 저하된다. ☆
③ **반신감각장애(감각이상·감각소실)**: 손상된 뇌 반대쪽의 시각·촉각·청각 등의 장애가 생긴다.
④ **언어장애**: 좌뇌 손상 시 우측 마비와 함께 말을 못 하거나 이해하지 못하는 장애가 온다. ☆
⑤ **두통 및 구토**
⑥ **의식장애**: 뇌간 부위에 뇌졸중이 발생하거나 뇌손상 부위가 광범위할 때 생긴다.
⑦ **어지러움**: 소뇌 손상 시, 토하는 증상과 함께 몸의 불균형을 보인다. ☆
⑧ **운동 실조증**: 소뇌 손상 시 술 취한 사람처럼 비틀거리고, 한쪽으로 자꾸 넘어지고, 물건을 잡으려 할 경우 정확히 잡지 못하는 증상을 나타낸다. ☆
⑨ **시각장애**: 물체가 두 개로 보이는 복시나 시야의 한 귀퉁이가 어둡게 보이는 증상이 온다.
⑩ **삼킴장애(연하곤란)**: 음식물을 삼키기 힘든 장애가 생긴다.
⑪ **치매(혈관성 치매)**: 비교적 급격하게 발생한다. 갑자기 동작이 서툴러지고 대소변을 못 가리며, 감정조절에 이상이 생기고 지적 능력이 감소하면, 혈관성 치매를 의심해야 한다.

3. **치료**(혈전용해제나 항응고제 등 복용과 수술) **및 관리**
   - 뇌졸중의 전구증상을 면밀하게 관찰한다. [34]
   - 고혈압, 당뇨, 동맥경화증 등의 위험 요인을 예방하거나 관리한다.
   - 휴식을 취하면서 갑작스러운 자세 바꾸기 행동을 조심한다.
   - **삼킴장애나 언어장애 대상자**는 흡인성 폐렴을 조심해야 한다.

※ [뇌졸중의 전구증상]
① 한쪽 팔다리가 마비되거나 감각이 이상하다.
② 발음이 분명하지 않거나 말을 잘 못한다.
③ 일어서거나 걸으려 할 때 자꾸 한쪽으로 넘어진다.
④ 주위가 뱅뱅 도는 것처럼 어지럽다.
⑤ 갑자기 안 보이거나 둘로 보인다.
⑥ 갑자기 벼락 치듯이 심한 두통이 생긴다.
⑦ 의식장애로 깨워도 깨지 못한다.

3절 [파킨슨병] p248~250 ☆

뇌에서 도파민을 생산하는 신경세포가 점차 퇴화·소실되면서, 신체 움직임 조절에 이상이 생기고 다양한 증상이 나타나는 만성 퇴행성 신경계 질환이다.

1. 중뇌의 이상으로 인한 도파민의 분비 장애, 뇌졸중, 중금속·약물 중독, 기타 퇴행성 뇌 질환 등이 관련 요인이다.

2. **증상**
가. **운동 증상** ☆
   ① **진전**(震顫, 떨림): 초기의 흔한 증상으로, 안정 시 손발이 떨리며, 움직이면 사라진다.
   ② **서동**(徐動, 느린 행동): 일상의 활동이 어려워지며, 무표정하거나 목소리도 작아진다.
   ③ **경직**: 근육 긴장으로 → 관절을 구부리고 펼 때 뻣뻣해진다.
   ④ **자세 불안정**: 어느 정도 진행된 후에 나타난다. 목, 허리, 팔꿈치, 무릎 관절이 구부정하게 구부러진 자

---

[34] ※ **[뇌졸중 예측 방법]-대한뇌졸중학회의 자가 진단법-이웃, 손, 발, 시선!**
   - '**이** 하고 **웃**을 수 있나요?'-입 모양이 비뚤어지고 평소와 다르다.
   - '두 **손**을 앞으로 뻗을 수 있나요?'-마비된 팔은 아래로 떨어진다.
   - '**발음**이 명확한가요?'-발음이 부정확하고 말을 제대로 못 한다.
   - '**시선**이 한쪽으로 쏠리나요?'-양 눈이 한쪽으로 쏠린다.

세가 된다. 쉽게 넘어져 골절이나 와상의 원인이 되기도 한다.

나. 비운동 증상

① **신경정신이상**: 우울, 불안, 피로, 환각, 망상 등의 증상

② **수면이상**: 불면증, 주간의 과도한 졸림, 기면증 등의 증상

③ **자율신경계 이상**: 기립성 저혈압, 변비, 성기능 장애, 야뇨, 빈뇨 등의 증상

④ **감각 이상**: 통증이나 후각 기능의 저하

⑤ **인지기능 장애**: 기억력 저하

3. 치료(꾸준한 약물복용) 및 관리

① 스트레칭과 근력운동을 하고, 변비35)를 예방하는 식습관을 실천한다.

② 근육 손실 방지를 위해 단백질은 반드시 섭취해야 한다.

③ 단백질은 약물복용과 일정한 간격을 두고 섭취한다(단백질은 약효를 반감시킴). ☆

---

35) 파킨슨병 환자는 자율신경 기능 저하로 장운동이 느려져 변비가 잘 생긴다. 변비가 심하면 복부 불편감과 피로가 커져 움직임과 균형 유지에 영향을 준다. 특히 변비는 치료약인 레보도파가 장에서 흡수되는 속도를 늦춰 약효를 불안정하게 만들 수 있다. 그 결과 증상이 들쑥날쑥해져 하루 생활 리듬이 더 불편해질 수 있다. 따라서 변비를 예방하는 식습관은 파킨슨병 관리에서 매우 중요한 생활 전략이다.

7장 노인의 건강 증진 및 질병 예방

1절 영양

1. 영양 문제

가. [노인 영양 문제의 원인] p252

① 침의 분비가 줄어들고, 음식을 씹고 삼키는 기능이 저하한다.

② 위가 위축되고(포만감을 빨리 느낌), 소화액 분비가 감소한다.

③ 체수분량이 감소하고, 갈증을 잘 느끼지 못하여 탈수가 발생한다.

④ 미각이 저하하여, 음식을 짜게 먹게 된다.

⑤ 인지기능의 저하로 과도한 음식을 섭취하거나 식욕이 없어진다.

나. 노인의 주요 영양 문제 p253

① 에너지 과다 섭취와 부족 섭취가 공존하는 경우가 많다.

② 전체 에너지 섭취량 중에서 탄수화물의 비중이 높다.

③ 단백질, 비타민A, 비타민C, 나이아신(B3), 엽산(B9), 비타민D, 칼슘 등이 부족하다.

④ 나트륨은 기준 이상 과다 섭취한다.

2절 [노인의 운동]

1. 운동 문제 p254 ☆

① 심장근육의 탄력성이 저하하고, 수축력이 감소하여 쉽게 피곤해진다.

② 폐 조직의 탄력성 감소와 흉곽 경직으로 폐활량이 줄어 운동 시 숨이 찬다.

③ 관절이 뻣뻣해지고 움직이는 범위가 줄어든다. 유연성 운동이 필요하다.

④ 자극에 대한 반응이 감소하고, 균형 및 조절 능력의 저하로 잘 넘어진다.

⑤ 시력의 감퇴로 걸려 넘어질 위험이 있어 운동을 꺼리게 된다.

⑥ 운동의 두려움, 낙상의 두려움, 우울감 같은 심리상태 등이 활동이나 운동을 방해한다.

2. **운동 관리** p254~255 ☆

① <u>현재</u>의 운동 수준을 평가한다(과거의 운동 수준이 아님).

② 운동 금기 질환(심부전 등의 심장병) 및 투약 상황을 확인한다.

③ 시원하고 바람이 잘 통하고 땀을 잘 흡수하는 옷을 입고 운동한다(땀복 X).

④ 저강도 운동으로 시작하여, 상태를 보면서 점차 강도를 올린다.

⑤ 적어도 <u>10분 이상</u> 준비운동을 하고 유연성을 높여 근육 손실을 방지한다.

⑥ 중간중간에 휴식을 취하고 개인의 능력에 맞는 운동을 한다.

⑦ 체조나 정적인 스트레칭으로, 최소 5~10분 동안 마무리 운동을 한다.

⑧ 빠르게 방향을 바꾸는 운동(테니스, 탁구, 배드민턴, 스쿼시 등)이나 동작은 금한다.

3절 [노인의 수면] ☆

1. **수면 문제**(노화에 따른 수면 양상의 변화) p257

- 수면 중에 자주 깨고, 수면 시간이 줄어든다.

- 잠들기까지 시간이 오래 걸리고, 낮 시간대에 많이 존다.

2. **수면 관리** p257

① 매일 일정한 시간에 기상하고, 일정한 시각에 취침한다.

② 카페인이 든 음료수를 줄이며, 오후에는 금한다.

③ 금주 금연을 하고, 저녁에는 과식하지 않는다(숙면을 방해함).

④ 공복감으로 잠이 오지 않는 경우, 따뜻한 우유 등을 마신다(홍차 X, 녹차 X).

⑤ 취침 전 지나치게 집중하는 일(독서, TV 시청 등)을 하지 않는다.

⑥ **함께 자는 사람이 코골이나 뒤척임이 심하면** 다른 방을 사용한다.

⑦ 매일 규칙적으로 적절한 양의 운동을 하고, 낮잠을 자지 않는다.

3. 수면을 방해하는 요인: 환경요인, 신체적 원인, 정신적 원인, 생활 습관 변화 등

4. 편안한 수면을 위한 지침: <u>온도 18~25도, 습도 40~60% 정도의 환경</u>이 좋다.

4절 성생활

1. **[노인의 성 문제**(노화 등에 따른 성적인 변화 문제)] p259

① 에스트로겐 분비 감소로 질 조직이 얇아지며, 분비물 감소로 성교 시 통증이 증가한다.

② 남성 노인은 성적인 반응이 지연된다.

③ **질병 치료제나 수술 및 질병 자체가 성생활에 영향을 줄지 문제 되는 것들** ☆

- **관절염 통증이나 통증 완화를 위한 항염증성 약물:** 성적 욕구를 감소시킬 수 있다.

- **강심제, 이뇨제, 항고혈압제, 신경안정제, 항진정제:** 남녀 모두 성 문제를 유발할 수 있다.

- **일부 파킨슨 약물 치료제:** 성욕을 높이지만, 성생활 수행 능력을 높이는 건 아니다.

- **당뇨병:** 발기부전을 경험할 수 있다.

- **심장질환:** 성교 시 심장마비가 오는 건 아니지만, 심장마비를 경험했다면 주치의와 상의한다.

- **뇌졸중:** 성생활은 뇌졸중 재발과 무관하다.

- **자궁적출술과 유방절제술:** 성기능에 변화가 없다. ☆

- **전립선절제술:** 발기하는 데에 문제가 안 된다. ☆

④ 과도한 알코올 섭취: 여성은 오르가즘 지연을, 남성은 발기 지연을 유발한다.

2. **성생활 관리** p260

노인의 성적 욕구 및 성적 표현은 인간의 기본적 욕구이다.

3. **생활시설에서의 인권 실천을 위한 가이드라인**

시설 노인의 이성 교제, 성생활, 관련된 권리를 보장하기 위하여 노력하여야 한다.

5절   약물 사용

1. **노인 약물 상호작용 예방법** p263

① **건강기능식품 등 비처방약**도 복용하기 전에 의사와 상담해야 한다.

② 자신의 질병, 과거 약물 부작용 경험, 현재 복용 약물을 기록하여 지갑 등에 가지고 다니도록 하고, 진료 시 의료진에게 보여 준다.

2. **[노인 약물복용 원칙]** p263

① 증상이 비슷하다고 다른 사람에 처방된 약을 먹어서는 안 된다.

② 다른 병원이나 약국을 방문하는 경우엔 처방전을 보관하였다가 제시하면 좋다.

③ 진료 후 이전 처방 약을 이어서 먹지 말고, 가장 최근 처방된 것을 복용해야 한다.

④ 삼키기 힘들다고 쪼개어 복용하여서는 (원칙적으로) 안 된다. ☆

- **분할선이 있는 약** - 쪼개서 복용이 가능하다.

- **장용 코팅제, 서방제**[36] – 약효 저하나 부작용이 있으므로 분할이나 쪼개기가 불가하다.
- **삼키기 힘든 약이 분할 쪼개기가 불가능하다면,** 변경해 달라고 요청해야 한다.

⑤ **복용 시간을 잊어버린 경우의 복용법** ☆

- 생각난 즉시 복용한다.
- **다음 복용 시간이 가까워지면** 다음 복용 시간에 먹는다.
- 다음 복용 시간에 2배로 복용해서는 안 된다.

⑥ 공복 상태에서도 고혈압 약은 꼭 챙겨 먹는다.

3. [노인에게 부작용이 흔한 약물] p265 ☆

① **소염진통제**

- **신장 기능이 좋지 않거나 심부전**이 있는 경우: 복용 전 의사와 상의해야 한다.
- **위염, 위궤양**이 있어 속 쓰림 등이 있는 경우: 의사에게 말한다.

② **당뇨병약:** 약을 먹으면서 식사가 불규칙한 경우 저혈당이 올 수 있다.

③ **스테로이드제:** 장기 복용 시 정신장애, 소화기 궤양, 면역 저하, 피부질환 등이 나타난다.

④ **수면제 등의 신경 정신계 약물:** 낙상(특히 주의), 배뇨장애, 변비 등의 위험이 있다.

4. [약 복용 시 주의해야 할 음식들] p265

① **자몽주스:** 고지혈증약, 혈압약, 수면제와 상호작용으로 부작용 가능성이 높다.

② **시금치: 부정맥 환자**가 복용하는 와파린의 약효를 줄일 수 있어 과량 섭취 금지

③ **커피, 유제품, 인삼, 홍삼, 콜라, 술 등:** 부작용이 생길 수 있다. 특히, **인삼, 홍삼**을 고혈압 약과 같이 먹으면 혈압이 상승할 수 있다.

6절 금연과 절주

1. 금연 p266

① **간접흡연**도 흡연 못지않은 다양한 질병을 유발할 수 있다.

② **장기간 흡연했더라도** 금연하면 건강을 증진할 수 있다.

③ **금연 후 나타나는 신체적 변화** ☆

- 혈압이 좋아지고, 맥박과 체온이 정상으로 회복한다(2분 뒤).
- 혈중 일산화탄소량과 산소량이 정상으로 회복한다(8시간 뒤).
- 정자의 수가 증가하고 성기능이 향상한다(3개월 이상 뒤).
- 심장병 발병 위험이 절반으로 감소한다(1년 뒤).

---

36) 약 성분이 몸에 흡수되는 속도를 조절해 약효 지속시간을 늘린 형태의 제제를 말한다.

- 폐암으로 사망할 확률이 절반으로 감소한다(5~10년 뒤).
- 기대수명이 금연 전보다 5~10년 증가한다(10년 이상 뒤).

2. 절주(혹은 금주) - [절주(혹은 금주) 방법] ☆p267

① **암을 예방하기 위해서는** 한두 잔의 술도 삼간다.

- '본인 건강'과 '가족에게 미안할 일 만들지 않기' 등의 동기부여를 한다.
- 가족이나 지인에게 앞으로 술을 마시지 않겠다고 공표하여 의지를 알린다. ☆

② **음주를 권하는 상황에 대비해 방안을 마련해** 둔다.

- 음주 습관을 돌이켜 보며, 그러한 술자리를 피한다.
- **'오늘까지만', '딱 한 잔만 더하자'와 같은 태도**는 버려야 한다. ☆ (이렇게 마시기 시작하면 다시 음주의 굴레에 빠지게 됨)

③ **금주 혹은 절주하는 환경을 조성**한다. - 집에 술을 두지 않는다.

④ **스트레스를 피한다.**

⑤ **술자리의 대처방안을 마련**한다. - 술을 마시지 않음을 단호히 밝힌다.

⑥ **최소, 빈속에 술 마시는 것은 피한다.**

⑦ **음주 대신에 할 수 있는 일을 생각**해 본다. - 가족과 함께하기, 취미생활 등

⑧ **음주 일지를 작성**해 본다. ☆

7절 [예방접종] p270, 271 ☆

1. 독감: 모든 성인에게 매년 1회 접종이 권고된다. ☆

2. 파상풍-디프테리아(-백일해): 10년마다 추가 접종이 권고된다.
백일해가 포함된 예방접종을 받지 않았거나, 접종 이력이 불확실한 경우
- 1회 파상풍-디프테리아-백일해 백신(Tdap)접종이 권고된다.
- 이후 10년마다 파상풍-디프테리아 백신(Td)재접종이 권고된다.

3. 폐렴구균

① 65세 이상에서는 접종이 필요하다. ☆

② 연령과 건강 상태에 따라 2회 이상 접종하는 경우가 있다.

- **이전에 접종한 적이 없고 면역 기능이 정상인 경우:** 전통적으로, 23가 다당백신 또는 13가 단백백신 접종 후, 23가 다당백신을 추가로 접종할 수 있다.
- **면역 저하 등 고위험군의 경우:** 13가 단백백신 접종 후 23가 다당백신을 순차적으로 접종할 수 있다.

4. **대상포진**: 60세 이상 성인에게 1회 접종이 권고된다. ☆

※ 65세 이상에서 누구나 가능한 예방접종으로는 독감, 파상풍-디프테리아-백일해, 폐렴구균, 대상포진이 있다.

8절 온열질환 및 한랭 질환

1. [온열질환] p272, 273
가. 폭염 대응 안전 수칙
① 어쩔 수 없이 한낮에 일할 때는 헐렁한 옷에 챙이 넓은 모자를 착용하고 물을 휴대한다. ☆
② **현기증, 메스꺼움, 두통, 근육경련** 등이 있을 때 시원하고 통풍이 잘 되는 장소에서 휴식하고, 시원한 물이나 음료를 천천히 마신다.
③ 식사는 가볍게 하고 물은 평소보다 자주 마시도록 한다(20분마다 1컵).
④ 선풍기는 환기가 잘 되는 상태에서 사용하며, 커튼으로 햇빛을 가린다.

나. 폭염 관련 질환
1) 열사병
① 고온다습한 환경에 노출될 때 체온조절 기능의 이상으로 발생하는 질환이다.
② 현기증, 두통, 경련, 헛소리 등의 증상이 나타나며, 땀이 나지 않아 체온이 상승한다.
③ 갑자기 **의식상실에 빠지는 경우도** 많다.
④ 의식 없는 환자에게 음료를 마시도록 해서는 안 된다(흡인성 폐렴이나 질식 유발의 위험).
⑤ 즉시 119 신고(치료하지 않으면 사망 가능성이 높은 질환임)
⑥ 서늘한 곳으로 옮겨서, 옷을 벗기고 몸을 적신 후 부채나 선풍기로 바람을 쐰다.

2) 열탈진(일사병)
① 땀을 많이 흘린 뒤 발생한다.
② 심한 갈증, 차고 젖은 피부, 피로감, 현기증, 식욕감퇴, 두통, 구역질 등의 증상이 있다.
③ **환자 발생** 시 서늘하고 통풍이 잘되는 곳으로 옮겨 쉬게 하며, 염분과 수분을 보충한다.

3) 열경련
① 폭염 시 심한 신체활동을 하여 근육(팔, 다리, 복부, 손가락)에 경련이 발생하는 질환이다.
② 보통 근육경련이 30초 정도 발생하며, 심할 때는 2~3분 동안 지속된다.
③ 환자 발생 시 서늘하고 통풍이 잘되는 곳으로 옮겨 쉬게 하며, 염분과 수분을 보충한다.
④ 경련이 일어난 근육은 마사지로 풀어 준다.

2. **[한랭 질환]** p274

가. 한랭 질환 예방 수칙

① 실외 운동보다는 실내 운동을 하며, 추운 날은 야외 활동을 삼간다. ☆

② **운동 시간은** 새벽보다는 낮 시간대를 이용한다. ☆

③ **외출 시에는** 내복을 입고 얇은 옷을 겹쳐 입는다.

④ **찬 곳으로 나갈 때**에는 방한화, 장갑, 모자, 마스크, 목도리 등을 착용한다.

⑤ 장기간 따뜻한 곳에 있다가 갑자기 찬 곳으로 나가지 않는다.

나. 한랭 관련 질환

1) **저체온증**(매우 추운 기온에 노출되어 체온이 떨어지는 질병)

① 몸 떨림, 피로감, 착란, 어눌한 말투, 기억상실, 졸림 등의 증상이 나타난다.

② 즉시 119에 신고한다.

③ 환자를 따뜻한 곳으로 이동시키고 젖은 옷을 벗기고 담요로 감싼다.

④ 의식이 있으면 따뜻한 음료와 초콜릿 같은 단 음식을 섭취하게 한다.

2) **동상**

① 피부가 창백하거나 누런 회색으로 변하고 단단해지며 무감각해진다.

② 신속히 병원 진료하며, 병원 방문이 어려울 땐 따뜻한 곳으로 옮겨 따뜻한 물에 담근다.

3) **심혈관계 질환, 호흡기 질환, 낙상사고**

① 겨울에는 **혈관 수축, 혈압상승으로** 심근경색과 뇌졸중 발생 가능성이 증가한다.

② **건조하고 찬 공기로** 호흡기 질환이 증가한다.

③ **낮은 기온**으로 관절 주변 인대나 힘줄이 뻣뻣해져 낙상도 증가한다.

3부

요양보호와 생활 지원

30문제가량 출제-필기 2문제 포함

8장 의사소통과 정서 지원

4~5문제가량 출제-실기

1절 효과적인 의사소통과 정서 지원

1. [의사소통의 정의 및 필요성] p279

① 대상자 및 가족과의 신뢰 형성에 도움을 준다.

② 요양보호 서비스에 필요한 정보를 원활하게 수집할 수 있다.

③ 대상자에 대한 깊은 이해 및 서비스의 질을 향상할 수 있다.

④ 자신의 생각과 감정을 효과적으로 표현하여 좋은 관계를 형성할 수 있다.

⑤ 타 전문직과의 원활한 업무 협조에 도움이 된다.

2. 의사소통의 유형 p280-282

메라비언의 법칙에 의하면 **의사소통에 가장 중요한 것**은 비언어적 요소 중의 하나인 **시각적 요소**이다. 다음은 **음성**(청각적 요소)이며, **언어적 요소**(말의 내용)는 맨 마지막이다.

가. 언어적 의사소통

- 생각이나 감정을 전달하는 데에 효과적이지만, 개인에 따른 편차가 크다.

나. 비언어적 의사소통

- 침묵, 말투, 몸짓, 으쓱거림, 웃음소리 크기, 눈물 등
- 모든 의사소통에는 비언어적인 것이 존재하며, 감정적·정서적 부분이 크게 작용한다.
- **[(중요한 비언어적 의사소통유형 중) 바람직하거나(O) 바람직하지 못한(X) 태도들]** ☆

① 표정
- 대화에 영향을 미치는 요소 가운데 가장 중요한 시각적 요소이다.
- 배려하는 표정과 간간이 적절한 미소를 짓는 행위 O
- 부적절하고 희미한 미소를 짓는 행위 X

② 자세
- 대상자를 향해 약간 기울인 자세 O ☆

- 관심을 보이며 편안한 자세를 취하는 것 O

- 몸을 앞으로 구부리는 태도 X

③ **눈 맞춤**

- 대상자와 같은 눈높이, 적절한 시선의 움직임 등 O

- 대상자보다 높거나 낮은 눈높이, 시선을 한 곳에 고정하는 것 등 X

④ **어조**

- 대상자의 느낌과 정서에 반응하는 어조, 크지 않은 소리 등 O

- 큰 소리로 말하기 X

다. 대상자는 의사를 적절히 표현하는 게 어려운 경우가 많으므로, 대상자의 비언어적 표현에 세심히 주의를 기울여야 한다.

3. 의사소통의 원칙(바이스텍의 7원칙) p283

- 장기요양 서비스 제공에서 **대상자와 그 가족과의 소통에서 유용한 원리**이다.

① **개별화:** 대상자를 개인으로 파악한다.

② **의도적 감정표현:** 대상자의 감정표현을 존중한다.

③ **통제된 정서적 관여:** 요양보호사는 **자신의 감정을 자각하고 조절**한다.

④ **수용:** 받아들인다.

⑤ **비심판적 태도:** 대상자를 일방적으로 비난하지 않는다.

⑥ **이용자의 자기 결정:** 대상자의 자기 결정을 돕고 존중한다.

⑦ **비밀 유지:** 비밀을 유지하여 신뢰를 쌓는다.

4. 효과적인 의사소통 방법-라포 형성, 경청, 공감, 말하기, 침묵, 수용 등 ☆

가. 라포(Rapport) 형성 p284

- 라포란 '마음의 유대'로, 서로의 마음이 연결된 상태를 말하며, 의사소통의 기본이다.

- 무슨 말이든지 털어놓고, 충분히 이해하고, 공감하는 상황이라면 라포가 형성된 것이다. ☆

나. 경청 p285 ☆

1) 다른 사람의 말을 주의 깊게 들으며 공감하는 능력이다.

2) 좋은 경청이란 충분히 이해하기 위해 항상 마음을 열어 놓아야 한다.

3) **경청의 방법(올바른 태도)**

- 혼자서 대화를 독점하지 않고 말하는 순서를 지킨다.

- 상대방의 말을 가로채거나 이야기를 가로막지 않는다.

- 의견이 다르더라도 일단 수용한다(뒤의 경청과 대응 기술은 좋은 예임 p602).

- 논쟁에서는 먼저 상대방의 말을 들어 준다.

- 시선을 맞추고 귀로만 듣지 말고, 오감을 동원해 적극적으로 듣는다. ☆

- 흥분하지 않고 비판적 태도를 버리며, 상대방이 말하는 의미를 이해한다.

- 상대방이 말하는 동안 경청하고 있다는 것을 표현한다. ☆

4) 경청을 방해하는 것

- 대충 미루어 짐작하고, 충분히 듣지 않는 상태에서 조언한다.

- 미리 대답을 준비하고, 듣고 싶지 않은 말을 걸러낸다.

- 상대방의 말을 반박하고 논쟁하기 위해서 듣는다.

- 상대방의 말을 나 자신의 경험에 맞춘다.

- 마음에 들지 않는 경우 슬쩍 넘어가며 대화의 본질을 회피한다.

다. 공감 p286 ☆

1) 상대방의 말을 그의 관점에서 이해하고 감정을 공유하며, 느낀 바를 전달하는 것이다.

2) 대화를 지속시키고, 문제를 지닌 당사자 스스로 해결책을 찾아가도록 하는 데 유용하다.

3) 요양보호사의 공감적 반응 사례

- 양치질, 속옷 갈아입기, 빗질 등을 권유하는 요양보호사에게 대상자가 하소연할 때

"제가 어르신 개인위생에 대해 일일이 간섭하는 듯해, 성가시고 많이 화가 나셨군요."

- 대상자가 "지난번 요양보호사는 더 잘했어."라고 말하는 경우

"저번 요양보호사님이 참 잘하셨나 봐요. 마음에 안 드시는 게 있으면 말씀해 주세요."

- "아이고 아파, 여기저기 너무 아파. 갈수록 아픈 것 같아."라고 할 때

"건강하게 사시고 싶은데, 아프시니까 아주 힘드시죠."

라. 말하기

1) 효과적인 말하기 p287

- 자신의 감정에 솔직해진다.

- 상대방의 말을 수용하고 자신 생각을 정리한다. ☆

- 의사전달을 분명하게 한다.

- 부정적인 비교를 하지 않고, 나쁜 내용을 회고하거나 상기시키지 않는다. ☆

- 상대방을 위협하는 말을 하지 않고, 상대방을 감정적으로 공격하지 않는다.

- 편안하고 이완된 자세를 취한다.

2) 효과적인 말하기를 방해하는 경우 p287

- 자신이 모든 일의 전문가이거나, 자신에게는 잘못이 없고 항상 옳다고 주장한다.

- 부족하고 자신감이 없는 태도를 보이거나, 자신은 보호받아야 한다고 생각한다.
- 자신은 완벽한 사람이므로 비난받지 않아야 한다고 생각한다.

3) [나 전달법][37] p288 ☆☆

① 상대방을 비난하지 않고, 상대방의 행동이 나에게 미친 영향에 초점을 맞추어 이야기하는 전달법으로, '너 전달법'과 상치되는 관념이다.
- 어르신, 급하게 드시지 마세요(너 전달법). - 부정적이고, 비판적이며, 명령적이다.
- 어르신, 그렇게 드시면 사레가 걱정돼요. 천천히 드시면 좋겠어요(나 전달법).

② **나 전달법의 사례**
- 함께 홍보물을 배포하기 위해 만나기로 한 동료가 약속 시간에 늦을 때,
  "약속 시간이 잘 지켜지지 않으니(상대방의 **행동**)"
  "함께 일하는 데에 지장이 있고(나에게 미친 **영향**)"
  "기다리는 동안 조바심이 났어요(솔직한 **느낌**)."
  "앞으로는 약속 시간을 잘 지켜 주세요(구체적인 **바람**)."
- 중요한 전화를 기다리고 있는데, 동료 요양보호사가 통화를 길게 할 때,
  "통화가 길어지면(행동), 다른 전화를 받지 못할까(영향) 걱정이 돼요(느낌). 통화는 짧게 하면 좋겠습니다(바람)."
- 대상자가 젖은 옷 갈아입기를 거부할 때
  "어르신이 옷을 갈아입지 않으려 하니 제가 힘드네요." -간결한 표현

마. 침묵 p289

긍정적이고 수용적 침묵은 대상자에게 말할 수 있는 용기를 주고, 대상자와 요양보호사 모두에게 생각을 정리할 기회를 주는 비언어적 의사소통 수단이다.

바. 수용 p290

- 상대방의 표현을 비판이 없이 있는 그대로 받아들이는 기법이다.
- 대상자 존중의 태도가 깔린 것으로, 대상자는 긴장이 감소하고 자신감이 증진된다.

---

37) 나 전달법은 자신의 의사를 완곡하고 차분히 전달함으로써 대상자로 하여금 대화의 중요성을 인식시킬 수 있다. 다음의 다섯 가지 사항을 주의해야 한다.
ⅰ 부정적인 정서를 강조하지 않는다(너 전달법과의 궁극적 차이).
ⅱ 그렇더라도 교훈을 주는 데 열중해, 말하는 사람의 본심을 전달할 기회를 놓치지 말아야 한다.
ⅲ 감정을 폭발적으로 드러내지 않는다.
ⅳ 상대를 평가하지 않는 태도가 필요하다.
ⅴ 나 전달법을 사용하고, 다시 수용적 태도를 가진다(경청).

5. 말벗하기 p290 ☆

소외와 외로움을 느끼는 노인에게는 좋은 '말벗'은 심리적·정서적 안정을 제공하는데, '말벗하기'는 의사소통의 출발점이다. '말벗하기'의 방법은 다음과 같다.

① 대상자의 신체적, 심리적, 사회적 특성을 이해한다. ☆
② 대상자의 삶을 판단하지 않고, 차이와 다양성으로 수용하는 마음이 필요하다.
③ 대상자와 과도한 의존관계를 형성하지 않도록 한다.
④ 친밀하다는 이유로 대상자에게, 유아어, 반말이나 명령조의 말을 써서는 안 된다.

※ 말벗하기 예(공감, 증상완화 보조, 적극적 청취, 정보 제공 등으로 관심을 유도함)

예 1) 평소와 달리 식사도 하지 않고 TV를 보는 둥 마는 둥 시무룩한 상황

- 요양보호사: "어르신, 오늘은 날씨가 좋아요."
- 대상자: "그런가 보네"
- 요양보호사: "네, 바람도 안 불고 날씨가 얼마나 따뜻한지 몰라요(공감의 말)."
  "햇살도 좋은데, 밖에 나가서 걸어 보실래요(증상 완화를 돕는 말)."

예 2) 돌아가신 배우자 때문에 잠 못 자고 기분이 가라앉는 상황

- 대상자: "영감님이 돌아가시고 난 후 도둑이 들지 겁도 나고… 잠을 못 자."
- 요양보호사: "굉장히 무서우셨어요? 잠을 못 주무셔서 피곤하시겠네요(공감의 말)."
- 대상자: "영감님 기일도 다가오고, 요 며칠 잠을 설치고 있어."
- 요양보호사: "할아버지 생각이 많이 나시나 봐요."
- 대상자: "영감이 돌아가기 전까지는 늘 문단속하고 잠자리를 살펴 줬거든."
- 요양보호사: "할아버지가 자상한 분이셨군요(공감의 말).
  할아버지를 한번 뵙고 싶어요.
  사진 가지고 계시면 보여 주실 수 있어요(적극적 청취)?"
- 요양보호사: "잠을 잘 못 주무셔서 몸이 무거우시죠?
  제가 따뜻한 물로 씻겨 드릴게요(증상 완화를 돕는 말).
  식사하고 산책하면 밤에 주무시는 데 도움이 되실 거예요(정보 제공)."

1. [의사소통 장애가 없는 경우] p292

가. 대상자와의 소통

- 대상자의 말하는 속도에 맞추며, 명확하고 이해하기 쉬운 언어를 사용한다.
- 너무 작거나 크게 말하지 않는다.
- 대상자는 이름으로 호칭하는 것이 원칙이나, 동의하에 어르신 등으로 부른다. ☆

나. 가족과의 소통

- 가족을 존중하는 태도를 가지고, **대상자에 대한 정보**는 수시로 주고받는다. ☆
- **가족의 의견과 충돌**할 때는 시설장에게 보고한다.
- **정신행동 증상(치매)의 정보를 제공**할 때 부정적이고 직설적으로 전달하지 않는다.

다. 관련 전문직 및 시설장과의 의사소통

- 대상자의 상황에 따라 관련 전문직, 시설장과 의사소통을 원활히 한다.
- 대상자의 이상 상태는 시설장 혹은 관리 책임자에게 즉시 정확하게 보고한다.

2. 의사소통 장애가 있는 경우 ☆

가. [노인성난청 대상자와 소통하기] p292~293, p216(노인성난청 질환) ☆

- 시각적 요소 등 관련 사항

  ① 대상자의 눈을 보며 정면에서 이야기한다. ☆

  ② 어깨를 다독이거나 눈짓으로 신호를 주면서 이야기를 시작한다. ☆

  ③ 입 모양으로 이야기를 알 수 있도록 입을 크게 벌리며 정확하게 말한다. ☆

  ④ 몸짓, 표정 등으로 의미 전달을 돕는다. ☆

  ⑤ 밝은 방에서 입 모양을 볼 수 있도록 시선을 맞추며 말한다. ☆

- 청력 관련 사항

  ⑥ 보청기를 착용할 때 조절 기능이 있는 경우, 입력은 크게 출력은 작게 조절한다.

  ⑦ 보청기를 사용할 때 건전지와 전원스위치가 작동하는지 확인한다.

  ⑧ **청력 상실의 체험을 통하여** 대상자를 더 많이 이해하고자 노력한다.

- 기타 의사표시 관련 사항

  ⑨ 말을 알아듣기 쉽도록 **천천히 차분히** 이야기한다.

  ⑩ 말의 의미를 **이해할 때까지 되풀이**하고 이해했는지를 확인한다.

⑪ 원활한 의사소통이 되도록 **정보를 충분히 제공**한다.

나. [시각장애 대상자와 소통하기] p293 ☆

시각적 정보의 인지가 불편하기에, 그 밖의 다른 감각기관을 사용할 필요성이 크다.

- 위치·방향 관련 사항

  ① 대상자의 정면에서 이야기한다(옆에서 X, 등 뒤에서 X).

  ② **지시대명사를 사용하지 않고, 사물이 위치**를 정확히 시계방향으로 설명한다. ☆

  ③ 대상자를 중심으로 오른쪽, 왼쪽을 설명하여 원칙을 정해 두는 것이 좋다. ☆

  ④ **대상자와 보행할 때**는 반보 앞으로 나와 대상자의 팔을 끄는 듯한 자세가 좋다.

- 촉각 관련 사항

  ⑤ 대상자를 만나면 신체를 접촉하기 전에 먼저 말을 건네어 알게 한다. ☆

  ⑥ **이미지 전달이 어려운 형태나 사물**은 촉각으로 이해시킨다. ☆

- 기타 의사표시 관련 사항

  ⑦ 대상자가 이해하기 쉬운 언어를 사용하고, 천천히 정확하게 말한다.

  ⑧ 대상자가 읽고 싶어 하는 것을 읽어 주고, **고유명사** 등은 자세히 설명한다.

  ⑨ **대필하게 되는 경우**, 정확하게 받아쓰고 내용을 다시 확인한다.

다. [언어장애 대상자와 소통하기] p294 ☆

간단한 단어나 문장 표현도 어려워하며 몸짓·손짓으로 대체하려는 특징이 있다.

- 대상자에게 말을 걸거나 이야기할 때의 태도

  ① 대상자와 이야기할 때는 얼굴과 눈을 응시하며 천천히 말한다.

  ② 대화에 주의를 기울이고, 소음이 있는 곳을 피한다.

  ③ 면담 시에는 앉아서 하고, 질문의 답변이 끝나기 전에 다음 질문을 안 한다.

  ④ 실물, 그림판, 문자판 등을 이용한다(대상자가 말할 때도 마찬가지로 이용함). ☆

  ⑤ 눈을 깜빡이거나 손짓, 손에 힘을 주거나 고개를 끄덕이는 등으로 표현하게 한다. ☆

- 대상자의 말을 들을 때의 태도

  ⑥ 대상자의 말이 끝날 때까지 기다리면서 고개를 끄덕여 듣고 있음을 알린다.

  ⑦ 알아듣고 이해가 된 경우에는 '예', '아니오' 등으로 짧게 대답한다.

  ⑧ 잘 표현하였을 때는 칭찬과 더불어 긍정적 공감을 비언어적으로 표현한다. ☆

라. [치매로 인한 장애 대상자와 소통하기] p294~295 ☆

1) 대상자와 생활 리듬에 맞추기

- 말을 걸 때 정면에서 다가가 대상자 시야에 든 후, 말을 걸어야 놀라지 않는다.

  옆으로 다가가 X

2) 이해하기 쉬운 단어로 간결하게 전달하기 - 한 번에 많은 이야기를 하지 않고, 단계적으로 한다.

3) 말보다 감정표현을 자주 하기

- **배회나 망상의 경우**: 언어적 표현이 아닌 대상자의 심적 안정에 의미를 맞춘다.

- 상식을 강요하고 설득하기보다는 그 대화 및 표현의 이유를 찾으려 노력해야 한다.

4) '그 사람다움'을 소중히 하기

- 치매 대상자의 강점, 좋아하는 것 자랑스러운 것을 찾는 것이 중요하다.

5) 스킨쉽 자주 하기

- 손과 어깨에 부드러운 스킨쉽이 필요하며, 시선은 같은 높이로 되도록 맞춘다.

이상을 바탕으로 **[치매 대상자와의 의사소통에 관한 내용]**을 구체적으로 살펴본다. ☆

- **판단력·이해력 관련 사항**

  ① 어려운 표현을 사용하지 않고 짧은 문장으로, 천천히 이야기한다. ☆

  ② 몸짓, 손짓을 이용해 상대의 말하는 속도에 맞추어 천천히 이야기한다. ☆

  ③ 실물, 그림판, 문자판 등을 이용해 이해를 돕는다. ☆

  ④ 불쾌감을 주는 언어를 쓰거나, 아이처럼 취급하여 반말하지 않는다.

- **주의력 관련 사항**

  ⑤ 대상자와 눈을 맞춘다.

  ⑥ 명확하고 간단하게 단계적으로 제시한다. ☆

  ⑦ 구체적이고 익숙한 사물을 가지고 대화한다. ☆

  ⑧ 목표를 인식하고 단순한 활동을 먼저 제시한다. ☆

  ⑨ 주의력에 영향을 주는 환경적 자극을 최대한 줄인다. ☆

  ⑩ 주의력결핍 장애에 대해 주변 사람들에게 이해를 구한다.

  ⑪ 전하고자 하는 말과 내용을 천천히 조용히 반복한다.

- **지남력 관련 사항**

  ⑫ 대상자의 존칭과 이름을 함께 사용한다. ☆

  ⑬ 대상자를 일관성 있게 대하도록 노력한다.

  ⑭ 시간, 장소, 사람, 날짜, 달력, 시계 등을 인식시킨다. ☆

※ **[치매 대상자의 상황별 의사소통 핵심(뒤의 치매 파트와 연결)]** p296 ☆

① **망상, 환각** - 부정, 설득, 논쟁하지 않는다. - 주장과 감정을 수용한다.

- 직접적으로 현실을 인식시킨다. X[38] ☆

② **배설행동** - 화를 내지 않고 따뜻하게 수용한다. - 수치심 감소를 위해 충분히 설명한다.

③ **배회** - 배회의 원인을 파악한다. - 안전하고 친근한 환경을 만든다. - 안전한 환경에서 배회를 허락한다(실내 배회 코스 마련).

④ **공격성** - 감정에 초점을 맞추고 마음을 안정시킨다. - 과도하게 요구하지 않는다. - 대상자가 거부하는 경우 시간을 두고 시도한다.

- 반응하지 않고 자리를 피한다. X(불안감을 심화시켜 공격성 반복의 가능성을 높이기에) ☆

⑤ **초조행동** - 초조행동을 빨리 발견하고 대처한다. - 화를 내거나 논쟁하지 않는다. - 감정에 초점을 맞추고 마음을 안정시킨다. - 불편함과 욕구를 확인한다.

⑥ **무감동** - 대답하지 않더라도 이름을 부르거나 화를 내지 않는다. - 사소한 말과 행동에도 관심을 기울인다.

⑦ **우울** - 활동에 참여하는 경우 강요하지 않는다. - 야단치거나 외면하지 않고 관심을 가진다. - 쉬운 일을 맡겨 성취감을 맛보게 하여 자존감을 높인다.

⑧ **불안** - 좋아하는 일을 자주 하게 하고 집중할 수 있게 한다. - 마음 편한 이야기를 나눈다.

⑨ **섭식장애** - 먹고 싶을 때 음식을 권한다. - 음식을 삼키는 시범을 보인다.

⑩ **수면장애** - 수면 상태를 관찰하고 규칙적인 생활을 할 수 있도록 돕는다. - 햇볕 쬐기, 가벼운 산책 등 신체 활동을 하게 한다.

⑪ **수집증** - 쓰레기를 주워 쌓을 때는 본인이 하고 싶어 하는 대로 둔다. - 주워 온 물건에 대해 다시 이야기하지 않는다.

⑫ **성적 행동** - 환경적인 원인 제거 및 변화를 준다. - 대소변 욕구를 재조사한다. - 성적으로 부적절한 행동이 민감하게 느껴지지 않도록 조용한 곳에서 옷을 입힌다.

3절 **여가 활동 지원**

1. 여가 활동의 필요성

- 노인 대상자의 여가 활동은 자기 효능감을 높이는 데 도움이 된다.
- 또한 생활 만족도를 향상시키고 전반적인 건강 증진에도 긍정적인 영향을 준다.
- 더 나아가 안정적인 인간관계 유지에도 중요한 역할을 한다.

---

[38] 대상자에게 현실을 직접적으로 지적하는 방식은 환자의 불안과 혼란을 악화시킬 수 있으므로 피해야 한다. 그러나 뒤에서 설명하듯, 불안을 완화하고 현실감을 부드럽게 회복하도록 돕는 접근은 허용된다. 예를 들어 "저 노인이 월세를 안 낸다."라고 말하거나, 요양보호사를 딸로 인식하는 대상자에게 "그건 틀렸어요."라고 지적하는 행동은 불신을 심화시킨다. 반면 "이곳은 함께 지내는 시설이에요.", "저는 요양보호사예요"와 같이 사실을 부드럽게 안내하는 표현은 대상자의 정서적 안정을 돕는 바람직한 대응이다.

2. **[여가 활동의 유형]** p299 ☆

    ① **자기 계발 활동**: 책 읽기, 독서 교실, 그림 그리기, 서예 교실, 시 낭송, 악기연주, 백일장, 민요 교실, 창작활동 등 ☆

    ② **가족 중심 활동**: 가족 소풍, 가족과의 대화, 외식 나들이 등

    ③ **종교 참여 활동**: 교회, 사찰, 성당 가기 등

    ④ **사교 오락 활동**: 영화, 연극, 음악회, 전시회 등 ☆

    ⑤ **운동 활동**: 체조, 가벼운 산책(계절감 느끼게) 등

    ⑥ **소일 활동**: 텃밭 가꾸기, 식물 가꾸기, 신문 보기, TV 시청, 종이접기, 퍼즐 놀이 ☆

3. **대상자 중심의 여가 활동 선택**

    - 대상자가 과거와 현재에 어떤 여가 활동을 선호했는지 본인이나 가족에게 확인한다.

    - 여가 활동 후에는, 대상자의 말과 행동 등에 대하여 기록한다.

4. **[노인 여가 활동 돕기]** p300

    ① **거동 불편, 인지기능 저하 대상자**: 어렵지 않고 흥미를 느낄 수 있게 진행한다.

    ② 대상자의 욕구에 맞는 여가 활동을 지속적으로 지원한다.

    ③ 획일적인 것보단 개인적 욕구에 맞게 개별이나 소그룹으로 진행(시설의 경우). ☆

      - 시설에서는 단체로 하는 프로그램이 적합하다. X

    ④ 대상자의 신체기능이나 상태에 맞는 개별적 프로그램을 무리 없이 진행한다.

      - 심신 기능이 저하되면 여가 활동량을 조금씩 줄인다. O

    ⑤ 대상자의 성격, 선호에 따라 개인적 차이를 고려하여 지원한다.

    ⑥ 대상자에게 여가 활동에 대해 충분히 설명하고 동의를 구해야 한다.

9장 요양보호 기록과 업무보고

2문제가량 출제-필기

1절 요양보호 관찰과 기록

1. 요양보호 관찰 p304~306
① 관찰은 대상자의 욕구를 지원하고, 삶의 질을 향상하기 위해 무엇보다 중요하다.
② 요양보호사가 노인의 감정을 알기 위한 중요한 도구이다.
③ 관찰은 그 사실에 주관적인 관점을 넣지 않고, 객관성만을 부각시켜야 한다. ☆
④ 노인을 관찰하기 위해서는 계통적 관찰, 가설과 증명의 단계를 거쳐야 한다.

2. [요양보호 기록의 목적] p306, 307 ☆
① 질 높은 서비스의 제공을 돕는다.
② 요양보호사의 활동을 입증할 수 있게 한다(법적 문제 발생 시 중요한 자료로 사용).
   - 그렇더라도 사고의 법적 책임을 회피하기 위해 기록하는 것은 아니다.
③ 서비스의 연속성을 유지할 수 있게 한다.
④ 시설장 및 관련 전문가에게 중요한 정보를 제공한다.
⑤ 서비스의 내용과 방법에 대한 지도나 관리에 도움이 된다.
⑥ 가족과 정보 공유를 통해 의사소통을 원활하게 한다.
   - 대상자나 가족이 기록을 보여 달라고 하면 보여 주어야 한다.
⑦ 서비스의 표준화와 요양보호사의 책임성을 높인다.

3. 요양보호 기록의 방법
가. [요양보호 기록의 종류] p308~316 ☆
   1) 개인별장기요양이용계획서
      - 서비스 신청 시 필요한 서류로, 요양 현장에서 수행되는 모든 업무의 기초이다.

   2) 장기요양급여 제공계획서
      - 기관이 '개인별장기요양이용계획서'를 근거로 수급자에게 작성·제공하는 것으로,
      - 급여 종류, 범위 내에서 수급자의 기능 상태, 욕구 등을 고려해 급여 개시 전에 작성한다.

3) 장기요양급여 제공기록지

① 요양의 현장에서 제공한 급여의 내용과 시간, 특이 사항을 기록한 것이다.

② 장기요양요원의 기록은 수기와 재가급여전자관리시스템을 이용한 방법이 있다.

③ **후자의 방법은** 방문요양, 방문목욕, 방문간호 등의 재가급여에 사용하는 것으로, ☆ 무선주파수 인식 기술(RFID)을 이용해 공단으로 실시간 전송하고, 이를 급여 제공 내용으로 인정해 비용 청구와 자동으로 연동되는 관리 체계이다.

4) [기관 내 활용기록] ☆

기관이 자체적으로 사용하는 기록 양식으로는 상담일지, 욕구사정지, 상태기록지, 사고보고서, 방문일지, 사례회의록, 인수인계서, 간호일지 등이 있다.

① **상태기록지**(요양보호사 등이 작성)

- 배설, 목욕, 식사 섭취, 수분 섭취, 체위 변경 등 상태와 제공 내용을 기록한 양식이다.

② **사고보고서**(관리 책임자, 요양보호사 등이 작성)

- 사고 발생 시점에서 시간 흐름에 따라 사고 내용, 경과, 결과에 대해 정확히 기록한다.

③ **인수인계서**(관리 책임자, 요양보호사 등이 작성)

- 퇴직 휴직 등으로 업무를 그만둘 때 원활한 연계를 위해 작성하는 양식이다.
- 인수인계서에는 수급자명, 급여 제공 내용, 유의 사항 등이 포함된다.

※ 요양보호 기록의 특징 정리(교과서 표-p308)

상담일지	상담 내용과 결과	타 전문직이 작성
욕구사정지	대상자의 욕구 조사	타 전문직이 작성
장기요양급여 제공계획서	급여의 목표, 내용, 횟수	타 전문직이 작성
장기요양급여 제공기록지	급여 제공 내용 및 시간	요양보호사 및 타 전문직이 작성
상태기록지	섭취, 배설, 목욕 등 상태	요양보호사 및 타 전문직이 작성
사고보고서	사고 내용과 대응 결과	요양보호사 및 타 전문직이 작성
방문일지	대상자 방문 시 각종 상담 내용	타 전문직이 작성
사례회의록	사례 회의 검토 내용 및 결과	타 전문직이 작성
인수인계서	인수인계 업무 내용	요양보호사 및 타 전문직이 작성
간호일지	대상자 상태 평가 및 간호 처치	타 전문직이 작성

∴ **요양보호사가 작성할 수 있는 양식**은 장기요양급여 제공기록지, 상태기록지, 사고보고서, 인수인계서 등이다.

나. [요양보호 기록의 원칙] p316~318 ☆

① **사실을 있는 그대로 기록한다.** → 객관적인 사실에 토대를 해야 한다.

② 육하원칙을 바탕으로 한다.

③ 서비스의 과정과 결과를 정확하게 기록한다.

④ 기록을 미루지 않고, 그때그때 신속하게 작성한다.

⑤ 공식화된 용어를 사용한다.

⑥ 간단명료하게 기록한다. → 자세하게 X

⑦ 기록자를 명확하게 한다.

　　- 감사자료, 책임소재, 증거 등으로 활용하기 때문이다.

　　- 정정할 때, 지우기나 덧칠하지 말고, 밑줄을 긋고 빨간 펜으로 정정한 후 서명한다.

⑧ 애매한 표현은 피하고 구체적으로 기록한다. (숫자를 통한 기록)

　　┌ '많이', '오랜만에', '오래전에', '심한 피부 박리' 등의 표현 X

　　└ '30분 동안', '5개월 만에', '1년 전에', '피부 박리 5cm × 4cm' 등의 표현 O

　　┌ 얼마 전부터 엉덩이에 큰 욕창이 생겼다. X

　　└ 7월 5일 오전 10시 방에서 200cc 소변을 보았다. O

다. 요양보호 기록 시 주의 사항 p318

① 개인정보 보호

　　- 제3자에 노출되어서는 안 된다. 서비스와 관련된 사람만 열람하고, 외부 반출은 불가함

　　- **회의에 사용한 자료**는 종료 후 반드시 회수한다.

　　- **기록**은 반드시 잠금장치가 되어 있는 장소에 보관한다.

② 비밀 유지

　　- 업무상 알게 된 비밀은 외부에 유출하지 않도록 조심한다.

　　- 대상자의 기록을 아무나 열람하지 못하도록 철저하게 보관한다.

③ 사생활 존중

　　- **문제 해결을 위한 목적이라도** 대상자나 가족이 승인하지 않으면 기록이 불가하다.

　　- 요양보호 서비스와 **직접 관련이 없는 정보**는 기록해서는 안 된다.

※ [재가급여전자관리시스템을 이용한 스마트 장기요양][39] p309~

1. 재가급여전자관리시스템 업무 절차

① 태그 신청 및 부착

② 사용자 등록

③ 스마트 장기요양 앱 설치

---

[39]　실무에서는 이 방법을 대부분 사용하는 것 같다. 시험에서의 출제 비중은 낮다고 본다.

④ 급여 내용 전송

⑤ 청구 및 심사

2. 2025년 개편된 앱에 따른 방문요양 등의 급여를 전송하는 방법[40]

- 스마트 장기요양의 핵심인 태그는 개편된 앱에서도 여전히 중요하다.
- 벽에 붙여진 태그에 핸드폰 뒷면을 5cm 이내에 접촉하는 방식으로 한다(태그 인식).
- 아래의 사항 이외의 지엽적인 것들은 기존과 동일한 것으로 보인다.

1) 시작 전송의 구체적인 방법

- 서비스 시작하는 시간에 맞춰 시작 전송을 한다.
- 로그인 → 방문 전 수급자 카드의 선택 → 태그 인식 → 서비스 시작 전송 순으로 진행한다.

2) 종료 전송을 하는 구체적인 방법

- 서비스 종료하는 시간에 맞춰 종료 전송을 한다.
- 로그인 → '시작 전송' 상태인 수급자 카드 선택 → 태그 → 급여제공기록 작성 → 서명(요양요원 서명과 보호자 서명) → 종료 전송이 마무리된다.

2절   업무보고

1. 업무보고의 중요성 p336

① **요양보호 서비스의 질을 높일 수 있다**(문제나 건강 상태 변화 등에 대처할 수 있기에).

② **타 전문직과의 업무 협조 및 의사소통을 원활히 할 수 있다.**

③ **사고에 신속하게 대응할 수 있으며, 피해를 최소화할 수 있다.**

2. 업무보고의 방법 p336

가. 업무보고 원칙

① **객관적인 사실**을 보고한다. → 사실과 다름없이 정확히 하며, 개인적인 느낌은 피한다.

② **육하원칙에 따라** 보고한다.

③ **신속하게** 보고한다.

④ **보고 내용이 중복되지 않게 한다**(간결한 보고는 시간을 절약하기에).

---

40) 2025년 6월 20일경 앱이 개편되면서 많은 기능이 변경되었다. 기존에는 와이파이(Wi-Fi) 기능을 끄고 데이터만 사용해야 했던 불편함도 개선되었다. 스마트 장기요양 시스템이 원활하게 운영될 수 있도록, 기관에서는 장기요양요원에게 실험용 태그를 활용한 상세한 교육을 진행한다.

나. **[업무보고의 시기(특히 수시보고의 경우)]** p337, 338 ☆

- **정기보고**: 일일보고, 주간보고, 월간보고 등이다.

- **수시보고**: 상황의 변화에 따라 보고가 필요한 경우 반드시 기관에 보고한다.

① **대상자의 상태에 변화가 있을 때**
- 대상자가 고혈압이나 당뇨병 진단받은 경우, 현기증이나 두통을 호소하는 경우,
- 베란다에서 배변 중인 모습 등의 상태변화를 말한다.

② **서비스를 추가하거나 변경할 필요가 있을 때**
- 대상자가 본인 부담으로 추가 서비스를 요구하는 경우

③ **대상자나 가족에 대한 새로운 정보를 파악했을 때**

④ **새로운 업무 방법을 찾았을 때**

⑤ **업무를 잘못 수행했을 때**(예컨대 약을 잘못 먹인 경우)

⑥ **사고가 발생했을 때**
- 대상자가 넘어져 상처를 입거나, 치약을 숨기고 먹거나,
- 대상자의 방문에 자물쇠가 설치된 것 등이다.

다. **[업무보고의 형식]** p338

① **구두보고**: 상황이 급하거나 사안이 가벼울 때 많이 이용하는 것이다.
- 결론부터 보고하고, 경과와 상태 및 원인 등을 보고한다.
- 신속이라는 장점이 있는 반면에, 정확한 기록은 아니라는 단점이 있다.

② **서면보고**: 정기업무 보고나 사건보고 등이 예이다.
- 보고 내용이 복잡하거나 숫자나 지표가 필요한 경우나,
- 정확히 보고할 필요가 있거나 자료를 보존할 필요가 있을 때 이용한다.
- 정확한 기록이라는 장점이 있으나 신속성이 없다는 단점이 있다.

③ **전산망 보고**: 시간을 절약할 수 있고 편리하다.

3절 **사례관리 지원과 업무 회의**

1. 사례관리와 지원

가. **장기요양 사례관리** p339, 340
- 공단(케어 조정자)과 장기요양기관(사례관리자)이 상호 연계하여
- 수급자를 중심으로 한 사정과 계획수립, 실행과 평가의 순환 체계를 구성하고,
- **대상자의 욕구와 문제를 파악하여 개별 맞춤형 서비스를 제공하는 과정**이다.

나. **사례관리 과정(방문요양)** p341의 표

　① 접수 및 초기면접, ② 욕구사정(조사), ③ 사례회의 1차(내부회의), ④ 급여제공계획서 작성 및 공단 통보, ⑤ 서비스 제공, ⑥ 기관과 공단 이용지원팀의 점검(모니터링)/ 제공 내용 통보, ⑦ 사례회의 2차(필요시), ⑧ 평가 및 종결/사후관리 등의 순으로 행해진다.

다. **[사례관리에서 요양보호사의 역할]** p342

　- 요양보호사는 주된 서비스제공자이자, 사회복지사와 함께 사례관리팀의 일원으로,
　- 사례관리자가 작성한 급여제공계획을 현장에서 실천하는 중심 인력이다.

　① 사례관리자가 월 1회 이상 가정을 방문해 실시하는 모니터링에 참석해야 한다. ☆
　② **수급자가 거주지 이전, 병원 입원이나 시설 입소 등으로 서비스 중단이 되었을 때**
　　- 종결과 사후관리 등의 업무에 협력하여야 한다.
　　- 요양보호사의 업무가 종료된다. X

2. **[사례회의]** p342, 343 ☆
1) **의의**
　- 대상자의 상황과 제공되는 서비스를 점검하고 평가하여
　- 대상자에게 맞는 서비스를 제공하기 위한 회의이다.
　- 기관장, 사회복지사, 요양보호사 등이 참여한다.

2) **사례회의의 목적**
　- 대상자에게 제공되는 서비스의 질을 지속적으로 관리한다.
　- 대상자에 대한 정보를 교환하고 요양보호의 목표를 공유해 서비스의 질을 높인다.
　- 대상자에 대한 서비스 제공계획의 타당성을 검토하여 서비스 내용을 조정한다.

3. **[월례회의(간담회)]** p343 ☆
1) **의의**
　- 요양보호사들이 정보와 경험을 공유하거나
　- 장기요양기관이 요양보호사들에게 업무에 관련된 정보를 전달하거나
　- 요양보호사로부터 애로 사항을 듣기 위해 개최하는 회의이다.

2) **월례회의의 목적**
　- 관리자는 요양보호사의 업무와 관련된 정보와 업무 준수 사항 등을 설명하고,
　- 요양보호사는 대상자에 대한 요양보호와 관련된 정보(건강, 사고)를 전달한다.

- 관리자는 기관 운영, 인사, 복리후생에 대한 의견 및 애로 사항을 듣고,
- 그 의견 및 애로 사항이 어떻게 조치되었는지 다음 월례회의 때 보고한다.

※ [급여 제공 절차(방문요양의 사례) 따라 하기] p344, 345

1) **방문**: 옷매무새 정돈, 신분증(또는 근무복) 착용, 입실 전 이름 말하고 손 씻기
  - **스마트 장기요양의 경우**에는 이 단계에서 시작 전송을 하게 될 것이다.

2) **일정 관리**: 계획서의 일정과 서비스 내용을 확인하고, 변경된 내용은 기록한다.

3) **사전 확인**
  - 안부를 묻고, 기분·체온·피부 상태 등과 거주환경의 정비 상태와 위험 요소를 확인한다.
  - 응급조치가 필요한 상황이라면 관리자에게 즉시 연락한다.

4) **서비스 제공**
  - 제공 중에도 주기적으로 휴식과 스트레칭을 실시한다.
  - **수급자나 가족의 부당한 요구**는 즉시 거절하고, **곤란할 경우** 대응 지침에 따른다.
  - **제공 중 응급조치가 필요한 경우**, 즉시 관리자에게 보고한다.

5) **제공한 급여 내용 기록**
  - 매일 기록하며, 가족이나 관리자에게 알려야 할 내용, 특이 사항을 기록하고 보고한다.
  - **스마트 장기요양의 경우**에는 종료 전송하면서 급여제공기록지 등록 화면에 제공한 급여 내용 등을 기록하고, 서명하게 된다.

6) **확인 및 서명**
  - 마무리 전에 가스, 전기, 수도, 창문 등을 점검한다.
  - 급여제공기록지를 정리·작성하고, 수급자나 가족에게 설명한 뒤 서명을 받는다.

7) **퇴실**: 다음 일정을 확인하고, 마무리 인사를 한다.

10장

신체활동 지원

21문제가량 출제-실기 ☆☆

1절 식사와 영양 요양보호(2~3문제가량 출제-실기)

1. [(식사 도움 요양보호의) 일반적 원칙] p350

① 식습관, 소화능력, 식사 방법, 속도, 음식의 온도 등을 배려하여 편안하게 한다.

② 식사 시 모든 과정을 살피며, 사레, 구토, 청색증이 나타나는지를 자세히 관찰한다.

③ 대상자를 존중하고 요구를 최대한 반영한다.

④ 대상자가 할 수 있는 것은 최대한 스스로 하게 한다.

2. 노인 영양상태 관찰 p351~354

가. 영양부족 ☆

  1) 영양부족의 위험 요인

      ① 너무 적은 식사량, 영양상 불균형한 식사, 식욕부진, 오심, 연하곤란(삼킴장애),

      ② 고령, 질환, 우울, 인지 장애, 과도한 약물 사용, 알코올 중독, 빈곤 등

  2) 영양부족을 확인할 수 있는 지표(결과로 나타나는 것)

      ① 체중감소, 신체기능 저하, 마르고 약해 보임, 배변 양상 변화, 상처 회복 지연,

      ② 피로, 무감동, 탈수 등

나. 식사 관찰

  - 대상자로 하여금 식사 시간, 섭취한 음식의 종류와 양을 24시간 동안 기록하게 한다.

  - 24시간 식사일지는 요양보호사가 기록하는 것이 아니고 대상자가 기록하는 것이다. ☆

다. 노인 영양 관리

첨가당, 포화지방, 나트륨, 가공육 등의 섭취를 절제하고, 균형 잡힌 식생활을 한다.

  ① **곡류**: 전곡이나 잡곡을 섞어서 먹도록 권장한다.

  ② **고기, 생선, 달걀, 콩류**

    - **고기는** 살코기 위주로, **달걀은** 1일에 1개, **생선은** 손바닥 크기로 1주에 2~3회 섭취한다.

- 육류 대신 **콩의 섭취량**을 늘리면 → 퇴행성 혈관질환에 도움이 된다.

③ **우유, 유제품**: 하루에 1회 분량으로 섭취 → 골절, 골 연화, 골다공증 등을 예방한다.

④ **채소, 과일류**

- 식사 때마다 절이지 않은 생채소 반찬을 포함해서 2~3가지를 먹는다.
- 과일은 1회 분량 기준으로 1일 1~2회 섭취한다.

⑤ **물**: 음료수를 포함해서 하루 6~7잔 이상을 권장한다.

3. **식사의 종류** p355, 356

① **일반식**: 저작과 연하 능력에 문제가 없고 소화를 잘 시키는 대상자에게 제공한다.

② **저작 도움식**: 저작 능력이 약해 부드럽게 조리하거나 잘게 썰어서 제공한다.

③ **연하 도움식**: 저작과 연하 능력이 떨어져 삼키기 어려운 대상자에게 제공한다.

- 고체 음식은 부드럽게 갈아서 제공하고, 액체는 점도 증진제를 첨가하여 제공한다.

④ **유동식**

- **경구 유동식**: 미음 형태의 액체 음식을 입으로 제공한다.
- **경관 유동식**: 연하 능력이 없고 의식장애가 있을 때 비위관을 통해서 제공한다.

4. **[식사 자세]** p357, 358 ☆

가. **의자에 앉아 식사할 경우**

① 식탁의 높이: 의자에 앉았을 때 식탁 윗부분이 가슴과 배꼽 사이에(배꼽 높이도 O) 온다.

② 의자의 안쪽 깊숙이 앉고, 식탁에 팔꿈치를 올릴 수 있도록 의자를 충분히 당긴다.

③ 발이 바닥에 닿도록 한다(발끝이 닿도록 X).

④ 팔받침, 등받이가 있는 의자를 사용한다.

⑤ **휠체어 사용 시**-식탁 가까이 붙이고 팔을 올렸을 때 편안한 자세를 취하도록 한다.

나. **침대에 걸터앉아 식사할 경우**

① 넘어지지 않도록 왼쪽이나 오른쪽 또는 앞뒤에 쿠션을 대어 준다.

② 이 경우에도 발이 바닥에 완전히 닿도록 한다.

다. **침대 머리를 올린 상태에서 식사할 경우**

① 침대 머리를 약 30~60도 높인다(반좌위).

② 머리를 약간 숙이고 턱을 당기게 하면 음식을 삼키기 쉬워진다.

라. **편마비 대상자가 식사할 경우**

① **건강한 쪽**을 밑으로 하여 약간 옆으로 누운 자세를 취한다.

- 왼쪽 편마비 대상자라면 오른쪽을 밑으로 하여 옆으로 누운 자세를 취하게 한다.
② **마비된 쪽**을 베개나 쿠션으로 지지하고, 안정된 자세를 취한 후 음식을 제공한다.
- 왼쪽 편마비 대상자라면 왼쪽을 베개나 쿠션으로 지지한다.

5. [식사 돕기] p359~362 ☆

가. 식사 돕기의 기본 원칙

① **몸을 움직이거나 가벼운 산책**을 통해 식욕을 끌어올린다. ☆

② 식사 전에 TV를 끄고 식사에 집중할 수 있는 환경을 만든다.

③ 사례가 걸리지 않도록 **식사 전에 호흡을 정리하고 의치를 정비**한다.

④ 식욕이 없는 경우, 다양한 음식을 조금씩, 반찬 색깔을 보기 좋게 해 담아낸다. ☆

⑤ 식사 도중 대상자가 사레들지 않도록 예방한다. ☆☆
- 배와 가슴을 압박하지 않도록 옷을 느슨하게 한다.
- 식사 전에 물, 차, 국물 등으로 입을 축이고 음식을 먹게 한다.
- 충분히 삼킬 수 있는 정도의 적은 양을 주고, 완전히 삼켰는지 확인한 후 다시 준다.
- 식사 도움 중에는 TV 시청, 전화하기, 대상자에게 질문하기 등을 하지 않는다.
- **자몽과 같은 신맛이 강한 과일**은 사레가 들릴 수 있으므로 주의한다.

⑥ **사레 들거나 숨쉬기 어려운 경우,** 즉시 식사 중단하고 시설장 등에게 알린다.

나. 식사 돕기 자세

① 의자에 **앉을 수 있는 대상자**: 상체를 약간 앞으로 숙이고 턱을 당기는 자세를 취한다.

② 의자에 **앉을 수 없는 대상자**: 침대 머리를 30~60도 올려 식사하게 한다.
- 이 경우 머리에 베개를 받쳐 턱을 당긴 자세를 취하게 한다. ☆

③ 음식물은 대상자로부터 30cm 거리에 두고 내려다볼 수 있게 배치한다.

④ 식사 도움 시 대상자의 눈높이에 앉아서 대상자가 음식을 볼 수 있는 위치에서 음식을 넣어 준다.

다. 식사를 돕는 방법

① **누워 있는 대상자:** 가능한 한, 대상자의 상체를 세운 자세를 취한다.

② **앉을 수 있는 대상자**는 침대 머리를 최대한 올리고
→ 등에 베개를 대어 안정되게 한 다음, 음식을 먹을 때에는 약간 옆으로 앉게 한다.

③ **마비가 있는 대상자**는 건강한 쪽을 아래로 하여 옆으로 눕히고
→ 베개로 마비된 쪽으로 지지하게 하여 얼굴을 요양보호사 쪽으로 돌린다. ☆

④ 옷과 침구가 더러워지지 않도록 앞치마나 턱받이를 대상자 턱 밑에 대어 준다.

⑤ 음식을 삼키기 전 물을 한 모금 마시게 하고, 식사 전에 음식의 온도를 확인한다.

⑥ **대상자에게 숟가락을 사용하는 방법** ☆

- 음식을 조금씩 떠서 한 손을 받쳐 대상자 입 가까이 가져간다.
- 숟가락 끝부분을 입술 옆쪽에 대고 손잡이를 머리 쪽으로 약간 올려 음식을 넣는다.
- 숟가락 바닥이 혀 중앙에 놓이도록 하고 혀를 가볍게 눌러 주고, 숟가락을 뺄 때는 윗입술을 스치듯이 하면서 뺀다.

⑦ 음식물을 다 삼킨 것을 확인한 후에 다시 넣어 준다.

⑧ 식사 중 **사례에 주의**해야 하며, **편마비 대상자**는 삼킴이 어려워 더욱 잘 관찰한다.
- 빨대를 사용할 경우는 손가락 사이에 빨대를 고정한 후 대상자 입에 물린다.
- **국물**은 빨아 마실 수 있는 용기에 옮기거나 구부러지는 굵은 빨대를 사용한다.

⑨ **얼굴에 마비가 있는 대상자**: 음식이 남아있어도 이를 알지 못하므로 남아 있는 음식을 삼키든지 뱉든지 할 수 있게 도와준다.

⑩ 식사를 마치면 그릇과 턱받이를 치우고 입안을 헹구거나 양치질한다. **특히 마비된 쪽 뺨 부위**에 음식 찌꺼기가 남기 쉬우므로 식후 구강 관리에 유념한다.

⑪ 식후 30분 정도 앉게 한다.

6. **식사 도움 실기** p363, 364

〈스스로 먹을 수 있는 경우〉
- 요양보호사는 의자에 앉아 눈높이를 맞춘다.
- 나란히 앉는다(마주 앉으면 근육의 긴장도가 높아짐). ☆ 마주 앉는다. X

〈스스로 먹을 수 없는 경우〉 p364/ 앞의 '**식사를 돕는 방법**' ⑥번과 비교해 볼 것
- 음식의 온도를 확인하고 음식은 숟가락의 절반 이하로 뜬다.
- 숟가락을 아래쪽에서 입으로 가져가, 숟가락 뒤쪽을 약간 올려 준다.
- 편마비 대상자는 건강한 쪽에서 음식물을 넣는다.

7. **[경관영양 돕기]** p365, 366 ☆☆
가. **경관영양 돕기의 기본 원칙**
대상자가 의식이 없거나, 삼키기 힘들 때 등에 경관영양을 한다.

① 대상자가 의식이 없어도 식사의 시작과 끝을 알린다(청각 기능은 유지됨).
② 영양액은 체온 정도로 데워 준비한다.
- 처방된 영양액을 너무 차갑거나 뜨겁지 않게 따뜻하게 준비한다.
- **너무 차가우면** 통증을 유발한다.
③ 경관영양이 잘 되는지를 관찰해야 한다.
- 비위관이 빠지지 않도록 반창고 등으로 잘 고정한다.

- **너무 천천히 주입**되면 음식이 상할 수 있다.
- 반면, **너무 진한 농도를 주입**하거나 **너무 빨리 주입**하면 설사나 탈수가 유발된다.
- 1분에 50cc 이상은 주입하지 않는다.
- 비위관의 주변을 청결히 하고 윤활제를 바른다.

④ 경관영양 식사가 끝나면 영양 주머니는 매번 깨끗이 씻어서 말린 후 사용한다.

나. 경관영양을 돕는 방법

① 대상자에게 식사 시간임을 알리고 자세를 취하게 한다.
- 거동이 가능한 대상자는 앉게 하고,
- 거동이 어려운 대상자는 오른쪽으로 눕힌다. (기도로의 역류 가능성을 줄이고 중력에 의해 영양액이 잘 흘러 들어가게 함)

② 영양액은 위장보다 높은 위치에 건다.

③ **비위관에 문제가 있는 경우의 대처법**
- 비위관이 **빠졌을 경우** 임의로 밀어 넣거나 빼면 안 된다.
- **토하거나 청색증**이 나타나면 비위관의 튜브를 잠근 후 시설장 등에게 알린다.
- 비위관이 **새거나 역류** 될 때는 비위관의 튜브를 잠근 후 시설장 등에게 알린다.

④ 식사가 끝나면 대상자의 상체를 높이고 30분 정도 앉아 있게 한다.

2절 [투약 돕기](2문제가량 출제)p367~373 ☆☆

1. 투약 돕기의 일반적 원칙

- **혈압약 등** 매일 투약해야 하는 약물: 금식인 경우에도 반드시 투약한다. ☆
- **투약 거부**나 **투약 후 이상 반응** 시 간호사, 시설장 등에게 신속히 보고한다.

2. 투약을 돕는 방법

① 되도록 약국에서 가져온 상태대로 투약하도록 돕는다.

② 대상자의 신체 상태로 인해 **약을 삼키지 못할** 경우 요양보호사 임의로 갈거나 쪼개지 말고, 약사나 의사에 문의하여 지시를 따른다.

③ **유효기간**이 지났거나 확실하지 않은 약은 절대로 사용하지 않는다.

④ 처방된 이외의 약을 섞어 주지 않는다.

⑤ **잘못 복용**했을 시, 시설장 등에게 즉시 보고한다(부작용을 관찰한다. X).

가. 경구약 돕기

1) 침상 머리를 높여 반좌위를 취해 주고, 투약 절차를 설명한다.

2) 가루약, 알약, 물약 등의 투약 방법에 따라 약을 준다.

  ① **가루약**

    - 물기가 없는 숟가락을 사용하여 약간의 물에 녹인 후 투약하거나 ☆

    - 무침주사기를 이용하여 녹인 가루를 흡인하여 조금씩 주입한다.

  ② **알약**

    - 약병에서 약 뚜껑으로 옮긴 후 손으로 옮긴다(만진 약은 병에 다시 넣지 않음). ☆

    - 알약 수가 **많은 경우** 2~3번으로 나눠서 투약한다. ☆

    - 대상자가 **손을 떨거나 떨어뜨릴 우려**가 있으면 직접 안에 넣어 준다. ☆

    - 물을 충분히 제공한다.

  ③ **물약**

    - 뚜껑을 열어 뚜껑의 위쪽이 바닥으로 가도록 놓고, ☆

    - 계량컵을 눈높이로 들고 처방된 양만을 따른 후 투여한다. ☆

    - 약을 **따르기 전**에 약물을 흔들어 섞고, **색이 변하였거나 혼탁한 약**은 버린다.

    - 라벨이 젖지 않도록 병의 라벨이 붙은 쪽을 잡고 **라벨 반대 방향으로 따른다.** ☆

    - 병뚜껑을 닫기 전에 입구를 깨끗이 닦는다.

    - 용량이 **적을 때**에는 무침주사기를 이용하여 정확한 양을 복용하게 한다. ☆

3) 입을 벌리게 하거나 질문하여 **전부 투약되었는지 확인**한다.

4) 약을 먹으면서 **기침을 심하게 하거나 구토할 시**, 시설장이나 간호사에게 보고한다.

나. 안약 투여

1) **안약**

  ① 약병의 겉면에 쓰인 대상자 이름, 유효기간, 점적 방울수 등의 확인, 투약 절차 설명

  ② 앉거나 눕게 하여 편안한 자세를 취하게 하고, 약의 용량을 확인하고 준비한다.

  ③ 깨끗한 장갑을 착용하고 멸균한 솜으로 눈 안쪽에서 바깥으로 닦아 준다.

  ④ **안약 투여 방법**

    - 아랫눈꺼풀(하안검) 밑 부분에 멸균 솜이나 거즈를 댄다.

    - 천장을 보게 하고 하안검을 아래로 부드럽게 당겨 결막낭을 드러나게 하여,

    - 하안검 **중앙이나 외측으로** 1~2cm 높이에서 안약 액을 투여한다(각막에 직접 점안 X). ☆

    - 점적이 끝난 후 비루관을 잠시 가볍게 눌러 준다. ☆ (안약이 코안으로 흘러 내려가는 것을 막기 위해)

2) 안연고

① **처음 나오는 연고** 부분은 멸균거즈로 닦아서 버린다. ☆

② **안연고 투여 방법**

 - 하안검을 잡아당겨 아래의 결막낭 위에 튜브를 놓고,

 - 안쪽에서 바깥쪽으로 연고를 2cm 정도 짜 넣는다. ☆

 - 대상자는 눈을 감고 안구를 움직인다.

③ **튜브를** 멸균 솜으로 닦고 뚜껑을 닦는다.

④ 눈꺼풀 **밖으로 나온 연고**는 생리식염수에 적신 멸균 솜으로 닦아 낸다. ☆

다. 귀 약 투여

① 귀 약 투여 시, 치료할 귀를 위쪽으로 한다.

② 면봉에 용액을 묻혀 대상자의 '외이도'와 귓바퀴를 깨끗이 한다.

③ 약병을 손으로 따뜻하게 하거나 잠깐 온수에 담근다.

④ **투여 방법**

 - 귓바퀴를 후상방으로 잡아당겨 약물 투여가 쉽게 한 후, ☆

 - 측면을 따라 정확한 방울수의 약물을 떨어뜨린다(귀의 중앙에 점적 X). ☆

 - 귀 입구를 부드럽게 잠깐 눌러 주고 약 5분간 누워 있도록 한다. ☆

 - 작은 솜을 15~20분 동안 느슨하게 끼워 놓았다가 제거한다.

라. 주사 주입 투여

① 옷 갈아입거나 이동 시 수액 세트가 당겨지거나 주사기 바늘이 빠지지 않도록 조심한다.

② **수액 병**은 항상 대상자의 심장보다 높게 유지한다.

③ 정맥 주입 속도가 일정하게 유지되는지 수시로 확인한다.

④ **주사 부위가 붉게 되거나, 붓거나, 통증**이 있는 경우,

 - 조절기를 잠근 후 즉시 간호사, 시설장에게 보고한다. ☆

⑤ 바늘을 제거한 후 1~2분간 알코올 솜을 지그시 눌러 지혈한다. ☆

 - 절대로 비비지 않는다(피멍이 들기 때문). ☆

마. 약 보관

1) 모든 약물은 치매 대상자, 아동, 애완동물이 닿지 않는 곳에 보관한다.

 - **치매 대상자의 약**은 안전한 곳에 보관하고, 가능하면 약상자에 잠금장치를 한다.

2) 유효기간이 지난 약은 폐기한다.

3) **약 종류별 보관법**

 ① **알약**

- 원래의 약 용기에 넣어 건조한 곳에 보관해야 습기가 차지 않는다. ☆

- 햇빛을 피해 보관해야 한다(성분 변질 때문).

② **가루약**

- 물기가 없는 깨끗한 숟가락을 사용한다.

③ **시럽제**

- 오랫동안 먹지 않다가 먹을 경우, 색깔이나 냄새 확인해, 이전과 다르면 폐기한다.

- 깨끗한 플라스틱 계량컵이나 스푼에 덜어서 먹는다.

- 잘못 따른 약은 버린다. ☆

④ **안약, 귀 약**

- 투약 후 입구를 생리식염수 솜으로 잘 닦아 상온 그늘진 곳에 보관한다. ☆

3절 배설 요양보호(5문제가량 출제) ☆☆

1. [배설 요양보호의 일반적 원칙] p374

① 배설물을 치울 때 찡그리지 않는 등 최대한 편안하게 배설하도록 배려한다.

② 배설하는 모습을 가려 주어서 사생활을 배려한다.

③ 배설물은 바로 깨끗이 치우며, 피부 상태도 반드시 살펴본다.

④ 요양보호사는 도움이 필요한 부분만 도와준다(최대한 스스로 하게).

⑤ 항문은 앞에서 뒤로 닦아야 요로감염을 예방할 수 있다(여성의 경우). ☆

2. 배설 상태 관찰 p375

가. **배설 욕구의 표현**: 끙끙거림, 안절부절못함, 허리 들썩임, 바지 내리려는 행동 등

나. **배설 시 관찰 내용**

- **배설 전**: 요의·변의 유무, 하복부 팽만, 이전 배설과의 간격, 배설 억제 등

- **배설 중**: 통증, 불편함, 불안 정도, 배변 어려움. 배뇨 어려움 등

- **배설 후**: 색깔, 혼탁 여부, 배설 시간, 잔뇨감, 배설량 등

3. [화장실 이용 돕기] p375~379 ☆☆(1문제 출제)

가. **화장실 이용 돕기의 기본 원칙**

① 화장실에 가다가 낙상이 발생할 수 있으므로 가까이서 관찰하고 대비한다.

② 주변의 환경을 **안전하게 조성**한다. ☆

- 화장실 가는 길에 불필요한 물건을 치워 넘어지지 않게 한다.

- 화장실은 밝게 하고, 바닥에는 물기를 제거하여 미끄러지지 않게 한다.

- 화장실 바닥에 미끄럼방지 매트를 깔고, 미끄럼방지 신발도 둔다.
- 밤에는 화장실 표시등을 켜두어 길 찾기를 수월하게 한다.
- 변기 옆에 손잡이를 설치하여 필요시 잡을 수 있게 한다(변기 앞 X).
- 응급 벨을 설치하여 응급상황에 대비한다.
③ 휠체어는 타고 내릴 때, 앉아 있는 경우, 잠금장치를 걸어 둔다.

나. 화장실 이용을 돕는 방법
- 침대에 있는 대상자를 휠체어로 옮겨, 화장실까지 가도록 돕는 일련의 과정이 포함

1) '침대 걸터앉기'와 '침대에서 휠체어로 이동'
① 침상 가까이 휠체어를 놓는다. **편마비의 경우** 건강한 쪽 침대 난간에 빈틈없이 붙이거나 30~45도로 비스듬히 놓고 잠금장치를 잠그고 발 받침대를 올려 둔다.
② 침대에 두 발을 닿게 하고, 대상자가 **어지러우면** 안전을 위해 잠시 침대에 앉힌다.
③ 침대 끝에 걸터앉게 한 뒤, 대상자에게 건강한 손으로 휠체어 팔걸이를 잡게 한다.
④ 휠체어에 깊숙이 앉혀 이동 중의 낙상을 예방한다.

2) 휠체어에서 화장실 변기로 이동
① 휠체어의 잠금장치를 하고 발 받침대를 접는다.
② 양팔로 대상자의 겨드랑이 밑으로 등 뒤를 감싸안아 일으켜 세운 뒤, 대상자를 90도 회전시켜 변기 앞에 세우고, 바지를 내린 후 변기에 앉힌다.

3) 배설 및 그 후의 절차
① 옆에 있을지 나가 있을지 **의향을 물어 원하는 대로** 한다. **밖에서 기다려 주기를 원한다면** 호출기를 두고 도움이 필요하면 요청하라고 알린다. **밖에서 기다릴 때는** 중간중간 말을 걸어 대상자의 상태를 살핀다.
② 배설 후 휠체어에 앉히고, 손 씻게 하고 침대로 이동을 돕는다.
③ **배설물에 이상**이 있으면 시설장이나 간호사에게 보고한다.

※ 시설장이나 간호사에게 배설물 상태를 보고해야 하는 경우와 아닌 경우
① 보고가 필요한 상황
- 탁하거나 뿌연 소변, 거품이 많은 소변, 노란색이 심한 소변, 냄새가 심한 소변,
- 피가 섞여 나오거나 푸른빛의 소변,
- 피가 섞여 나와 선홍빛이거나 검붉은 대변, 심하게 묽거나 점액질이 섞여 나오는 대변
② 보고할 필요 없는 상황: 연하고 노란색인 소변

4. [침상 배설 돕기] p379~381 ☆☆(1문제 출제)

가. 침상 배설 돕기의 기본 원칙

① 간이변기를 사용하여 배설을 돕는 것으로 침상 생활을 하는 자가 대상이다.

② 대상자가 요의나 변의를 호소할 때는 즉시 배설할 수 있도록 도움을 준다.

③ 대상자가 실수해도 부끄러워하거나 심리적으로 위축되지 않게 한다.

④ 평소 배설 시간을 파악하여 변기를 대어 주는 것이 좋다.

⑤ 적절한 섬유질 섭취, 복부 마사지(시계방향) 등으로 장운동을 촉진한다.

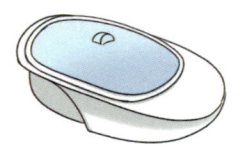

나. 침상 배설을 돕는 방법

1) 준비 단계

① 손 씻기, 대상자 확인과 절차 설명, 커튼으로 가리기, 일회용 장갑 착용하기 등을 한다.

② 간이변기를 따뜻한 물로 데워 침대 옆이나 의자에 둔다(괄약근 이완으로 변의 촉진).

③ 간이변기 안에 화장지를 깔고, TV를 켜거나 음악을 튼다(배설 시의 소리를 줄임).

2) 방수포 깔기와 바지 내리기

① 대상자가 **협조할 수 있는** 경우의 **방수포 깔기**

- 바로 눕힌 상태에서 무릎을 세우고 발에 힘주게 한 후 엉덩이를 조금 들게 한다.

- 한 손으로 대상자 허리를 지지한 후 엉덩이 밑에 방수포를 깐다.

② 대상자가 **협조할 수 없는** 경우의 **방수포 깔기**

- 옆으로 돌려 눕힌 후 한쪽(비교적 건강한 쪽)에 방수포를 **반 정도 말아서 깔고**

- 다른 쪽으로 돌려 눕힌 후 말아진 방수포를 **펼쳐서 까는 것을 마무리**한다.

③ 허리 아래 부위를 덮개로 늘어뜨려 덮은 후 → 바지를 내린다.

3) 간이변기 대어 주기

① **협조할 수 있는** 경우

- 대상자 허리 밑에 한 손을 넣어, 대상자가 엉덩이를 들게 한다.

- 다른 손으로 변기를 밀어 넣은 후, 항문이 변기 중앙에 오게 한다.

② **협조할 수 없는** 경우

- 대상자를 옆으로 돌려 눕힌 후 엉덩이를 변기에 댄다.

- 변기 위로 돌려 눕혀, 반듯한 자세에서, 항문이 변기 중앙에 오게 한다.

※ **여성의 경우** 회음부 앞부분에 화장지를 대어 주면 소변이 튀지 않고 소리가 작아진다.

4) 배설을 돕는 방법

① 침대를 올려 주어 배에 힘을 주기 쉬운 자세를 만든다(침대를 내려주어 X). 배변을 **실패하면** 변기를 빼서, 변의가 생길 때 다시 시도한다.

② 대상자가 원하는 경우 호출 벨을 두고 밖에서 기다리며, 중간중간 말을 걸어 살핀다.

③ 배설 끝낸 것을 확인한 후, 방에 들어가서 침대 머리를 낮추고, 무릎 덮개를 걷어 낸다.

5) 뒤처리 및 이후의 절차

① **화장지**로 회음부나 항문 부위를 닦는다. 이때 배설물로 인한 피부 상태를 확인한다.

② 한 손으로 대상자의 허리를 들어 올리고 간이변기를 뺀다.

③ **회음부와 둔부**를 따뜻한 물수건이나 물티슈로 앞에서 뒤로 잘 닦아 주고, 마른 수건으로 물기를 닦아 준다(피부 손상 예방). 그리고 바지를 올린다.

④ **방수포**를 걷어 내기, 손 씻기 등, 배설물의 특이 사항 확인 및 보고

5. [이동 변기 사용 돕기] p382~384 ☆☆(1문제 출제)

가. 이동 변기 사용 돕기의 기본 원칙

① 서거나 앉는 것은 가능하나 화장실까지 걷기가 어려운 대상자를 위한 것이다.

② 배설이 어려울 때는 미지근한 물을 항문이나 요도에 끼얹어 변의 자극을 한다.

③ 이동 변기는 매번 깨끗이 씻어, 배설물과 냄새를 말끔히 한다.

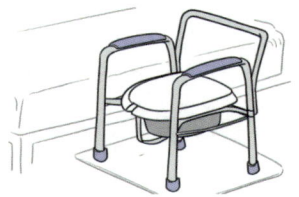

나. 이동 변기 사용을 돕는 방법

1) 준비 단계

① 손 씻기, 대상자 확인과 절차 설명, 커튼으로 가리기, 일회용 장갑 착용 등을 한다.

② 침대 높이와 이동 변기의 높이를 같게 맞춘다.

③ 변기 밑에 미끄럼방지 매트를 두도록 한다. 변기 앞 X(흔들림 방지를 위해서이기에)

④ 화장지를 변기 안에 깔아 주거나 음악을 틀어 준다.

⑤ 변기를 미리 따뜻한 물로 데워 편안하게 한다.

2) 이동 변기를 침대에 붙이고 변기에 앉히기

① 침대의 난간을 내리고, 대상자의 다리를 내려 두 발이 닿게 한다.

② **편마비의 경우** 건강한 쪽 침대 난간에, 빈틈없이 붙이거나 30~45도 비스듬히 놓는다. 특히 **움직이기 힘들어하는 대상자**는 안아서 옮겨야 하므로 빈틈없이 붙여야 한다.

③ 변기 앞에 세워, 속옷과 바지를 내리고 변기에 앉힌다.

3) 배설과 뒤처리 및 이후의 절차

① 배설 중 하반신을 수건이나 무릎 덮개로 덮어 준다(소리와 냄새 차단 위해).

② 대상자가 원하는 경우 호출 벨을 두고 밖에서 기다리며, 신경을 쓰며 살핀다.

③ 배설 후에는 뒤처리하게 한다. 스스로 할 수 없으면 침상 배설에서처럼 한다.

④ 이동 변기에서 침대로 이동, 손 씻기 등, 배설물의 특이 사항 확인 및 보고 등

6. [기저귀 사용 돕기] p384~386 ☆☆(1문제 출제)

가. 기저귀 사용의 기본 원칙

① 대소변을 **전혀 가리지 못**하는 경우, 배설 **욕구를 느끼지 못**하는 경우, 치매 등으로 **실금이 빈번해서 부득이한** 경우 등에 기저귀를 사용한다.

② 몇 번 실금했다고 해서 기저귀를 바로 사용하는 것은 좋지 않다. ☆

③ 의식 있는 대상자에게, 불쾌한 표정을 짓지 않으며, 부끄럽게 느끼지 않도록 신속히 교환한다.

③ **피부 손상 및 욕창 예방**을 위해서 젖었으면 바로 갈아 준다. ☆

④ 일상적인 배뇨·배변 시간에 맞추어 자주 살펴본다.

    - 정해진 시간에 맞추어 기저귀를 교환해 준다. X

⑤ 장기간 사용자는 피부 발적, 상처, 통증 호소를 살펴보고 욕창 예방조치를 한다. ☆

⑥ 기저귀를 사용해도 이동 변기나 간이변기 등의 사용을 시도한다. ☆

나. 기저귀 사용을 돕는 방법

1) **준비** - 손 씻기, 대상자 확인과 절차 설명, 커튼으로 가리기, 일회용 장갑 착용 등

2) **오염된 기저귀 제거 및 뒤처리**

① 면 덮개를 이불 위에 덮은 후, 이불을 다리 아래로 접어 내린다(순서 조심). ☆

② 면 덮개의 밑에서 윗옷을 허리까지 올리고, 바지를 내린다. 가슴까지 X

    - **허리를 들 수 있는 대상자:** 무릎 세우고 똑바로 누운 상태에서 허리를 들게 하여 교환한다.

    - **허리를 들 수 없거나 협조 불가능한 대상자:** 대상자를 옆으로 돌려서 기저귀를 교환한다.

③ 기저귀의 바깥 면이 보이도록 말아 넣는다(배설물이 보이지 않게 함). ☆

④ 기저귀를 빼고, 둔부 및 항문 부위, 회음부(앞에서 뒤로)를 따뜻한 물티슈로 닦는다.

⑤ 마른 수건으로 물기를 닦아 말린다.

⑥ **둔부 주변부터 꼬리뼈 부분**-발적, 욕창 등을 살피고 가볍게 두드려 마사지한다. ☆

3) **새 기저귀의 착용 및 이후의 절차**

① 옆으로 누운 상태에서 새 기저귀를 둔부에 댄다.

    - 새 기저귀를 반 말거나 조금 접어 둔부 밑으로 밀어 넣으면 대기가 쉽다. ☆

② 새 기저귀로 둔부를 감싼다.

③ 바로 눕히고 기저귀의 테이프를 붙인다.

④ 기저귀가 뭉치지 않도록 잘 펴서 마무리한다(욕창 예방). ☆

⑤ 바지를 입히고, 침상 주름을 펴서 마무리한다(욕창 예방).

⑥ 면 덮개 위로 이불을 덮은 후 → 면 덮개를 뺀다.

⑦ 사용 물품 정리, 일회용 장갑 벗기, 손 씻기 및 환기(교체 후 마지막에)

7. [유치도뇨관의 소변 주머니 관리]-1문제 출제 p387~389 ☆☆

가. 기본 원칙

① 침대에 있거나 이동 시에 소변 주머니를 방광보다 낮게 둔다(역류 방지).

② **소변량과 색깔**은 2~3시간마다 확인한다.

③ 요양보호사는 유치도뇨관의 교환, 삽입, 방광세척 등이 불가하다(의료행위).

나. 돕는 방법

① 유치도뇨관이 꺾여 있거나 눌려 소변이 제대로 배출 안 되는지 살핀다. **배출 안 되면** 방광에 소변이 차서 복부 팽만감과 불편감이 있고 아프다.

② 유치도뇨관을 삽입하고도 침대에서 자유로이 움직이고, 보행도 할 수 있음을 알린다.

③ 금기사항이 없는 한, 수분 섭취를 권장한다.

④ 유치도뇨관을 강제로 빼면 요도 점막이 손상되므로, 심하게 당겨지지 않게 조심한다.

⑤ 소변 주머니를 다음의 절차에 따라 비운다.

다. [소변 주머니 비우기 절차] - ⅰ ~ ⅳ의 순서 숙지할 것

① 손을 씻은 후 일회용 장갑을 낀다.

② 소변이 원활히 배출되는지 확인한다.

③ 소변 주머니를 비울 때는 배출구를 열어(ⅰ)

　→ 소변기에 소변을 받은 후(ⅱ)

　→ 배출구를 잠그고

　→ 알코올 솜으로 배출구를 소독한 후(ⅲ)

　→ 소변 배출구를 제자리에 꽂는다(ⅳ).

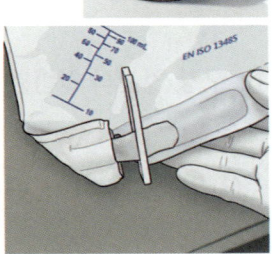

④ **소변 색이 이상**하거나 **탁해진 경우, 소변량이 적거나** 유치도뇨관 밖으로 새는 경우

　- 시설장이나 간호사에게 보고한다.

⑤ 소변기의 소변은 지정된 장소에 **버린다.** 화장실에 버린다. X

⑥ 일회용 장갑을 벗고, 손을 씻는다.

⑦ 대상자가 **불편감을 호소한다면**-시설장이나 간호사에게 보고한다.

※ 요루 관리와 장루 관리 p389

1. 요루 관리

① 요루 주머니는 1/3~1/2 정도 소변이 차면 비우고, 주 2~3회 정도 주기로 교환한다.

② 소변의 색깔, 양, 출혈, 요루 주위의 피부에 감염 증상 등이 있는지 확인한다.

③ **샤워 시** 착용하든 떼든 무관하나, **통목욕의 경우는** 비우고 주머니를 착용하는 게 좋다.

2. 장루 관리

① 장루 주머니에 1/3~1/2 정도 채워지면 비우고, 주 1회 정도 주기로 교환한다.

② 장루 주위의 피부 상태, 배변량의 특성, 수급자의 불편감 등을 관찰한다.

③ 장운동을 규칙적으로 하기 위해 음식을 섭취해야 하며, 적절한 수분을 보충한다.

④ 통 목욕 시 주머니는 착용하도록 해야 하며, 교환 일에 목욕하는 것이 좋다.

4절 개인위생 및 환경 관리(5문제가량 출제-실기)

- **구강** 청결 돕기: 입안 **헹**구기와 **닦**아 내기, **칫**솔질하기, **의치** 손질
- **두발** 청결 돕기: 머리 **감**기기, **침**대에서 머리 감기기, 머리 **손**질하기
- **손발** 청결 돕기
- **회음부** 청결 돕기
- **세**면 돕기
- **면도** 돕기
- **목욕** 돕기: 몸 **씻**기 도움, **통** 목욕 돕기, **침**상 목욕(전신 및 부분 닦기)
- **침**상 정리
- **옷** 갈아입기 도움

1. 구강 청결 돕기 p394~401

- '**입안 헹구기**'와 '**닦아 내기**', '**칫솔질하기**', '**의치 손질**' 등이 그 내용이다.

가. 구강 청결의 일반적 원칙

① 입안에 염증이 있는지를 확인하고, 이상이 있으면 시설장 등에게 보고한다.

② 입안을 닦아 낼 때 너무 깊숙이 닦지 않는다(구토나 질식을 막기 위해).

나. 구강 청결을 돕는 방법

1) [**입안 헹구기**(**주의 사항 및 방법**)] p394, 395☆

  - **식전 헹구기**는 구강 건조를 막고, 식욕을 증진한다(타액이나 위액분비를 촉진). ☆
  - **식후 헹구기**는 구강을 청결히 하고, 음식물로 인한 질식을 예방한다.
  - 머리를 높게 하여 물을 삼키지 않도록 하고, 머리를 돌려 내용물을 뱉게 한다.
  - 컵을 사용하기 어려우면, 빨대가 달린 컵을 사용한다.
  - 앉은 자세를 취하고, 목에서 가슴까지 수건을 대 준다.
  - 미지근한 물로 입안이 깨끗해질 때까지 충분히 헹구게 하고, 물그릇에 뱉게 한다.

- 필요에 따라 구강청정제를 사용하고, 입술 건조제를 바른다.

2) **[입안 닦아 내기(주의 사항 및 방법)]** p395~397☆

　(1) **주의 사항**

　　- 의식이 없는 자, 치아가 없는 자, 연하곤란이 있는 자 등이 대상이다.

　　- 손가락이나 도구로 자극하면 구토나 질식을 일으킬 수 있으므로 주의한다.

　　- 치매일 경우, 입을 열지 않으려 한다면, 가라앉길 기다린 후 잘 타일러 안심시킨다.

　　- 마비가 있는 경우, 마비된 쪽은 항상 점검한다.

　(2) **입안 닦아 내기 방법**

　　- 대상자가 **앉은 자세**나 **옆으로 누운 자세**를 취하게 한다. 부득이 **똑바로 누운 자세**일 때에는 상반신을 높이고 고개를 약간 숙인다. ☆

　　- 목에서 가슴까지 수건을 대 준다.

　　- **거즈를 감은 설압자, 일회용 스펀지 브러시**를 물에 적셔 사용한다. ☆

　　- 윗니와 잇몸 → 아랫니와 잇몸 → 입천장 → 혀 → 볼 안쪽의 순으로 닦는다. ☆

3) **[칫솔질하기]** p397~399☆

　가. **칫솔질하기 주의 사항**

　　- 칫솔질의 자극으로 구토나 질식을 일으킬 수 있으므로 주의한다.

　　- 가능한 한, 스스로 하도록 지원하고, 과정이 느리더라도 기다려 주어야 한다.

　　- 적당량의 치약을 칫솔모 위에서 눌러 짜서 칫솔 사이에 끼어들게 한다. ☆

　　- 옆을 강하게 문지르지 않으며, 잇몸에서 치아 쪽으로 부드럽게 회전하면서 쓸어내린다.

　　- **혈액응고장애 대상자**는 치실을 사용하지 않는다(출혈 가능성 때문임).

　　- 잠자기 전과 매 식사 후 30분 이내에, 3분간 칫솔질을 한다.

　나. **칫솔질하기 돕는 방법**

　　① 가능하면 앉는 자세를 취하게 한다.

　　　- **앉아서 할 경우**에는 머리 부분을 앞으로 숙인 자세로 칫솔질하게 한다.

　　② 앉을 수 없으면 침대 머리를 높여주거나, 옆으로 누운 자세를 취하게 한다.

　　　- 후자의 경우 건강한 쪽이 아래로 향하고 옆으로 누운 자세로 칫솔질하게 한다.

　　③ 치약 묻힌 칫솔을 45도로, 세심히 닦는다.

　　④ 칫솔질할 때는 치아뿐만 아니라 혀도 닦도록 한다.

　　⑤ **물 머금기를 힘들어할 때**는 입을 반쯤 벌리게 하고 입안에 물을 부으면서 헹군다.

　　　- 이 경우 곡반의 오목한 면이 대상자의 턱밑에 가게 한 후 흘러내리는 물을 받아 낸다.

⑥ 칫솔은 모가 부드럽고 적당하게 탄력이 있는 것을 사용한다.

4) **[의치 손질하기]** p399~401 ☆

　　가. **의치 손질의 주의 사항**

　　　　- 최소 하루 8시간은 의치를 빼놓는다(잇몸의 압박을 줄이기 위해서).

　　　　- 의치는 칫솔을 이용하여 닦아 내며, 헹굴 때는 찬물을 사용한다. 너무 뜨거우면 의치에 금이 가거
　　　　　나 모양이 바뀔 우려가 있기 때문이다.

　　　　- 의치를 끼우기 전에 **구강**을 청결히 하고 **마사지**를 해 준다.

　　나. **의치 손질의 방법**

　　　(1) **의치 빼기**

　　　　　- 일회용 장갑을 끼고 구강 확인한 다음, 입안 헹군 후 **먼저 위쪽 의치**를 뺀다.

　　　　　- 위쪽 의치 앞부분을 잡고 엄지와 검지를 이용하여 상하를 움직이면서 뺀다.

　　　　　- **아래 의치**는 왼쪽을 오른쪽보다 조금 낮게 하면서 돌려 빼내어 의치 용기에 넣는다.

　　　　　- 부분의치는 클래스프(보철)를 손톱으로 끌어올려 뺀다(손끝으로 X). ☆

　　　(2) **의치 세척하기**

　　　　　- 세면대 안에 종이수건이나 물수건을 깔고 의치를 꺼내 놓는다.

　　　　　- 칫솔에 의치 세정제(없으면 주방세제)를 묻혀 닦고, 흐르는 미온수에 헹군다.

　　　　　- 의치는 뜨거운 물에 삶거나 표백제에 담그지 않는다.

　　　(3) **의치 끼우기**

　　　　　- 구강점막에 상처나 염증이 있는지 확인한 후, 구강세정제로 의치 삽입 전에 헹군다.

　　　　　- 먼저 **위쪽 의치부터** 끼운다. 엄지와 검지로 잡아 엄지가 입안으로 들어가게 하여 한 번에 끼운다.

　　　　　- **아래 의치**는 검지가 입안으로 향하게 하여 아래쪽으로 밀어 넣는다.

　　　　　- 입 주위 닦은 후 입술보호제 바르고, 사용한 물품 정리 및 장갑을 제거한다.

※ 의치 보관법

- 물이나 의치 세정제가 담긴 뚜껑 있는 용기에 넣어 보관한다.

- **냉수에 담그면 변형을 막으며, 일정한 장소와 용기에 보관**하면 분실을 예방한다.

- **밤에는** 의치를 빼서 세정제에 담아 오염 물질의 제거를 쉽게 한다.

2. 두발 청결 돕기 p402~406 ☆

- '머리 감기 도움', '침대에서 머리 감기기', '머리 손질하기' 등이 그 내용이다.

1) [머리 감기 도움] p402, 403

　　가. **머리 감기 도움 주의 사항**

- 공복, 식후는 피하고, 추울 때는 낮 시간대를 이용한다. ☆
- 머리를 감기 전에 소변이나 대변을 보게 한다. ☆
- 젖은 머리를 수건으로 **건조할 때** 머리카락을 비비지 말고, 큰 수건으로 **머리 전체를 감싸고** 가볍게 두드려 물기를 제거하고 말린다.
- **헤어드라이어**(머리 감은 후의 한기를 막음)는 머리로부터 10cm 이상 떨어뜨려 사용한다.

나. **머리 감기 도움 방법**

① 보온을 위해 문과 창문을 닫으며, 머리를 감기 전 실내 온도는 **22~26도**를 유지한다.

② 머리에 있는 장신구나 이물질을 제거한다.

③ **목욕 의자 위의 자세**

- 목욕 의자에 앉아, 가능한 앞쪽으로 머리를 숙이게 한다. ☆
- **앞으로 숙이기 힘든 경우**, 샤워캡을 씌우고, 귀마개나 귀막이 솜으로 두 귀를 막는다.
- 주의) "목욕 의자에 앉혀 머리를 뒤로 젖히게 한다(39회 시험의 옳은 지문으로 출제)."[41]

④ 35도 정도의 따뜻한 물로 머리를 적신다.

- **샤워기의 물 온도가 일정한지 살핀 뒤**, 수급자의 손등에 대 주어, 온도를 확인한다.

⑤ 소량의 샴푸를 덜어 머리와 두피를 손톱이 아닌 손끝으로 마사지 후에 헹군다.

⑥ 린스를 한 다음 마른 수건으로 물기를 제거한 후 헤어드라이어로 말린다.

2) [침대에서 머리 감기기(주의 사항 및 방법)] p403~405

① 실내 온도(22~26도)와 물 온도(35도 정도)는 앞의 '머리 감기 도움'과 같다.

② **머리 감을 자세**를 취하게 한다.

- 베개를 치우고 침대 모서리에 머리가 오도록 몸을 비스듬히 한다. ☆
- **방수포를** 어깨 밑까지 깔고, 그 위에 **수건**을 놓아 어깨를 감싼다. ☆
- **목욕 담요를 덮고 → 이불**은 허리까지 접어 내린다(이런 순서는 항상 조심).
- 머리 밑에 샴푸 패드를 펴고, 물이 흘러내리는 쪽에 양동이를 댄다.
- **귀**는 솜으로 막고, **눈**은 수건으로 덮는다. ☆

③ **손끝**으로 마사지 후 헹구며, **뒷머리**는 좌우로 목을 돌리면서 헹군다. ☆

※ **드라이 샴푸 사용법** ☆

- 물을 사용할 수 없거나 신체적으로 움직일 수 없을 때 이용하는 것이다.
- 모발에 충분히 바른 후 거품이 나도록 마사지한다.
- 세정 후엔 마른 수건으로 충분히 닦아 내며, **모발이 더러우면** 반복하여 사용한다.

---

41) 해당 문제의 경우 이 지문을 제외하고는 다 옳지 않기에 상대적으로 답을 골라야 하는 면도 있으며, 의학적으로도 타당하다고 한다. 그럼에도 시험은 표준 교재의 기술대로 접근해야 할 것이다.

3) **[머리 손질하기(주의 사항 및 방법)]** p405, 406

- 머리카락이 **엉켰을 때**, 물을 적신 후에 손질한다. ☆

- **마비 등 누워 있는 대상자**는 짧게 하는 게 좋으나, 기호와 의견을 물어 손질한다.

- 대상자 기호에 따라 머리 모양을 정리하며, 거울을 제공하여 확인하게 한다. ☆

- 한 손은 모발을 잡고, 다른 손으로 두피에서 모발 끝 쪽으로 빗는다.

- 모발과 두피에 특이 사항이 있는 경우, 시설장이나 간호사에게 보고한다.

3. **[손발 청결 돕기(주의 사항 및 방법)]** p406, 407

- 보습을 고려한 클렌저나 비누를 선택하고, 주기적으로 오일, 로션 등을 바른다.

- 피부에 자극을 주는 침구나 모직 의류 등은 피하고, 면제품을 사용한다.

- 손과 발을 10~15분간 따뜻한 물에 담그게 한다(혈액순환과 이물질 제거).

- 대상자를 가능한 한 앉히거나 편안한 자세로 한다. 똑바로 눕힌 자세 -X

- 손톱은 둥글게, 발톱은 일자로 깎는다.

- 손·발톱이 살 안쪽으로 심하게 파고들거나 주위 염증 있을 시, 시설장에게 보고한다.

4. **[회음부 청결 돕기(주의 사항 및 방법)]** p408, 409 ☆

① 여성은 방광염이나 요로감염의 원인이 되므로 회음부를 청결히 유지해야 한다.

② **회음부나 음경을 닦을 때**는 전용 수건, 거즈나 솜을 사용해야 한다.

③ **여성 대상자가 취하는 자세**

- 누워서 **무릎을** 세우게 하고, 목욕 담요를 **마름모꼴로 펴서** 몸과 다리를 덮는다.

- 목욕 담요의 **양쪽 아랫단 끝을** 가까운 다리 안쪽으로 감고,

- **아랫단 가운데 부분은** 회음부를 덮는다.

④ 둔부 밑에 방수포와 목욕수건을 겹쳐서 깔고, 변기를 밀어 넣는다.

⑤ 따뜻한 물을 음부에 끼얹은 다음 물수건에 비누를 묻혀 깨끗이 닦아 낸다.

⑥ 짠 수건으로 여성의 회음부는 요도 → 질 → 항문의 순서로 앞에서 뒤로 닦는다. ☆

⑦ 남성은 **음경을** 수건으로 잡고, **겹치는 부분과 음낭의 뒷면을** 잘 닦는다.

⑧ **마른 수건으로** 물기를 닦아 내며 변기가 닿았던 둔부의 물기도 닦아 낸다.

⑨ 회음부 청결은 최대한 스스로 하도록 돕는 게 좋다.

5. **[세면 돕기(주의 사항 및 방법)]** p409, 410

① 침대 머리를 높이거나 가능하다면 앉힌다.

② **눈 닦는 방법**(비누는 사용 안 함)

- 부드럽고 깨끗한 수건을 따뜻한 물에 적셔, 눈의 안쪽에서 바깥쪽으로 닦는다.

- 다른 쪽은 수건의 다른 면을 사용한다(사용한 수건의 면은 사용하지 않음).

③ **안경**은 하루에 한 번 이상 닦거나 물로 씻어 깨끗하게 한다.

④ 세안 시 코안과 코볼, 코 둘레를 세심히 닦도록 한다(비염 등을 예방).

⑤ 면봉으로 귀 입구와 귓바퀴, 뒷면을 닦아 낸다(안의 귀지 제거는 의료행위임).

⑥ **얼굴 주위 닦는 순서**

　- **옆으로는** 눈 밑 → 코 → 볼(뺨) 쪽으로, **아래로는** 입 주위 → 턱을 닦는다.

　- **이마**는 머리 쪽으로 쓸어 올리며 닦고, **귀의 뒷면 → 귓바퀴 → 목** 순으로 닦는다.

　- 눈 → 코 → 볼 → 입 → (턱) → 이마 → 귀 → 목의 순서를 숙지한다. [42]

⑦ 그 밖의 지문

　- **눈곱이 끼었을 경우**, 눈곱이 없는 쪽부터 닦아 준다.

　- **코털**이 밖으로 나와 있으면 깎아 준다(뽑는다. X).

6. **[면도 돕기(주의 사항 및 방법)]** p411, 412

① **전자면도기**를 사용하는 것이 안전하다(감전의 위험성은 조심).

② **면도 전**에 따뜻한 물수건으로 덮어 두어 피부의 건조함을 완화하거나, ☆ 비누 등을 사용하여 충분한 거품을 낸 후 면도하게 하여 상처를 예방한다.

③ **비누 등을 바를 때**는 수염이 난 방향과 반대로 발라 준다(수염을 세워줌). ☆ 그럼에도 **면도**는 수염이 자란 방향으로 한다(피부 자극을 피할 수 있음).☆

④ 면도날은 얼굴 피부와 45도의 각도를 유지한다.

⑤ 피부가 주름져 있는 경우, 아래 방향으로 잡아당겨 면도한다.

⑥ 수염의 강도가 약한 볼부터 수염의 감도가 강한 순으로 면도한다. 즉 얼굴 가장자리 → 목, 입 주위 → 턱밑 → 콧수염 등의 순으로 한다.

⑦ 면도 중 수시로 물로 씻어서 깎인 수염이 방해되지 않게 한다.

⑧ 면도 후 따뜻한 물수건으로 닦아 낸 후 로션을 두드려 바른다(문지르지 말 것).

7. **목욕 돕기** p412~420

- '몸 씻기 도움', '통 목욕 돕기', '침상 목욕(전신 및 부분 닦기)' 등이 포함된다.

- **[목욕 돕기 주의 사항]**

① 실내 온도는 22~26도를 유지하고 창문과 욕실 문을 닫는다.

② 몸 씻기를 하기 전에 소변 또는 대변을 보게 하고, 대상자의 상태를 확인한다.

③ **다음의 경우**에는 목욕을 피한다.

　- 열이 나거나 혈압이 상승했을 때,

---

42)　410p. 눈 → 코 → 볼 → 입 → 턱을 순서대로 이미지를 그리며 숙지한 후, 이마 위로 올라가, 뒤로 돌아 귀를 타고 목으로 온다고 연상하면 수월하게 암기된다.

- 기분이 불쾌하거나 몸이 피로할 때,
- 그리고 공복 시, 식사 직전이나 직후

④ 최대한 원하는 방식에 따르며, 만일의 상황을 대비하여 욕실 문은 잠그지 않는다.

⑤ **욕실**에 손잡이를 붙이거나 미끄럼방지 매트를 깐다.

⑥ 물 온도는 35도 정도를 기준으로 개인의 선호를 반영하나, 화상 등에 주의한다.

⑦ 자주 따뜻한 물을 뿌려주거나 담요 등을 덮어 노출 부위를 가린다(∵체온 유지).

⑧ 몸 씻기 시간은 20~30분 이내로 한다.

※ 건강 상태별 몸 씻기 도움 p413

① 치매

- 규칙적인 시간과 정해진 순서에 따라 한다(거부감 줄이기 위해).
- 오후보다는 오전에 하는 것이 좋으나,
- 수급자의 상태에 따라 시간을 정하며 몸 씻기 과정을 최대한 단순히 한다.

② 편마비

- **몸을 씻을 때**는 몸을 기댈 수 있는 의자에 앉게 한다(입거나 벗을 때도 동일).
- **이동 시**에는 마비된 쪽에서 도와준다. - 건강한 쪽에서 X

1) [몸 씻기 도움] p413~416

① **몸 씻기 준비** - 몸을 씻기 전에 소변이나 대변을 보게 하고, 바닥에 미끄럼방지 매트를 깐다.

② **이동 및 탈의**

- 이동과 탈의는 돕되, 가능한 한 스스로 하도록 격려하면서 목욕 의자에 앉힌다.
- 수건을 어깨와 다리에 덮어 노출 부위를 줄인다(체온저하와 수치심 줄이기 위해).

③ **몸 헹구기** ☆

- **샤워기** 물 온도가 일정한지 살핀 뒤, 수급자 손등에 대 줘 온도가 적당한지 확인한다.
- **목욕 의자에 앉아,** 발 → 다리 → 팔 → 몸통 → 회음부 순으로 물을 적신다. ☆
- **회음부**는 가능한 한, 스스로 하게 격려한다.

④ 머리 감기기, 몸 씻기, 헹구기 등을 순서대로 한다.

⑤ 물기 닦기-물기를 완전히 다 닦기 전에 움직이지 않도록 한다(미끄러질 수 있기에).

⑥ 어지러움이나 혈색 변화, 피로감을 느끼는지 등의 상태를 확인한다. 씻은 뒤에는 물이나 우유 등으로 수분을 공급해 주고 휴식을 취하게 한다.

2) [통 목욕 돕기] p416, 417

① **몸 씻기 준비:** 앞의 몸 씻기 도움 참조

② 욕조에 더운물을 받아 요양보호사의 손등으로 물 온도를 확인한다. 이후 대상자를 목욕 의자에 앉히고

발끝으로 물을 묻혀 미리 온도를 느끼게 한다. 그리고 다리 → 팔 → 몸통의 순서로 헹구고, 회음부를 닦아 낸다.

③ **편마비 대상자**를 욕조에 들어가 앉게 하는 방법 ☆

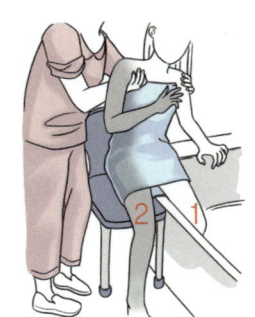

- 욕조에 들어가기 전 욕조 턱 높이와 목욕 의자의 높이를 맞추어 앉게 한다. 건강한 쪽 손으로 손잡이나 보조 도구를 잡게 한다.
- 대상자의 마비된 쪽 겨드랑이를 잡아 준다. [43]
- 그 상태에서 건강한 쪽 다리 → 마비된 쪽 다리 순으로[44] 들어오고 나가게 한다. 예컨대, 오른쪽 편마비 대상자라면, 왼쪽부터 들어가고, 왼쪽부터 나온다. ☆
- **욕조에 있는 시간**은 5분 정도로 한다. **전체 시간**은 20~30분이다(앞에서 설명).
- 대상자의 등을 욕조 안 벽에 대고 앉게 한다(부력으로 불안정할 수 있기 때문).

④ 욕조에 나와서 머리 감기기와 몸 씻기를 한다.

- 이 경우 말초에서 중심으로 목욕수건에 비누를 묻혀 몸을 닦는다.

3) [**침상 목욕**: 전신 및 부분 닦기] p418~420 ☆

① **몸 닦기의 순서**

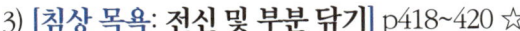

얼굴 → 목 → **손가락 → 손 → 팔** → 가슴 → 배 → **발가락 → 발, 다리** → 등 → 둔부 → 음부의 순이다. ☆

② **얼굴**(눈 주변은 비누를 사용하지 않음)

- 눈은 안쪽에서 바깥쪽으로 닦으며, 다른 쪽 눈은 수건의 다른 면을 사용한다.
- 눈 → 코 → 볼(뺨) → 입 주위 → 이마 → 귀 → 목 순으로 닦는다.

③ **양쪽 상지** - 팔 밑에 방수포와 수건을 깔고, 손끝에서 겨드랑이 쪽으로 닦는다. (정맥혈을 심장 쪽으로 보내는 데 도움이 되기에)

④ **흉부 ~ 복부**

- **유방**은 원을 그리듯이 닦는다.
- **복부**는 배꼽을 중심으로 하여 시계방향으로 닦는다(장운동을 활발하게 하여 배변에 도움). ☆

⑤ **양쪽 하지** - 무릎을 세운 상태에서 발끝에서 허벅지 쪽으로 닦는다.

⑥ **등 ~ 둔부** - 옆으로 눕게 하여 목뒤에서 둔부까지 닦는다.

⑦ **음부** - 되도록 별도의 수건을 이용하여 **스스로 닦도록** 한다.

8. [**침상 정리**(주의 사항 및 정리 방법)] p423, 424

- 정기적으로 세탁하고 햇볕에 말려야 하며, 더러워진 즉시 교환한다.

---

43) 이 동작을 설명하는 그림은 흔하지 않다. 전국요양보호사강사협의회 저의 『합격 모의고사 문제집』 63쪽에서는 겨드랑이를 잡는 모습을 직접적으로 그리지 않고, 겨드랑이 쪽 팔을 잡는 식으로 묘사하고 있다. 이에 비해 필자는 글의 직접적인 표현대로 겨드랑이를 잡고 도와주는 그림으로 준비해 보았다.

44) 여기서 '건강한 쪽을 먼저 옮기는 것'에는 지팡이를 사용하여 계단을 오르거나 버스를 오르는 것과 비슷한 논리가 숨어있다.

① 창을 열어 환기하고, 시트의 중앙선이 침대 중앙에 오도록 시트를 편다.

② 시트의 주름을 펴고, 여분의 시트는 매트리스 안으로 넣는다.

③ 필요한 경우 방수포를 깔고, 방수포 위에 반시트를 깐다.

④ 커버 씌운 담요나 이불을 펴서 정리한다.

※ 이상을 다시 보면, 시트 깔기 → 필요시 방수포 → 반시트 깔기 → 담요, 이불 정리

⑤ 베개의 커버를 교체한다. 커버의 지퍼가 보이지 않도록 출입구 반대쪽으로 놓는다.

9. [옷 갈아입기 도움] p425~432 ☆

가. 옷 갈아입기 도움 시의 주의 사항

① 상·하지의 마비 유무, 걷거나 서는 동작, 앉은 자세의 가능성 유무를 감안하고 도움을 준다.

② 편마비나 장애가 있는 경우의 입히는 순서

  - 벗길 때는 건강한 쪽부터, 입힐 때는 마비나 불편한 쪽부터(벗 건 입 마!)

③ 대상자에게 유리한 옷 선택하기

  - 상·하의가 분리되고, 앞여밈이거나 단추가 있는 옷이 좋으며,

  - 그렇지 않은 경우엔 신축성이 있는 옷이 타당하다.

  - 단추나 지퍼는 매직테이프(벨크로)로 바꾸고, 허리와 소매는 조이지 않는 것을 고른다.

나. 옷 갈아입기(벗기와 입기) 도움 방법

「벗길 때는 건강한 쪽부터, 입힐 때는 마비나 불편한 쪽부터(벗 건 입 마)」라는 기본적인 설명이 대부분에서 시종 유지된다. 구체적으로 보면 좀 더 복잡하게 기술되어 있지만, 아래에서 도표로 적은 간단한 설명을 위주로 공부하는 게 효과적이다.

1) 앉을 수 있는 편마비 대상자 갈아입기

① 〈'앞이 벌어진 단추 있는 상의(남방류)' 갈아입기〉 p426

남방류 (앉은 자세)	벗기기	i 단추를 풀고 마비된 쪽 어깨의 옷을 조금 당긴다. ii 건강한 팔 → 마비된 팔의 순으로 벗긴다.
	입히기	마비된 팔 → 건강한 팔의 순으로 입힌다.

② 〈'앞이 막힌 상의(티셔츠 종류)' 갈아입기〉 p427

티셔츠류 (앉은 자세)	벗기기	i 가슴까지 걷어 올린다. ii 건강한 팔 → 머리 → 마비된 팔의 순으로 벗긴다.
	입히기	마비된 팔 → 머리 → 건강한 팔의 순으로 입힌다.

티셔츠 형태의 옷은 머리를 넣고 빼는 동작이 더 추가되는 것이 특징이다.

③ **〈하의 갈아입히기〉** p428

하의 (앉은 자세)	벗기기	i 몸을 좌우로 움직이며 무릎까지 바지를 내리게 돕는다. ii 스스로 건강한 다리를 올려 벗도록 돕는다. iii 자기의 건강한 손으로 마비된 다리를 당겨서 벗게 한다.
	입히기	① 먼저 마비된 다리를 넣게 돕고, ② 건강한 쪽은 스스로 입게 하며, 한 쪽씩 올린다. ③ 고개를 숙이고 엉덩이를 들면서 바지를 입는다. ④ 일으켜 세우며 바지를 완전히 올린 다음, 의자에 앉히고 옷을 정리한다.

2) 수액이 있는 경우의 상의 갈아입히기 p432

남방류 (수액 맞는 대상자)	벗기기	건강한 팔(수액 맞는 팔) → **수액**[45] → 마비된 팔
	입히기	마비된 팔 → **수액**[46] → 건강한 팔(수액 맞는 팔)

티셔츠류 (수액 맞는 대상자)	벗기기	건강한 팔(수액 맞는 팔) → 수액 → 머리 → 마비된 팔
	입히기	마비된 팔 → 머리 → 수액 → 건강한 팔(수액 맞는 팔)

- 수액은 건강한 팔과 같이 움직인다.

- 티셔츠의 경우, 머리 부분 빼기와 넣기는 수액과 마비된 팔 사이에서 행해진다.

3) 똑바로 누워 있는 대상자 옷 갈아입히기
① 〈'앞이 벌어진 단추 있는 상의(남방류)' 갈아입히기〉 p429

남방류 (누운 자세)	벗기기	① 단추를 풀고 불편한 쪽 어깨의 옷을 조금 내린다. ② 건강한 쪽 → 마비된 쪽의 순으로 벗긴다.
	입히기	마비된 쪽 → 건강한 쪽의 순으로 입힌다(교과서 p429 그림).

- 대상자가 누워 있으므로 체위를 변경해 가며 반쪽씩 벗기고 입힌다.

② 〈'앞이 막힌 상의(티셔츠)' 갈아입히기〉 p430

티셔츠류 (누운 자세)	벗기기	① 가슴까지 옷을 걷어 올린다. ② 건강한 쪽 → 머리 → 마비된 쪽 순으로 벗긴다.
	입히기	마비된 쪽 → 머리 → 건강한 쪽의 순으로 입힌다. **※ 팔이 올라가지 않거나 팔꿈치가 구부러지지 않은 경우** - 소매를 먼저 넣고 나중에 머리를 넣는 방법도 있다.

- 티셔츠 형태의 옷은 머리를 넣고 빼는 동작이 여기서도 추가된다.

---

45) 벗은 팔에 수액 줄이 걸려 있으므로 수액을 소매 밖에서 안으로 빼면 옷의 걸림이 해소된다.

46) 미리 소매 안쪽에서 밖으로 수액을 넣어 주면, 이후 건강한 쪽 팔을 넣어도 자연스럽게 된다.

③ **〈하의 갈아입히기〉** p431

하의 (누운 자세)	벗기기	ⅰ 무릎을 세워 발을 지지하여 **엉덩이를 들게** 한다(431p 그림 윗부분). ⅱ 바지의 허리 부분 양 끝을 잡고 다리 아래로 내린다. 　(엉덩이를 들 수 없다면, 체위 변경을 통해 절반씩 벗김) ⅲ 발꿈치를 지지하여 한 쪽씩 다리를 들면서 바지를 벗긴다. 　(한쪽이 편마비라면 건강한 쪽부터 먼저 벗김)
	입히기	ⅰ 갈아입을 바지에 손을 넣어 한쪽 다리씩 잡아, 바지를 입힌다. 　(한쪽이 편마비라면 마비된 쪽부터 먼저 입힘-431p 그림 아랫부분) ⅱ 무릎을 세우고 엉덩이를 들게 하여, 바지를 잡아 허리까지 올린다. 　(엉덩이를 들 수 없다면, 체위 변경을 통해 절반씩 끌어올림)

- 누워 있으므로 한쪽 편마비 대상자라면 체위를 변경해 가며 반쪽씩 벗기고 입힌다.

4) **'옷 갈아입히기'에서 숙지해야 할 핵심 사항** ☆☆

① **벗 건 입 마!** -벗길 때는 건강한 쪽부터, **입힐 때는** 마비된 쪽부터 한다.

② **티셔츠류**-머리 부분까지 고려해야 한다.

③ **수액을 맞는 경우**엔, 수액이 건강한 쪽 팔과 한 세트로 움직임을 생각한다.

- **벗길 때는** 건강한 팔을 뺀 다음에 수액을 빼고, **입힐 때는** 수액 먼저 넣고 건강한 팔을 넣는다.

5절 체위 변경과 이동(5문제가량 출제-실기) ☆☆

1. 일반론 p436

① 체위 변경과 이동은 적당한 방법과 속도로 안전하게 실시해야 한다.

② 대상자 신체 상황(안정도, 운동능력 등)을 고려하고, 동작을 설명해 동의를 구한다.

③ 정상적인 움직임을 거스르지 않아야 신체 손상의 위험을 줄일 수 있다.

④ 앞에서 체위 변경을 시도한다(뒤쪽에서 하면 낙상 불안으로 인한 근육 긴장이 우려됨). p438

2. [(요양보호사의) 올바른 신체 정렬 방법] p436 ☆

- 표준 교재 p141의 '요통을 예방하면서 물건을 이동하는 방법'과 비슷한 내용이다.

① 허리와 가슴 사이의 높이로 몸 가까이에서 잡고 보조해야 한다. 멀리서 X ☆

② 발을 적당히 벌리고 서서 한발은 다른 발보다 약간 앞에 놓아 지지 면을 넓힌다. ☆

③ 양다리에 체중을 지지한 후 무릎을 굽히고 중심을 낮게 하여 골반을 안정시킨다. ☆

④ 대상자 이동 시 다리와 몸통의 큰 근육을 사용하여 척추의 안정성을 유지한다.

⑤ 허리는 펴고 무릎을 굽혔다 펴며, 들어 올린다. ☆

3. 침대 위에서의 이동 돕기 p437 ☆☆

1) [침대 위·아래쪽으로 이동하기]

① 침대를 수평으로 하고, 허리 높이로 침대를 올린다.

② 요양보호사 쪽의 침대 난간은 내리고, 반대쪽의 난간을 올린다.

③ 대상자의 무릎을 세워 발바닥이 침대 바닥에 닿게 한다.

④ **협조할 수 있는 경우**-(양손 혹은 건강한 쪽 손으로) 침대 머리 쪽 난간을 잡게 한 후, 구호를 사용하여 이동하고자 하는 방향으로 움직이게 한다.

⑤ **협조할 수 없는 경우**라면 다음의 절차를 이용한다.

　ⅰ 침대 양쪽에 한 사람씩 마주 선다.

　ⅱ **한쪽 팔**은 허리 밑에 넣어 어깨와 등 밑을 **다른 팔**은 둔부와 대퇴부 밑에 넣고 지지한다. ☆

　ⅲ 반대편 사람과 손을 잡고 신호에 맞춰 두 사람이 동시에 이동시킨다.

※ 꼭 알아두기 - 누워서 엉덩이 들어 올리는 운동(Hip Bridge 운동)

① 휴대용 변기[47] 사용과 침대 위에서의 이동, 보행 시 등 신체 안정에 좋다.

② 배와 허리에 힘을 주고 숫자를 세며, 동작은 몇 번으로 나눠서 천천히 한다.

2) [침대 오른쪽 또는 왼쪽으로 이동하기] p438

① 요양보호사는 이동하고자 하는 쪽에 선다.

　- 좌측으로 이동할 때는 왼쪽, 우측으로 이동할 때는 오른쪽에 선다.

② 대상자의 두 팔을 가슴 위로 포갠다.

③ 상반신과 하반신을 나누어 이동한다. ☆

　ⅰ **상반신 이동**

　　한 손은 대상자 목에서 겨드랑이를 향해 넣어서 받치며, 다른 손은 허리 아래에 넣어서 지지하고 몸통을 이동시킨다.

　ⅱ **하반신 이동** - 허리와 엉덩이 아래에 손을 깊숙이 넣고 움직인다.

---

47)　표준 교재의 표현인데, 침상 배설의 '간이변기'를 말하는 것 같다. 기저귀 교환을 위해서도 이 운동은 유용하다.

④ 머리에 베개를 바쳐 자세를 편안하게 하고, 옷과 침대 시트 등 불편한 곳을 확인한다.

3) [옆으로 눕히기] p438
① 요양보호사가 돌려 눕히고자 하는 쪽에 선다.
② 돌려 눕히고자 하는 쪽으로 머리를 먼저 돌린다.
③ 양손을 가슴에 포개거나, 눕히려는 쪽의 손을 위로 올린다.
④ 눕는 방향과 반대쪽 발을 다른 발 위에 올려놓거나, 무릎을 굽힌다. ☆
⑤ 반대쪽 어깨와 엉덩이에 손을 대고 옆으로 돌린다.
⑥ 엉덩이를 뒤로 이동시키고, 어깨를 살짝 앞으로 움직여 편안하게 한다.

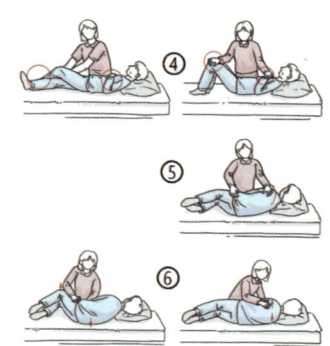

4) [상체 일으키기(서로 껴안는 느낌의 자세 생각)] p439
① 대상자의 무릎을 구부려 세우고 한쪽 손을 그의 겨드랑이에서 반대쪽 팔꿈치까지 넣고,
② 다른 쪽 손으로는 고개를 지지한 상태로 신호하며 천천히 일어나게 한다.
③ 대상자의 무릎을 세우고, 요양보호사의 어깨를 잡도록 한다.
④ 대상자의 등에 손을 가져가 지지하며 일으킨다.

5) [편마비 대상자 상체 일으키기] p439 ☆
① 일어나는 것에 대하여 설명하고, 대상자의 건강한 쪽에 선다.
② 대상자의 마비된 손을 가슴 위에 올려놓는다.
③ 양 무릎을 세운 뒤, 어깨와 엉덩이 또는 넙다리를 지지하여 마비된 쪽이 위로 오게 돌려 눕힌다(옆으로 눕히기).
④ 한 손으로는 대상자 어깨와 등을 지지하고, 반대 손은 엉덩이 또는 넙다리를 지지하여 일으켜 앉힌다. ☆
⑤ 이때 대상자는 건강한 손으로 짚고 일어날 수 있게 한다.

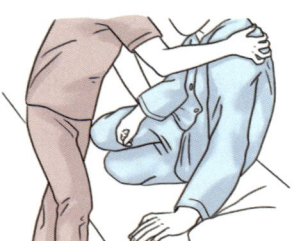

6) [하반신마비 대상자 상체 일으키기] p440
① 대상자를 향해 가까이 서서, 양쪽 무릎을 굽혀주거나 편안하게 놓는다.
② 일어나는 방향으로 그의 상체를 돌려, 손을 짚고 일어나게 어깨를 지지한다.
③ 필요시에는 한쪽 팔로 대상자의 어깨 밑을 받쳐 준다.
④ 적당히 일어났을 때 무릎이 자연스럽게 굽혀질 수 있게 한다.
- 두 다리를 편 상태에서 무리하게 앉히고자 시도하면, 넙다리뼈가 골절될 수 있다. ☆

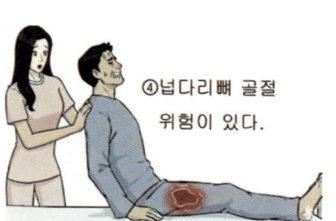

④넙다리뼈 골절 위험이 있다.

7) [침대에 걸터앉기] p440

① 앉히고자 하는 쪽에 가까이 서서, 대상자를 돌려 눕게 한다.

② 대상자의 목 밑으로 팔을 깊숙이 넣고, 다른 손은 다리를 지지한다.

③ 다리를 침대 아래로 내리면서, 어깨를 들어 올린다.

④ 양쪽 발이 바닥에 닿도록 지지하여 자세를 안정되게 한다.

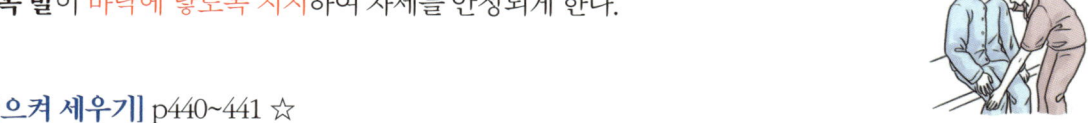

8) [일으켜 세우기] p440~441 ☆

〈앞에서 보조하는 경우〉

① 가볍게 걸터앉은 대상자의 발을 무릎보다 살짝 안쪽으로 옮겨 준다. ☆

② 요양보호사는 자신의 무릎을 대상자의 마비된 무릎 앞쪽에 대고 지지한다. ☆

③ 요양보호사는 양손으로 대상자의 허리를 지지하고, 대상자의 상체를 앞으로 숙이게 하여 천천히 일으켜 세운다.

④ 더 필요하다면 어깨로 대상자의 가슴을 지지하여 상체를 펴도록 도와준다. ☆

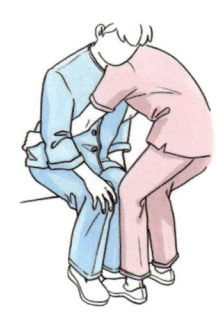

〈옆에서 보조하는 경우〉

① 대상자를 침대 끝에 앉혀, 그의 양발을 무릎보다 조금 뒤쪽에 놓도록 한다. ☆

② 요양보호사는 마비된 쪽 가까이에 서고, 발을 마비된 발 바로 뒤에 놓는다. ☆

③ 한 손으로는 마비된 대퇴부를 지지하고, 다른 손은 대상자의 반대쪽 허리를 부축하여 천천히 일으켜 세운다. ☆

④ 무릎을 펴고 일어서면 대퇴부에 있던 손을 가슴부위로 옮겨 상체를 펴도록 한다.

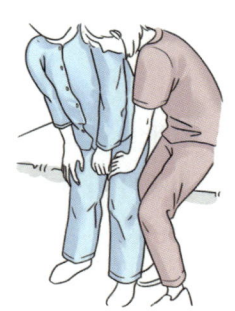

4. [침대에서의 체위 변경] p441~444 ☆

1) 침대에서의 체위 변경의 목적 및 주의 사항

① 호흡 기능을 돕고 폐 확장을 촉진하고, 관절 변형 예방, 부종과 혈전 예방, 욕창 예방 및 피부 괴사 방지, 고정된 자세의 불편감 감소 등이 목적이다.

② 체위 변경 시 관절 밑 부분을 지지해야 하고, 보통 2시간마다 하며, 욕창이 있으면 더 자주 하는 것에 유의한다.

2) [바로 누운 자세(앙와위)]: 휴식하거나 수면할 때의 자세

① 무릎과 발목 밑에 수건이나 베개를 받쳐 주어 척추를 편안하게 함

② 장시간 유지하면 고관절(엉덩관절)과 무릎관절의 굽힘구축[48]이 발생할 수 있다.

48) '굽힘구축(Flexion Contracture)'이란 근육 등이 수축되어 사지가 구부러진 채 움직이지 않거나 일정한 방향의 운동이 제한받는 경우를 의미한다.

3) **[반 앉은 자세(반좌위)]**: 숨차거나 얼굴 씻을 때, 식사나 위관영양 시의 자세 ☆
① 침상 머리를 45도 정도 올린 자세
② 등이나 목과 어깨에 베개를 대면 안정된 자세를 유지하며, **다리 쪽 침대를 살짝 올리면** 미끄러져 내려가지 않는다.

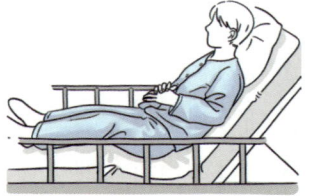

4) **[엎드린 자세(복위)]**: 등에 상처가 있거나, 등 근육을 쉬게 할 때의 자세
① **아랫배**에 낮은 베개를 놓아 **허리 앞굽음을 감소**시키며,
② **아랫배와 발목 밑**에 작은 베개를 놓으면 허리와 넙다리의 긴장을 **완화**할 수 있다. ☆

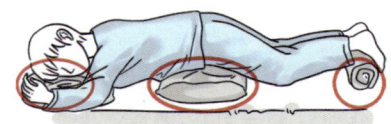

5) **[옆으로 누운 자세(측위)]**: 둔부의 압력을 피하거나 관장할 때의 자세 ☆
① 대상자의 **엉덩관절과 무릎관절** 모두 굽힘 자세로 옆으로 돌아 누운 자세인데,
② **머리 아래** 그리고 **위에 있는 다리 밑**에 베개를 받쳐 주고,
③ **가슴 앞**에도 베개를 놓아 팔을 지지하여 편안하게 한다.

5. **휠체어 이동 돕기(순서 문제 빈출하는 부분)** p447~458 ☆☆
1) **휠체어 이동 돕기의 주의 사항**
① 타이어의 공기압을 적정하게 하고, **움직이지 않을 때는** 반드시 브레이크를 잠근다.
② **하반신마비나 스스로 움직일 수 없는 대상자**는 욕창 예방 방석을 사용한다.
③ 1~2시간마다 자세를 변경하고, 침대에서의 휴식 없이 **3시간 이상** 휠체어에 두지 않는다.

2) **[휠체어 기본 조작법]**
① **잠금장치 사용**: 휠체어 옆 손잡이를 바퀴 쪽으로 당기면 잠기고, **밖으로 밀면** 풀림
② **휠체어 펴기**: 잠금장치 잠그기 → 팔걸이를 펼치기 → 시트를 눌러 펴기
③ **휠체어 접기**: 잠금장치 잠그기 → **발** 받침대 올리기 → **시트를 올리기** → 팔걸이 접기 ☆
④ **발판 높낮이 조절하기**: 발판 밑 볼트를 **왼쪽으로 돌리면** 풀리고, **반대로 하면** 조여짐

3) **[휠체어 상황별 조작법]** ☆ ☆
① **엘리베이터를 타고 내릴 때**: 뒤로 들어가서, 앞으로 나온다.

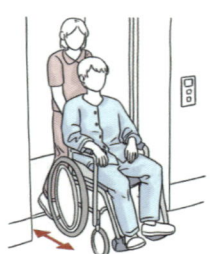

② **도로 턱, 문턱을 오를 때:** 앞바퀴를 들어, 턱이나 문턱을 오른다.

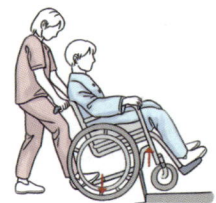

③ **도로 턱, 문턱을 내려갈 때**

- 휠체어를 뒤로 돌려 요양보호사가 문턱을 먼저 내려와 서서 뒷바퀴를 내려놓는다.
- 앞바퀴를 들어 올린 상태에서 뒷바퀴를 뒤로 이동하면서 앞바퀴를 조심스럽게 내린다.

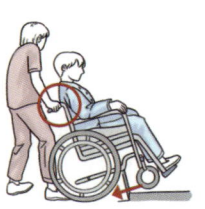

④ **오르막길을 갈 때**

- 자세를 낮추고 다리에 힘을 주어 밀고 올라간다.
- 대상자가 **무겁거나 경사가 크면** 지그재그로 올라간다.

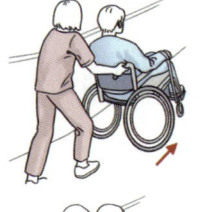

⑤ **내리막길을 갈 때**

휠체어를 뒤로 돌려 몸으로 휠체어를 지지하면서, 고개를 뒤로 돌려 방향 확인하며, 뒷걸음으로 내려온다. 대상자가 **무겁거나 경사가 큰 경우**에는 지그재그로 내려간다.

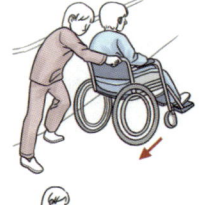

⑥ **울퉁불퉁한 길을 갈 때**

앞바퀴를 살짝 들어 올리고 휠체어를 약간 뒤로 젖힌 상태에서, 뒷바퀴로 이동한다.

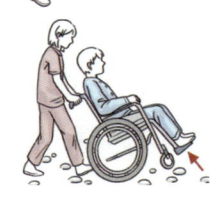

4) 구체적인 휠체어 이동 돕기 방법 ☆☆

(1) **[바닥에서 휠체어로의 이동]** p451

① 휠체어를 건강한 쪽에 비스듬히 놓고, 바퀴를 고정한 채 발 받침대를 접음

② 휠체어로 옮겨 앉힌다는 것을 설명함

③ 돌려 눕혀서, 일으킨 대상자의 상체에 손을 댄 채 마비된 다리를 펼쳐서 바르게 앉힘

  - 표준 교재 ③ ~ ⑫까지의 목차는 대상자를 '돌려 눕혀', '일으켜 세우는 절차'를 포함함

④ 건강한 쪽 손이 휠체어(휠체어 바닥)를 잡게 함 ☆

⑤ 이때 대상자 뒤에서 **한 손**으로는 허리를 잡고 **다른 손**은 어깨를 지지함 ☆

⑥ (휠체어 팔걸이를 잡은 채) 건강한 무릎을 세워 천천히 상체를 일으킴

⑦ 대상자 허리를 지지하여 건강한 다리를 축으로 몸을 돌려 휠체어에 앉게 함

(2) **[휠체어에서 바닥으로 이동]** p452

① 대상자에게 이동의 방법을 설명한다.

② 휠체어 잠금장치를 잠그고, 발 받침대를 올려 발을 바닥에 내린다.

③ 대상자의 마비된 쪽 옆에서 어깨와 몸통을 지지한다. ☆

④ 건강한 쪽 손으로 바닥을 짚게 한다.

⑤ 건강한 다리에 힘을 주어 바닥으로 내려앉는다.

⑥ 이동하는 동안 요양보호사는 대상자의 상체를 지지해 준다.

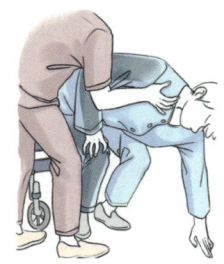

(3) [침대에서 휠체어로 이동] p453 ☆

① 건강한 쪽에 비스듬히 놓고, 바퀴를 고정한 채 발 받침대를 접는다. ☆

② 침대에서 휠체어로 옮긴다는 것을 설명한다.

③ 걸터앉힌 대상자 다리 사이에 발을 집어넣고, 뒤춤을 잡고 구호에 맞춰 일어선다. ☆

   - 표준 교재 ④~⑫까지의 목차는 '침대에 걸터앉기 절차'를 포함하고 있다.

④ 이때 대상자의 건강한 손이 휠체어의 팔걸이를 잡게 한다. ☆

⑤ 건강한 다리를 축으로 삼아 휠체어 쪽으로 몸을 돌린다.

⑥ 대상자를 휠체어에 천천히 앉힌다.

⑦ 휠체어 뒤쪽에 서서 대상자 겨드랑이 밑에 두 손을 넣어, 모은 대상자 팔의 손목을 단단히 잡고, 몸을 끌어 올려 안쪽에 깊숙이 앉힌다.

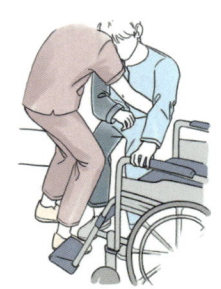

(4) [휠체어에서 침대로 이동] p454~455

〈한 사람이 대상자를 이동하는 경우〉

① 휠체어를 건강한 쪽으로 평행하게 혹은 비스듬히(30~45도) 두고, 바퀴를 고정한다.

② 발 받침대를 올려 바닥에 발을 붙이게 하고 둔부를 휠체어 의자 앞으로 이동케 한다.

③ 요양보호사의 무릎으로 대상자의 불편한 무릎을 지지하여 일으켜 세운다.

④ 방향을 바꾸어 건강한 쪽 손으로 침대를 잡고, 무릎을 구부려 침대에 걸터앉게 한다.

〈두 사람이 대상자를 이동하는 경우〉 ☆

① 휠체어를 침대에 평행하게 두고, 바퀴를 고정한다.

② 키가 크고 **힘센 사람**이 대상자 뒤쪽에 서고, **다른 한 사람**은 대상자 다리 바깥쪽에 선다.

③ 대상자의 가슴에 두 팔을 모으게 한다.

④ **뒷사람**은 대상자 양 겨드랑이 아래로 팔을 넣어 **대상자 팔**을 안쪽에서 바깥쪽으로 잡는다. ☆

⑤ **다리 쪽 사람**은 **한 손**을 대상자 종아리 아래에, **다른 손**은 대퇴 아래에 넣는다. ☆

⑤ 구호와 함께 들어 올려 침대로 옮긴다.

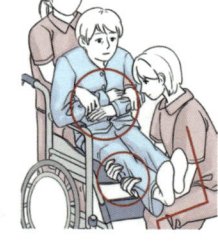

(5) [휠체어에서 이동 변기로 이동] p456

① 건강한 쪽에 이동 변기를 휠체어와 30~45도 정도로 비스듬히 댄다.

② 발 받침대를 올려 두 발을 바닥에 내려놓게 하고, 앞에 선다.

③ 요양보호사는 자기 무릎으로 대상자 무릎을 지지하고, 두 손으로는 허리를 지지한다.

④ 대상자는 건강한 쪽 손으로 변기의 먼 쪽을 잡게 한다. ☆

⑤ 대상자를 일으킨 다음, 건강한 다리에 힘을 주게 하여 엉덩이를 이동시켜 앉힌다.

(6) [휠체어에서 자동차로 이동] p457

① 자동차 뒷문을 열고, 휠체어를 차와 평행하게 혹은 비스듬히 둔다.

② 바퀴를 고정하고 발 받침대를 올린 후, 바닥에 대상자의 발을 내려놓는다.

③ 요양보호사의 무릎으로 대상자의 마비된 무릎에 대어 지지한다.

④ 건강한 쪽 손으로 자동차 손잡이를 잡게 하고, 엉덩이부터 자동차 시트에 앉는다. ☆

⑤ 다리를 한 쪽씩 올려놓은 후, 자동차에 깊숙이 앉히고, 좌석벨트를 맨다.

(7) [자동차에서 휠체어로 이동] p458

① 트렁크에서 꺼낸 휠체어를 펼친 후, 차와 평행 혹은 비스듬하게 놓는다.

② 휠체어의 잠금장치를 잠그고, 자동차 문을 열어 좌석벨트를 푼다.

③ 한쪽 팔로 대상자의 어깨를 지지하면서 다리부터 밖으로 내리게 한다.

④ 대상자의 두 발이 바닥을 지지하게 한다.

⑤ 무릎으로 대상자의 마비된 쪽 무릎을 지지하며 일으켜 세워, 휠체어로 돌려 앉힌다.

6. 보행 돕기 ☆
가. 일반적 보행 돕기 p463~464

1) 침대에서 일어서기

① 의자 높이로 맞추고, 침대 모서리 쪽으로 이동하여, 입구 쪽을 향하여 옆으로 눕는다.

② 침대 밑으로 다리를 내려 발을 바닥에 대고, 팔꿈치에 힘주고 밀면서 일어나 앉는다.

③ 침대 모서리에 걸터앉는 채로 한 참 있다가 천천히 일어선다.

2) 부축하며 걷기

① 요양보호사는 옆에 서서 팔로 껴안듯이 대상자의 허리를 잡고, 반대편 손으로는 어깨 위에 있는 대상자의 손을 잡고 걷는다.

② 서로 반대편 발을 앞으로 내디뎌 발을 맞춰 걷고, 약한 다리를 먼저 내디딘다. [49]

---

49) 이 말의 구체적인 의미가 뭔지 이해하기가 쉽지 않은데, 뒤의 '편마비 대상자 부축하기'에서처럼 새기는 것이 타당하다고 생각한다. 행여 시험에 출제된다면, 지문 그대로 나올 여지가 많을 것이다.

3) **따라 걷기** - 비스듬히 약 <u>50cm</u> 뒤에서 속도를 맞춰 걷는다.

4) **[지팡이 사용하여 걷기]**

① 대상자의 건강한 쪽 손으로 지팡이를 짚게 한다.

② 건강한 쪽의 발 새끼발가락 앞 15cm, 옆 15cm 지점에 지팡이 끝을 놓는다.

③ **평지를 걸을 때**는 '지팡이 → 마비된 쪽 다리 → 건강한 다리의 순[50])으로 걷는다.

④ **방향 전환 방법**: 불편한 다리를 지팡이 쪽으로 내밀고, 건강한 다리에 체중을 실어 반원을 그리듯이, 방향을 바꾼다.

⑤ **지팡이 사용하는 보행자를 옆에서 보조할 경우**는 지팡이를 쥐지 않은 쪽 옆에서 대상자의 겨드랑에 손을 넣어 잡고 돕는다.

5) **[편마비 대상자 부축하기]** ☆

① 대상자의 팔을 요양보호사의 어깨에 두르도록 한다.

② 한 손으로는 대상자의 허리를 지지해 주고, 다른 손은 어깨에 걸쳐진 손을 잡는다.

③ 요양보호사가 먼저 발을 내딛고(1), 다음에 대상자가 마비된 다리를 내밀도록 한다(2).
다시 건강한 쪽 발을 내디디면(3), 요양보호사는 반대쪽 발을 내밀어 보조를 맞춘다(4).
∴ 요양보호사가 지팡이 역할을 한다.

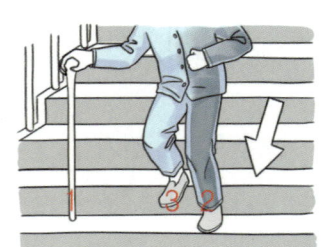

나. **[계단 오르내리기]** p465 ☆

1) **올라갈 때**

(1) **지팡이가 있는 경우** ☆

① 지팡이 → 건강한 다리 → 마비된 다리의 순[51])으로 계단을 올라간다.

② **버스 탈 때**도 동일하다.

(2) **지팡이가 없는 경우**(지팡이가 있는 경우와 같은 논리)

① 건강한 손으로 계단 손잡이를 잡고, 건강한 쪽 다리부터 계단을 딛고,

② 건강한 다리에 체중을 실어, 불편한 다리를 계단에 올린다.

2) **내려갈 때**

(1) **지팡이가 있는 경우**(평지를 걸을 때와 동일) ☆

① 지팡이 → 마비된 다리 → 건강한 다리의 순으로 계단을 내려간다.

---

50) 이 순서를 통해 지팡이가 먼저 체중을 지지할 안정적인 지지점을 확보해 주고, 불안정한 다리를 움직일 때 낙상을 예방하여 안전하게 보행할 수 있기 때문이다. 이는 계단을 내려가거나 버스에서 내릴 경우도 마찬가지이다.

51) 올라갈 때 지팡이 다음에 건강한 다리를 먼저 내딛는 것은, 체중이 지팡이와 건강한 다리에 분산되어 불편한 다리에 가해지는 부담을 줄일 수 있어, 몸의 중심을 안정적으로 유지할 수 있기 때문이다.

② **버스 내릴 때**도 동일하다.

(2) 지팡이가 없는 경우(지팡이가 있는 경우와 같은 논리)

① 건강한 손으로 계단 손잡이를 잡는다.

② 불편한 쪽 → 건강한 쪽 순으로 다리를 내린다.

다. (일반) 보행기[52] 사용 p467

1) 보행기 사용 시 주의 사항

① 보행기의 손잡이, 고무받침이 닳지 않았는지 확인한다.

② 접이식 보행기는 펼친 후 잠근 버튼이 채워졌는지 확인한다.

③ 보행기의 높이는 30도 구부러지도록 대상자의 엉덩이 높이로 조절한다.

2) [보행기 이동 방법] ☆

(1) 모두가 약한 경우의 이동 순서

① 보행기를 앞으로 한걸음 정도 옮긴다.

② 오른발을 보행기 쪽으로 옮긴다.

③ 왼발을 오른발이 나간 지점까지 옮긴다.

(2) **한쪽 다리만 약한** 경우의 이동 순서

① 약한 다리와 보행기를 동시에 한 걸음 정도 이동[53]한다.

② 보행기와 약한 다리에 체중을 실으면서 건강한 다리를 옮긴다.

(3) 요양보호사는 대상자의 뒤쪽(불편한 쪽)에 비스듬히 서서 속도를 맞춰 걷는다.

6절   복지용구(1~2문제가량 출제-실기)

- 노인과 장애에 대한 이해 및 [복지용구의 종류] p471 ☆

품목명	구입 품목 10종 (상대적으로 저렴하거나 소모적이거나 배타적 사용의 특징)		대여 품목 6종	구입 혹은 대여 품목 2종 ☆
	ⅰ 이동 변기	ⅶ 미끄럼방지 용품	ⅰ 휠체어	ⅰ 욕창 예방 매트리스
	ⅱ 목욕 의자	ⅷ 자세 변환 용구	ⅱ 이동 욕조	ⅱ 경사로
	ⅲ 성인용 보행기	ⅸ 욕창 예방 방석	ⅲ 목욕 리프트	- 실내용: 구입 품목
	ⅳ 안전 손잡이	ⅹ 요실금 팬티	ⅳ 배회감지기	- 실외용: 대여 품목
	ⅴ 간이변기		ⅴ 전동침대	
	ⅵ 지팡이		ⅵ 수동침대	

---

52)   성인용 보행기 가운데 하나인 '일반 보행기'는 '보행기'라는 말로 통상 쓰인다.

53)   이처럼 약한 발이 보행기와 동시에 내딛는 것은 보행의 안정성을 확보하고 낙상 위험을 줄인다.

1) [배설 관리 관련 복지용구] p472

① 이동 변기

- 변기통은 탈부착이 가능하고 팔걸이와 등받이가 있어야 한다.
- 뜨거운 물로 세척 하거나 소독약으로 세척할 수 있는 재질이어야 한다.
- 변기통은 세척 후 본체와 함께 서늘한 곳에 보관해야 한다.
- 변기 한쪽 손잡이만 잡고 일어서거나, 덮개에 기대지 않아야 한다.
- 앉았을 때, 발이 바닥에 닿고 무릎이 90도가 되는 높이로 조절한다.

② 간이변기

- 이동이 불편한 대상자가 침대 위에서 용변을 해결하기 위해 사용하는 용구이다.
- 반듯이 누워서 사용하며, 사용 후 덮개로 입구를 막았을 때 새지 않아야 한다.
- 열탕으로 소독할 수 있도록 충분한 내열성을 가져야 한다. ☆
- 소변기는 양을 측정할 수 있게 눈금이 있어야 하며, 흰색이나 투명해야 한다.

③ 요실금 팬티

- 일반 섬유 팬티에 흡수 소재나 방수 패드가 부착되어, 세탁 후 반복 사용이 가능하다. ☆
- 기저귀를 사용하고 싶지 않은 사람에게 적합하다.
- 흘림량이 500ml 이상이거나, 자주 세탁하기 어려운 사람은 사용을 피해야 한다.
- 흡수 소재 부착형은 흡수량이 적어 소변량이 적은 사람에게 사용해야 한다.

2) [옮기기 및 이동 관련 복지용구] p478

① 수동 휠체어

ⅰ 보행 불가능하거나 장시간 보행이 불가능한 경우에 사용한다.

ⅱ **휠체어를 사용하지 않을 시**에는 반드시 잠금장치를 한다.

ⅲ 휠체어는 접은 상태에서 보관한다.

ⅳ 뒷타이어의 공기압을 적절히 유지(엄지로 눌렀을 때 0.5cm 들어가는 상태)한다. ☆
   - 공기압이 **너무 낮으면**, 잘 굴러가지 않고 잠금장치의 기능이 떨어진다.
   - 반면 **너무 높으면**, 진동 흡수가 잘되지 않는다.

ⅴ **휠체어의 잠금장치가 작동을 제대로 안 할 경우의 대책**

- 타이어 공기압을 확인하고, 잠금장치 고정볼트를 조절한 후 고정한다. ☆

② 성인용 보행기 p481

ⅰ **일반 보행기**

- 보행이 불편한 경우에 사용하는 것으로, 대체로 안정성이 높은 편이다.

- 바퀴가 있는 보행기는 잠금장치가 있어야 한다.
- 사용 전에 볼트가 고정되어 있는지 확인해야 한다.
- 팔과 손을 이용하여 다리에 체중의 부하 없이 이동이 가능하다.
- 느린 걸음으로 걸어야 한다.

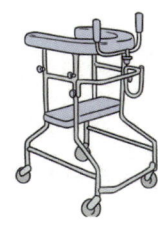

ii **보행 보조차**

- 이른바 실버카, 어느 정도 균형 감각과 보행 능력이 있는 대상자에게 적합하다.
- 손과 팔 지지대는 체중 지지 기능이 거의 없으며, 가장 불안정한 보행 보조기구이다.
- 다른 것에 비해 빠르게 걸을 수 있으며, 잠금장치 손잡이가 있다. ☆
- 휴식을 취하고 간단한 물건을 실을 수 있도록 의자와 장바구니가 달려 있다.

iii **보행차**

- 잘 걷지 못하는 대상자의 체중을 지지하고 균형을 잡아 주는 것으로, 실내에서 사용한다.
- 지팡이로 연습하기 전 단계(지팡이보다 안정성이 강함)에서도 사용한다.
- **뒤로 잘 넘어지거나, 반신마비인 경우**는 신중히 사용해야 한다. ☆

③ **지팡이**

- 지팡이는 고무받침이 닳았는지, 손잡이가 안전한지 등을 확인해야 한다.
- 지팡이로 바닥을 짚은 상태에서 **팔꿈치를** 20~30도 정도 **구부린다**.
- 길이는 바닥 면에서 신체의 둔부 높이로 하는 것이 적당하다. ☆
- **한발 지팡이**는 균형 감각을 향상하는 데는 좋으나 안정성이 떨어진다.
- **네발 지팡이**는 기저면이 넓어 체중을 지지하는 데에 도움이 된다.

④ **안전 손잡이**

- 신체 균형의 유지와 자립성을 높여 낙상을 예방한다.
- 표면에 미끄럼방지가 되어 있어야 하고, 날카로운 돌출부와 가장자리가 없어야 한다.

⑤ **경사로**

- 휠체어 사용 대상자의 이동성을 확보하고 안전사고를 예방한다.
- 실내용(구매)과 실외용(대여)이 구분되기에, 경사로는 동시에 대여와 구매가 가능하다. ☆

3) **[목욕 관련 복지용구]** p488

① **목욕 의자**

- 앉는 면이 높지 않고, 등받이와 팔걸이가 있으며, 기대어도 안정적인 것이 좋다. ☆
- 물에 녹슬지 않은 소재로, 엉덩이 부위가 미끄러지지 않은 재질이어야 한다.
- 가벼운 플라스틱보다는 금속이나 목재가 좋다.

- 의자 부분에 구멍이 있거나 홈이 파여 물이 흐를 수 있어야 한다. ☆

② 목욕 리프트
- 입욕 시 높낮이를 조절하여, 다리 불편한 대상자에게 도움을 준다.
- 충전용 배터리로만 목욕 리프트 전원으로 사용해야 한다(감전 예방).
- 녹이 슬지 않은 재질이어야 한다.
- 등받이 각도와 높낮이가 자동으로 조절되어야 한다.

③ 이동 욕조
- 침대 위나 거실 등에서 목욕할 수 있게 돕는다.
- 평평하고 이물질이 없는 장소에서, 한 번에 한 사람만이 사용한다. ☆
- 욕조를 잡고 일어나거나 앉지 않는다.
- **응급상황 발생 시** 밸브를 열어 즉시 물을 뺀다. 공기밸브를 열어 준다. X

④ 미끄럼방지 용품
- 미끄럼방지 매트, 미끄럼방지 테이프, 미끄럼방지 액, 미끄럼방지 양말이 그것이다.
- 미끄럼방지 매트는 물기를 머금지 않은 상태에서 설치되어야 한다.

4) [욕창 예방 관련 복지용구] p494
① 욕창 예방 방석 - 오래 앉아 있거나, 휠체어를 이용할 때 욕창 예방에 도움을 준다.
② 욕창 예방 매트리스(24시간 작동함) ☆
- 누운 상태에서의 압력을 분산하고 통풍을 원활하게 하여 욕창을 예방한다.
- 대상자 등과 엉덩이 밑에 손을 넣어, 매트리스의 정상 동작을 하루에 한 번은 확인한다. ☆
- **찜질기 등과 같은 열을 발산하는 제품과** 함께 사용하지 않는다.
- 구매나 대여를 할 수 있는 품목으로, 구매와 대여를 동시에 할 수는 없다. ☆
③ 자세 변환 용구
  ⅰ **자세 변환용 시트**
    - 쉽게 깔고 사용할 수 있어야 하고, 마찰이 적은 재료여야 한다.
  ⅱ **자세 변환용 쿠션**
    - **쿠션의 지퍼**는 신체에 접촉하지 않도록 감춰져 있어야 한다.
    - **커버**는 분리·세척이 가능해야 하며, 소독할 수 있고, 변색과 탈색이 되지 않아야 한다. ☆
    - 내부 충전재가 밖으로 나오지 않아야 한다.
    - **쿠션**이 너무 딱딱하거나 미끄럽지 않아야 한다.

5) 침대 관련 복지용구 - **[침대]** p497
   - 바퀴가 구르지 않도록 항상 잠금장치를 잠가 둔다. ☆
   - 대상자가 떨어지지 않도록 침대 난간을 세워 고정한다(낙상 예방).
   - 침대 난간을 잡고 침대를 움직이거나, 난간에 지탱하여 오르거나 내리지 않는다.
   - 크랭크 손잡이의 주변 공간을 확보해 두며, 크랭크 손잡이는 회전 방향 표시에 따라 작동하고 회전이 멈춘 상태에서 강제로 움직이지 않는다. ☆
   - **사용하지 않을 때**는 침대 높낮이를 가장 낮은 위치에 오도록 한다.
   - 대상자 역시 침대 난간에 기대지 않게 해야 한다.
   - 부착된 식탁을 사용하지 않을 시에는 안전하게 접어놓는다.

6) 안전 관련 복지용구 - **[배회감지기]** p500
   - 치매 대상자의 배회로 인한 실종을 예방한다.
   - **위성항법장치형(위치추적 서비스) 배회감지기**는 목걸이형과 손목밴드형이 있으며, 물에 젖으면 오작동이 발생하므로 사용에 주의한다.
   - **매트형 배회감지기**는 침대나 바닥에 설치한다(걸려 넘어지는 것 조심). ☆
   - 항상 전원과 작동 상태를 확인한다. ☆

3문제가량 출제- 실기

1절 **[일상생활 지원 원칙(기본 원칙)]** p510~512

① 대상자의 욕구를 파악하여 요구에 맞는 서비스를 지원한다.

② 대상자 스스로 할 수 있도록 유도·격려하고, 스스로 할 수 없는 것만을 지원한다.

③ 요양보호사 판단으로 결정하지 않고, 반드시 대상자에게 설명하고 동의를 얻는다.

④ 물품 사용 시 동의를 얻어서 사용하고, 함부로 옮기거나 버리지 않는다. ☆

⑤ 서비스 제공에 대해 상세히 기록한다.

⑥ **신체활동 지원이 필요 없는 대상자**는 일상생활 지원만 제공하며, **신체활동 지원이 필요한 대상자**는 신체활동과 일상생활 지원을 함께 제공한다. ☆

2절 **식사 관리**

1. **식사 관리의 기본** p513

가. **[대상자의 특징과 그에 따른 식사 관리의 원칙]**

① 에너지 요구량이 감소하므로, 적정한 양을 제공하여 건강한 체중을 유지한다.

② 소화능력이 감소하기에, 소화하기 쉬운 식품과 조리법을 선택하고, 조금씩 자주 섭취한다.

③ 저작이 불편하기에, 부드럽게 조리하고 크기를 작게 한다.

④ 침 분비가 감소하므로, 약간 국물이 있거나 촉촉하도록 조리한다.

⑤ 감각기능이 퇴화하기에, 짜지 않도록 다양한 향신료를 사용한다.

⑥ 식욕이 저하하기에, 향, 색, 모양이 다양한 식재료와 조리법을 이용한다.

나. **기타 고려 사항**

- 약물이 때로 식욕과 영양소 효율을 감소시키므로 부족한 영양소가 없도록 한다.

2. **영양소 섭취 기준과 급원 식품** p514

① 고령자가 과잉으로 섭취하는 영양소는 나트륨으로, 제한이 필요하다.

② 단백질은 소화가 잘되고 단백질 함량이 높은 식품(생선이나 두부)을 사용한다.

③ 변비 예방을 위해 채소와 잡곡을 섭취한다.

④ 콜레스테롤과 동물성 지방이 많은 식품을 제한한다.

3. 식사 준비 p525

가. 식사 준비의 기본 원칙

① **식단, 식재료의 구매** 등은 대상자와 함께 상의한 후 결정한다. 보호자와 함께 X

② **독거노인 대상자**인 경우, 한 번에 섭취할 수 있는 양만큼 나누어 준비한다.

③ 대상자의 식사와 관련된 특이 사항을 기록한다. ☆

나. 식재료 구매 방법

① 식단을 작성한 후, 필요한 식재료의 종류와 양을 결정하여 구매 목록을 만든다. ☆

② 구매 시 유통기한과 영양표시, 보관 방법 및 보관 상태를 반드시 확인한다.

다. [음식 조리 시 고려 사항 및 조리 방법] p526~529 ☆

① 전 처리

- 식재료 세척 시에는 수용성 비타민의 손실을 줄이기 위해 적은 물로 빨리 씻는다.

- **질긴 식재료**는 씹기 편하도록 적절히 절단한다.

② 다양한 조리 방법 p527

i 볶기

- 당근, 호박, 토마토 등은 기름에 볶으면 소화 흡수율을 높일 수 있다.

- 지방이 적은 육류를 채소와 함께 볶으면 섬유소, 비타민, 무기질 보충이 된다.

ii 삶기

- 수용성 성분과 맛이 국물에 우러나므로 조리 수를 많이 잡지 않는다.

- **육류**는 오래 삶으면 부드러워지나, **생선**은 질기고 딱딱해진다. ☆

iii 튀기기 - 노인은 지방 흡수력이 낮으므로 기름기가 적은 방법을 선택한다.

iv 생채, 샐러드

- 샐러드에 고기나 견과류, 요구르트 등을 첨가하면 채소의 부족한 영양소를 보충한다.

- 식욕을 돋우기 위해 식초나 소스로 무침을 한다. ☆

v 찌기

- 맛과 영양분의 용출이 적고 재료를 부드럽게 하며 모양을 유지하는 장점이 있다.

- 처음에는 센불로 하다가 익힌 후 약불로 줄여서 찐다. ☆

vi 굽기

- 식품 자체의 성분이 용출되지 않으므로 식품 고유의 맛을 느낄 수 있다.

- 오래 구우면 수분이 모두 빠져나와 딱딱해지는 단점이 있다.

vii **나물무침**

  - 데쳐서 참기름이나 들기름을 넣어 무치면 지용성 비타민을 보충한다.

  - 두부나 해산물을 넣어 무치면 맛이 좋고 단백질을 보충한다.

③ **나트륨을 줄이는 조리 방법** p528

  - 양념 맛보다는, 식품 자체의 맛을 강조하며 가공식품을 적게 섭취한다.

  - 두부와 가공식품은 끓는 물에 데쳐서 사용한다.

  - 무, 버섯으로 만든 채수나, 멸치, 마른 새우, 다시마로 만든 육수를 사용한다.

  - **국수 등 면을 삶을 때** 소금 간을 따로 하지 않는다.

  - **나물류**는 먹기 직전에 무쳐서 제공한다.

  - 마늘, 파, 생강, 양파 등의 향미 채소를 이용하거나 매실청, 식초, 들기름, 참기름 등을 이용하여 상큼하고 고소한 맛을 더한다.

  - **배추김치**는 생채나 겉절이를 이용한다.

  - 음식은 약간 식은 후 간을 맞추며, 국은 국물보다는 건더기 위주로 제공한다.

④ **먹기 쉬운 조리 방법** p528

  i 씹기 쉽고 소화하기 쉬운 식재료를 사용한다.

  ii 단단하고 질긴 식재료를 부드럽게 조리한다.

    - 비빔밥 위의 달걀 프라이를 → 연두부나 달걀찜으로 바꾸는 것이 좋다.

    - 육류 요리 시 키위나 배를 갈아 넣는다.

    - 질긴 부위(사태나 양지)는 낮은 온도로 뭉근하게 오랜 시간 조리한다.

  iii 단단한 식재료를 작게 자르거나 육류는 결 반대 방향으로 자른다.

  iv 튀김 옷 반죽의 농도를 조절하여 튀김이 단단하지 않도록 한다.

⑤ **영양밀도를 높이는 조리 방법** p528, 529

  i 부족한 칼슘, 비타민A, B1(티아민), B2(리보플라빈), C, D 등이 풍부한 재료를 사용한다.

  ii 나물무침에 으깬 두부를 넣어 단백질을 보충한다.

  iii 생선조림에 우유를 넣으면 칼슘을 강화하고 비린내도 줄일 수 있다.

  iv **샐러드 드레싱**은 마요네즈 대신 첨가물을 넣지 않은 플레인 요구르트를 이용한다.

4. **[주요 질환별 식사 관리]** ☆

가. **당뇨병 대상자의 식사 관리** p529, 530

  ① 매일 일정한 시간에 알맞은 양의 음식을 규칙적으로 먹는다.

  ② 단순 당질(설탕, 엿, 꿀)을 피하고, 복합 당질의 식품을 선택한다. ☆

  ③ 흰밥보다는 잡곡밥, 과일주스보다는 생과일 생채소가 좋다.

  ④ 혈당지수가 높은, 흰쌀밥, 떡, 찐 감자, 흰 식빵, 수박 등을 피하고, 혈당지수가 낮은, 보리밥, 우유, 사과, 대두, 미역 등을 섭취한다.

⑤ 혈당 상승 예방과 콜레스테롤을 낮추는 효과가 있는 식이섬유를 섭취한다.

⑥ 지방을 적정량 섭취하며, 무기질과 비타민 등을 충분히 섭취한다.

⑦ 염분 섭취를 줄이며, 술은 열량만 높고 영양소는 없으므로 피하는 것이 좋다.

나. 고혈압 대상자의 식사 관리 p530~532

① 체중 조절을 위해 적절한 열량을 섭취한다.

② 카레 가루를 입혀 구운 삼치 같은 저염식이를 섭취한다.

③ 채소, 과일, 감자 등의 칼륨이 많이 든 음식을 적절히 섭취한다. ☆

④ 동물성 지방의 섭취를 줄인다.

⑥ 복합당질과 섬유소가 든 음식, 칼슘이 충분한 음식을 섭취한다. ☆

다. 저작 및 연하 곤란 대상자의 식사 관리 p532, 533

① 식사 시 주의사항 ☆

- 국수류는 적당한 크기로 잘라 먹고, 떡류는 잘라서 천천히 먹는다.

- **과일류**는 잘게 잘라 먹거나 숟가락으로 긁어 먹는다. ☆

- **유제품**은 마시는 것보다 떠먹는 형태의 것을 선택한다. ☆

- 머리는 정면을 향하고, 고개는 약간 앞으로 숙이고 턱은 몸통 쪽으로 약간 당긴다.

- 한 번에 조금씩 먹고 여러 번에 걸쳐 삼키게 한다. ☆

- 작은 숟가락으로 천천히 식사하고, 식사 도중에 이야기하지 않는다.

- 식사 후 바로 눕지 말고, 30분 정도 똑바로 앉아 있게 한다.

② 저작 및 연하 곤란의 예방을 위한 식생활 수칙

- 소량씩 자주, 천천히 먹게 하고, 식사 시간이 30분을 넘게 하지 않는다.

- 젓가락보다는 작고 평평한 숟가락을 사용한다.

- **물을 마실 때**에는 빨대를 이용하거나 점도증진제를 사용해서 먹는다.

- 식사 도중 머리를 젖히는 일이 없도록 한다.

라. 변비 대상자의 식사 관리 p534

① 섬유소가 많은 통곡류, 생과일, 생채소, 해조류나 견과류 등을 충분히 섭취한다. ☆

② 물을 하루에 6~8잔가량 충분히 마신다.

③ 규칙적인 식사(화장실 가기 전 따뜻한 음료 섭취도 도움)와 배변 습관을 갖는다.

④ 칼슘보충제는 적당량의 식이섬유 섭취와 더불어 충분한 물과 함께 복용한다.

※ 변비 완화에 도움이 되는 음식

- 보리, 고구마, 콩류, 떠먹는 요구르트 등 발효 유제품

마. 골다공증 대상자의 식사 관리 p534, 535

① 칼슘이 풍부한 음식을 충분히 섭취한다.

- 우유, 유제품을 하루 1회 이상 섭취한다.

- 콩이나 두부, 색이 진한 녹색 채소와 해조류를 충분히 섭취한다.

② 칼슘 흡수율을 높이는, 비타민D가 풍부한 음식을 섭취한다.

③ 칼슘 배출을 촉진하는 절임음식(많은 나트륨은 칼슘을 배출), 커피나 탄산음료 섭취를 피한다.

3절 식품, 주방 위생 관리

1. [식중독 예방 6대 수칙] p536~538 ☆

① 손 씻기

- 조리 전, 조리 중, 식품이 바뀔 때 등의 경우에는 흐르는 물에 30초 이상 세정제를 이용하여 손가락과 손 등까지 깨끗이 씻는다.

② 가열하여 익혀 먹기 ☆

- **육류, 가금류, 생선류, 달걀** 등은 중심 온도가 75도에서 1분 이상으로 익힌다.

- **조개 등 어패류**는 중심 온도가 85도에서 1분 이상으로 익힌다.

- **냉장고에 보관했던 죽이나 미음** 등은 75도에서 1분 이상으로 익힌다.

③ 물은 끓여서 먹기

④ 세척·소독하기

- 채소와 과일은 물에 최소 1~2분 담근 후 흐르는 물에 3회 이상 씻는다. ☆

- 세척제는 5분 이상 담그지 않고, 깨끗한 물로 30초 이상을 헹군다.

⑤ 구분 사용하기

- 도마가 한 개만 있을 때는 과채류 → 육류 → 생선류 → 닭고기 순으로 이용한다. ☆

⑥ 보관 온도 지키기

- **냉장고** 온도는 5도 이하, **냉동고**는 -18도 이하로 유지한다.

- 조리한 식품을 실온에 2시간 이상 방치하지 않는다.

2. 식품의 위생 관리

가. 안전한 장보기 p538

① 장보기는 냉장이 필요 없는 식품부터 구매한다.

- **쌀, 통조림 등** → 채소 및 **과일** → **냉장·냉동 가공식품** → **육류** → **어패류** → **즉석식품** 순이다. ☆
② 고기, 생선, 채소, 과일을 각각 포장하여, 서로 닿지 않게 바구니에 담는다.
③ 장보기 시간은 1시간 이내로 한다.

나. [식품별 보관 방법] ☆ p539
유통기한이 지나거나 부패·변질한 식품은 반드시 대상자나 가족에게 내용 설명 후 폐기한다.

1) 육류·가금류
- **육류와 가금류**는 완전히 밀봉하거나 밀폐용기에 담아, 냉장·냉동 보관한다.
- **냉동 보관할 때**는 한 번 먹을 만큼씩 나누어, 완전히 밀봉 후 보관한다.
- **한 번 녹인 고기**는 다시 얼리지 않는다.

2) 생선과 조개류
- **생선류**는 내장을 제거하고 물로 씻은 후 물기를 제거하고, 냉동·냉장 보관한다.
- **조개류**는 흐르는 수돗물로 깨끗이 씻은 후, 냉동·냉장 보관한다.
- **녹인 생선**도 다시 얼리지 않는다.

3) 달걀
- 씻지 않은 상태로 전용 용기에 담아 냉장실에 보관한다. 둥근 부분이 위쪽으로 가게 놓는다.

4) 채소류
- 냉장 보관 시에는 흙, 이물질을 제거한 후 밀폐용기에, 담아 보관한다.
- 씻은 채소는 물기를 제거한 후 밀봉하여, 냉장실에 보관한다.
- 데친 채소는 한 번씩 먹을 만큼 밀폐용기에 담아, 냉동 보관한다.
- **감자와 고구마**는 통풍이 잘 되고, 서늘하고 어두운 곳에 보관한다. ☆

5) 과일류
- **열대과일**(망고, 키위, 바나나, 오렌지, 파인애플, 아보카도 등)이나 **후숙 과일**(감, 복숭아, 무화과, 토마토 등)은 실온에서 보관한다. ☆
- **일반 과일**은 냉장실에 보관한다.
- **수박**은 적당한 크기로 잘라 밀폐용기에 담아 냉장실에 보관한다.

6) 두부
- 찬물에 담가 냉장실에 보관한다. (포장두부는 그대로 냉장 보관)

7) 우유·유제품
- 10도 이하의 냉장실에 보관한다.

8) 조리 음식
- 밀폐된 용기에 담아서, 날음식과 구분하여 보관한다.

다. **냉장·냉동 식품 보관** p540

- 냉장고 문을 자주 열지 말고, 냉기의 순환을 위해 용기 사이를 띄어 놓는다.
- 뜨거운 음식은 완전히 식혀서 냉장고에 넣는다.
- **육류, 생선류 등을 오래 보관할 때**는 냉동실 안쪽에 보관한다.
- 냉동보관 시에는 완전히 밀폐하여 보관한다.
- **상한 식품이 보이는 경우**는 냉장 온도와 다른 음식의 상태를 점검한다.

라. **[안전한 조리를 위한 방법]** p542

① 생으로 먹는 과일이나 채소는 100ppm 농도로 희석된 소독액으로 소독한다.
② 냉동식품은 사용 12~24시간 이전에 냉장실로 옮겨서 천천히 해동한다.
   - **냉동 채소나 만두** 등은 냉동 상태로 조리와 해동을 함께 한다.
   - 식중독균이 증식하므로 상온에서 해동하거나 따뜻한 물로 해동하지 않는다.
   - 해동한 식품은 다시 냉동하지 않는다.
③ 교차오염 방지를 위해 자주 손을 씻고, 조리도구를 구분하여 사용한다.
④ 조리된 식품 취급 시 일회용 장갑을 착용하고, 먹을 만큼 그릇에 덜어서 먹도록 한다.

3. **식기 및 주방의 위생 관리** p543

가. **[올바른 식기 세척 방법]**

- **기름기가 많은 그릇**은 휴지로 기름기를 먼저 제거한다. ☆
- **기름기가 적거나 음식물이 덜 묻은 그릇부터** 설거지한다. ☆
- 유리컵 → 수저류 → 밥그릇, 국그릇 → 반찬 그릇 → 프라이팬의 순서로 한다. ☆

나. **[올바른 주방 위생 관리 방법]**

1) **냉장고**
   - 변색하거나 냄새나는 음식, 유통기한이 지난 식재료 등은 버린다.
   - 식재료 간 교차오염이 없도록 정리하고, 적어도 월 1회는 청소한다. -분기별 1회 X
   - 분리할 수 있는 서랍, 선반 등은 꺼내서 따뜻한 비눗물로 세척한 후 건조한다.

2) **찬장 또는 조리대**
   - 자주 환기하고, 냄새와 곰팡이는 세척·건조한 후 희석한 알코올(소독제)로 닦는다.
   - 식초 X

3) **수세미와 행주, 앞치마**
   - **수세미**는 스펀지형보다 그물형이 더 위생적이다. ☆
   - **삶을 수 없는 수세미**는 소독제를 희석한 물에 담가 두었다가 건조한다.
   - **행주**는 세척 후 삶아서 건조한 후 보관한다.

- **앞치마**는 조리용과 청소용으로 구분하여 사용한다.

4) **고무장갑**

- 고무장갑 역시 조리용과 비조리용(청소용)으로 구분하여 사용한다. ☆

- 사용한 후엔 뒤집어 세제로 깨끗이 씻고, 손가락 부분 사이사이까지 씻어서, 말린다. ☆

5) **배수구**

- 조리 후 찌꺼기 거름망을 비우고 주방용 세제와 솔로 닦는다. ☆

- 희석한 소독제를 부어 놓는다. X

6) **쓰레기통**

- 내수성의 뚜껑이 있는 용기를 사용하고, 일반쓰레기용과 음식쓰레기용을 구분한다.

- 자주 세척하고 건조한 후 사용한다.

4절 의복과 침상의 청결 관리 p546~548

1. [의복 관리] ☆

가. 의복 관리의 기본 원칙

① 속옷은 매일 갈아입고, **새로 구매한 의류**는 한 번 세탁한 후 사용한다. ☆

② **더러워진 의류**는 옷감의 종류와 세탁 방법에 따라 애벌빨래를 하여 세탁한다.

③ **얼룩이나 더러움이 심한 의류**는 즉시 세탁하고, 충분히 헹군다.

④ **감염이 의심되는 의류**는 다른 사람의 것과 구분하여 세탁한다.

⑤ **의류를 버릴 때**는 반드시 대상자에게 동의를 구한다.

⑥ **평소에 자주 입는 옷**은 서랍의 앞쪽에 정리해 두고, 대상자에게 장소를 알려 준다.

나. 의복의 선택 및 관리

① **의복**은 가볍고 느슨하며, 보온성이 좋은 것을 고른다. ☆

② 장식이 과하지 않고, **저녁 외출** 시에는 밝은색이 들어간 옷을 고른다. ☆

③ **신발**은 굽이 낮고 폭이 좁지 않으며, 뒤가 막혀 있는 것을 고른다.

④ 미끄럼방지 처리가 된 양말과 신발을 고른다.

⑤ **속옷**은 피부를 자극하지 않고, 흡습성이 좋은 소재를 고른다. ☆

2. [침상 청결 관리]

가. 침상 청결의 기본 원칙

① **침상을 정리**할 때 반드시 대상자의 동의를 얻는다.

② 대상자가 넘어지지 않도록 **발에 걸리는 물건**은 잘 치운다.

③ 대상자나 요양보호사에게 **필요한 물품**은 손이 닿는 위치에 둔다.

④ **수납 용기**에 물건의 이름을 적어서 물건을 찾기 쉽게 정리한다.

나. **침구의 선택 및 관리** ☆

1) **이불**

① 두껍고 무거운 것은 피하고, 따뜻하고 가볍고 부드러우며 보습성이 있는 것을 고른다. ☆

② **이불 홑청(커버)**은 감촉이 좋은 면제품이 좋다.

③ 자주 햇볕에 건조하면 살균이 되고 면이 팽창해 보온성이 증가한다(오전 10시~오후 2시).

④ **양모와 오리털**은 통기가 잘 되는 그늘에서 말린다.

2) **요(매트리스)**

① 단단하고 탄력성과 지지력이 뛰어나며, 습기를 배출할 수 있는 것[54]이 좋다. ☆

　- 너무 푹신하면 자세가 나빠지고 피로해지기 쉽다.

② 세균이나 집먼지진드기가 발생하므로 한 달에 한 번씩은 말린다.

3) **린넨류(시트, 베개 커버 등)**

① 시트는 튼튼하고 흡습성이 좋은 옅은 색의 면 소재가 좋다. ☆

② 주름이 생기지 않고, 요를 덮고 밑에 접어 넣을 수 있는 크기의 시트가 좋다.

③ 시트는 두껍고 풀을 먹이거나 재봉선이 있는 것은 욕창의 원인이 되므로 **피한다**. ☆

④ **외상 대상자**는 3~5일에 한 번씩은 세탁하여 햇볕에 말린다.

4) **베개**

① 습기를 흡수하지 않으며, 열에 강하고[55] 촉감이 좋은 재질이어야 한다.

　- 메밀껍질이나 식물 종자로 만들어진 베개가 좋으며,

　- 깃털이나 솜처럼 푹신한 베개, 목침이나 딱딱한 베개는 좋지 않다.

② 베개 높이는 척추와 머리가 수평이 되는 것이 좋다. ☆

③ 감염 대상자는 베개 덮개만 매일 교환한다.

---

54)　통기성을 좋게 하여 곰팡이와 미생물의 번식을 억제할 수 있기 때문이다.

55)　습기를 머금지 않고 열에 강한 베개는 수면 중 발생하는 땀과 체열을 빠르게 배출해 쾌적한 환경을 유지한다. 그 결과 열 축적과 습기로 인한 불편을 줄여 숙면에 도움이 된다.

1. 세탁의 기본 원칙

① 수선이 필요한 경우에는 수선 후 세탁한다.

② 세탁물은 옷감의 종류와 색상, 세탁 방법에 따라 분류하여 세탁한다. ☆

③ 세탁물을 통해 실금이나 하혈 등의 건강 상태를 확인하고, 이상이 있으면 보고한다.

2. 세탁 방법

1) 불리기

- 오염이 심한 경우, 바이오 세정 세제나 고형비누로 가볍게 문지른 후 불린다.

2) 본 세탁 전에 애벌빨래를 하는 경우

① 심하게 **오염된 빨래나 와이셔츠 소매와 목 부분**은 얼룩 제거제를 묻혀 살살 비빈다.

② **변실금으로 오염된 대상자의 속옷**은 본 세탁 전에 애벌빨래를 한다.

③ **얼룩이 묻었을 때**는 비비지 않으며, 생긴 즉시 얼룩 제거제를 사용하여 처리한다.

3) [의복과 옷감에 생긴 얼룩을 제거하는 방법] ☆

① **혈액이나 체액:** 찬물로 닦고 → 더운물로 헹군다(순서 조심). ☆☆

② **땀**

- 땀 부위를 2장의 수건에 끼우고 두드려 수건으로 얼룩이 옮겨 가게 한 후 세탁한다.

- **겨드랑이 땀**은 온수에 과탄산소다와 주방세제를 넣어 2~3시간 담근 후 헹군다.

③ **립스틱**

- 클렌징폼으로 문지른 후 온수로 헹구거나,

- 버터를 묻힌 후 아세톤으로 버터와 얼룩을 지운 후 중성 세제로 세탁한다.

④ **파운데이션:** 알코올이 함유된 화장수나, 스킨으로 얼룩을 두드려 준다.

⑤ **튀김 기름:** 주방용 세제를 몇 방울 떨어뜨리고 비벼서 제거한다.

⑥ **커피**

- 식초와 주방세제를 1:1로 섞어서 헹구거나,

- 탄산수에 10분 정도 담근 후 세탁한다.

※ 주요 세탁 표시

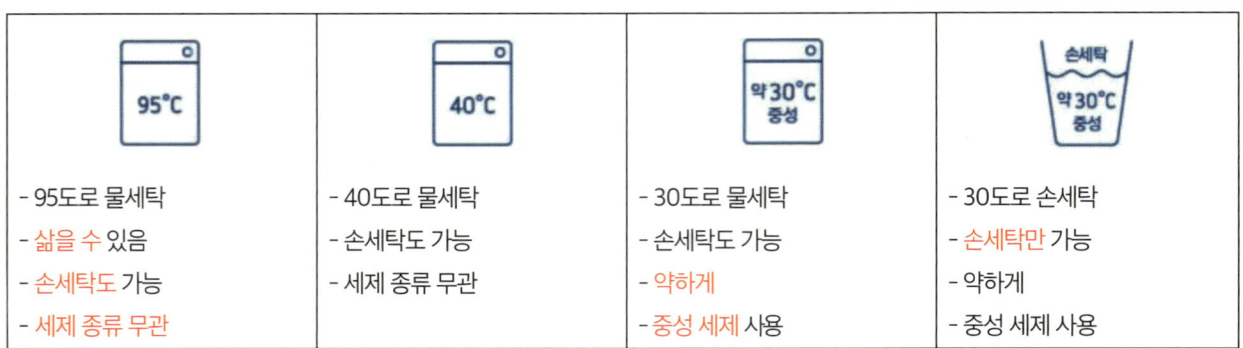

95℃	40℃	약30℃ 중성	손세탁 약30℃ 중성
- 95도로 물세탁	- 40도로 물세탁	- 30도로 물세탁	- 30도로 손세탁
- 삶을 수 있음	- 손세탁도 가능	- 손세탁도 가능	- 손세탁만 가능
- 손세탁도 가능	- 세제 종류 무관	- 약하게	- 약하게
- 세제 종류 무관		- 중성 세제 사용	- 중성 세제 사용

4) 삶기 방법

① 삶기 전에 먼저 세탁한다. ☆

② 세탁물이 공기층에 노출되지 않도록, 뚜껑을 덮고 삶는다.

③ **색이 빠질 우려가 있는 의류**는 비닐봉지에 넣고 묶은 후 다른 제품과 함께 삶는다.

④ 면직물 속옷, 행주, 걸레 등은 삶으면 때도 잘 빠지고 살균 효과가 있다.

5) **탈수 방법**: 지나친 탈수는 주름이나 의류 손상의 원인이 된다.

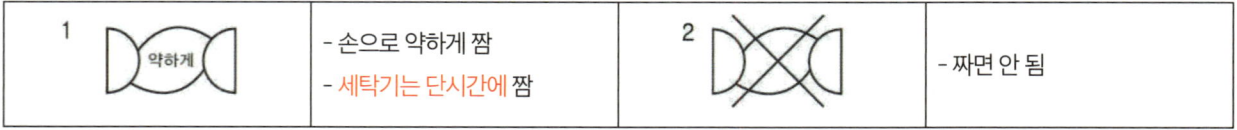

1 약하게	- 손으로 약하게 짬	2	- 짜면 안 됨
	- 세탁기는 단시간에 짬		

6) 헹구는 방법

- 시간과 물을 절약하기 위해 헹구기 전에 비눗기를 먼저 탈수한다.

- 헹굼은 2~3회가 적당하고, 마지막 헹굼에서 섬유 유연제를 넣는다.

- **냄새가 심한 세탁물**: 헹굼이 끝난 후 붕산수에 담가 뒀다가 헹구지 않고 탈수·건조한다.

7) 의복 건조하는 방법 ☆

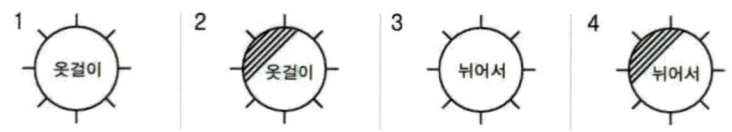

1번 표시는 흰색 면직물의 경우로, 햇볕에 건조하면 살균 효과가 있다.

2번 표시는 합성 섬유로, 색상, 무늬가 있는 경우인데, 그늘에서 말린다(변색 방지).

3번 표시는 니트류(스웨터 등)의 경우로, 통기성이 좋은 곳에서 채반에 펴서 말린다.

4번 표시는 청바지류의 경우로, 지퍼를 열고, 뒤집어서 말린다.

8) **의복 정리**

- 의복은 계절 및 용도별로 분류하여 정리한다.
- 사용 빈도가 적은 의복은 수납해 둔다.

9) **다림질 방법**

- 다리미가 **앞으로 나갈 때**는 뒤에 힘을 주고, **뒤로 보낼 때**는 앞에 힘을 준다.
- 다림질 후 습기가 없도록 완전히 말린다.
- 풀 먹인 천이나 스프레이식 풀을 사용할 때는 천을 깔고, 다린다.
- 옆의 표시: 원단 위에 천을 덮고, 80~120도로 다림질한다.

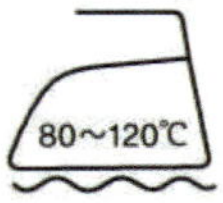

10) **[의복 보관하는 방법]**

① **해충·곰팡이에 의해 손상, 변색, 변질**을 막기 위해 2시간 이상 직사광선을 쐰다.

② **눅눅해진 의복:** 건조하고 맑게 갠 날 바람이 통하는 그늘에서 바람을 쐰다. ☆
햇볕에서 바람을 쐰다. X

③ 양복장이나 서랍 같은 용기에 실리카겔과 염화칼슘 방습제를 넣는다.
- **모섬유나 견섬유와 같이 흡습성이 큰 섬유**에는 **방충제**를 넣어 둔다.

④ 종류가 다른 방충제를 함께 넣어 사용하지 않는다(같이 사용하면 변색·변질됨). ☆

⑤ **방충제**는 공기보다 무거우므로 보관 용기의 위쪽 구석에 넣는다. ☆

⑥ **방충제**는 포장된 상태에서 꺼낸 다음 천이나 신문지에 싸서 넣는다.

6절 외출 동행 및 일상 업무 대행 p554~557

1. [외출 동행]

가. **기본 원칙**

- 대상자의 욕구를 확인하여 사전에 외출 계획을 세운다. ☆
- 대상자의 건강 상태를 고려하여 계획하고, 외출 후에는 만족도를 조사한다. ☆
- **대상자나 가족의 지나친 요구 시**에는 시설장 등에게 보고한다.

나. **외출 동행 방법**

1) **동행 전**

- 외출 목적과 장소를 파악하고, 교통정보, 교통수단 등을 숙지한다.
- 외출 시의 이동 보조 도구, 준비물과 개인 소지품 등을 점검한다.

2) 동행 중

- **예상치 못한 외부요인 발생 시,** 대상자 및 가족과 상의하여 대처한다.

- 도보 시, 보폭을 작게 하고, 계단은 몇 걸음에 한 번씩 쉬면서 천천히 이동한다. ☆

- 차량 이용 시, 대상자의 몸을 요양보호사와 밀착시켜서 안전하게 승차를 지원한다.

3) 동행 후

- 소지품과 의복 등을 제자리에 보관하고, 외출 동행의 만족 여부를 확인한다. ☆

- 대상자의 개인 소지품이 분실되지 않았는지 확인한다.

2. **[병원 동행]**

1) 동행 전

- 미리미리 예약하고, 병원의 위치와 교통편, 소요 시간에 대한 계획을 세운다.

- 신분증, 진료비 등을 준비하고, 대상자의 건강 및 복약 상태를 **보호자에게** 확인한다. ☆

2) 동행 중

- 진료 시 대상자가 증상을 설명하지 못하면, 보충하여 설명하여 준다.

- 의사의 치료와 관련된 지시 사항은 꼼꼼히 기록해 둔다.

- 약 복용에 대해서는 약사에게 물어서 정확한 복용법을 대상자에게 알려 준다.

3) 동행 후

- 약 복용법, 질병을 관리하는 법, 다음의 예약 일정 등을 알려 준다.

- 신분증, 진료비 영수증, 거스름돈 등을 돌려준다.

- 착용한 소지품, 의복 등을 정리하고 동행의 만족 여부를 확인한다.

3. **[일상 업무 대행]**

1) 동행 전

- 해당 업무 대행할 수 있는지 확인하고, 준비해야 할 정보나 자료, 경비를 점검한다. ☆

- 대상자에게 충분한 정보를 제공하고, 필요한 사항들에 협조를 구한다.

2) 동행 중

- 업무 대행 진행 상황을 수시로 확인하며, 요구 시에는 대상자와 담당자를 연계한다. ☆

- 요양보호사는 자신의 사적인 업무를 병행하지 않는다.

3) 동행 후

- 대상자에게 진행 과정과 처리결과를 전달하고, 만족 여부를 확인한다.

- 불만족하여 다시 요청하는 경우, 충분히 상의하여 진행한다.

4. **[정보 제공]**

- 대상자의 관심 있는 정보를 파악하고, 정보를 구하는 다양한 방법을 알아본다.

- 자료를 수집하고 알기 쉽게 정리하여 전달한다.

1. 대상자와 주거환경 - 노인에게는 특히 안전하고 편안한 공간이 요구된다.

2. [안전한 주거환경 조성] ☆

1) 현관

- 계단이나 문턱이 있는 경우, 경사로를 설치하고, 현관 입구를 넓게 확보한다.

- 조명은 현관 밖과 발밑을 비출 수 있게 설치한다.

- 현관 바닥은 미끄럽지 않은 소재를 사용한다.

- 문고리는 막대형으로 설치한다.

- 안전하게 신발을 신고 벗을 수 있도록 의자를 놓아 둔다.

- 장애물을 두지 않고, 야간에는 조명을 켜 둔다.

2) 거실

- 출입구의 문턱을 없애고, 햇볕이 잘 들고 가족을 볼 수 있는 곳이 좋다.

- 전기 코드 등은 벽 쪽에 고정하여 통행에 불편하지 않게 한다.

- 거실 바닥은 평평하게 하며, 가능한 한 물건을 놓아두지 않는다.

- 비상시를 대비하여 응급 호출기와 화재경보기를 설치한다.

3) 대상자의 방

- 화장실이나 욕실이 가깝게 위치하고, 출입구의 문턱을 없앤다.

- 자주 쓰는 물건은 항상 손 닿는 위치에 두고, 그림이나 사진은 안전하게 걸어 둔다.

- 창가에 물건을 두지 않고, 커튼으로 온도, 채광, 소음 등의 조절에 이용한다. 창가에 작은 화분을 둔다. X

- 사고, 재해 등에 대비하여 인터폰, 전화, 비상벨 등을 설치한다.

4) 부엌과 식당

- 출입구의 문턱을 없애고, 미끄럽지 않은 바닥 소재를 사용한다.

- 싱크대, 가스레인지, 자주 사용하는 물건은 대상자의 손이 닿는 높이로 조정한다.

- 깨지지 않거나 손잡이가 있는 그릇을 사용한다.

- 식탁보는 밝은 색으로 하며, 발에 밟히지 않는 길이로 조정한다.

5) 화장실과 욕실

- 출입구의 문턱을 없애고, 문은 깨지지 않는 재질로 한다.

- 안전 손잡이는 건강한 쪽, 양변기 옆과 세면대 옆 등에 설치한다.

- 높이가 낮은 욕조를 사용하며, 욕실과 욕조 바닥은 미끄럼방지 매트를 깐다.

- 화장실이나 욕실 바닥의 물기를 닦아 주고, 낮 시간대 동안에 환기한다.

6) 계단

- 계단 가장자리에 미끄럼방지 고무를 대고, 계단에 안전 손잡이를 설치한다.

- 일직선의 계단에는 쉴 수 있는 장소가 있으면 좋다.

- 계단에 그림자가 생기지 않게 발밑에 조명등을 설치한다. 계단에 작은 패드를 설치한다. X

3. [쾌적한 실내 환경 조성] ☆

1) **온도**

- 여름은 22~25도, 겨울은 18~22도 정도를 유지한다.

- 국소 난방보다는 전체 난방이 바람직하며, 대상자의 상태에 따라 맞게 조절한다.

- 혈압상승을 예방하기 위해서 방이나 복도, 화장실의 온도를 일정하게 유지한다.

2) **습도**

- 40~60% 정도가 적합하며, 습도 조절을 위해 적정 온도를 설정한다.

- **장마철**에는 제습기, **겨울철**에는 가습기를, **습기가 많은 곳**에선 환풍기를 사용한다.

3) **채광**

- 자연채광은 자외선에 의한 살균 효과가 있어서 신진대사를 좋게 한다.

- 직사광선을 차단하기 위해 커튼이나 블라인드를 사용한다. ☆

4) **조명**

- 야간에는 화장실, 계단, 복도에 조명을 켜 둔다.

- 계단에는 천장에 조명등을 설치하고, 무릎 아래쪽에 보조등을 설치한다.

5) **소음**: 큰 소리가 나지 않도록 소음 방지에 노력한다.

6) **환기** ☆

- 환기는 2~3시간 간격으로 하루에 3번, 최소한 10~30분 창문을 열어 둔다. ☆

- 바람이 대상자에게 닿지 않도록 간접 환기한다.

4. 청결한 주거환경 조성

1) **기본 원칙** - 청소할 때 반드시 상의하고 동의를 구한다.

2) **[청소하기]**

  ① **침실**

   - 진공청소기나 젖은 물걸레로 먼지를 제거한다.

   - 침상 시트나 침구는 아침에 정리한다. ☆

  ② **화장실** ☆

   - **바닥**: 일주일에 한 번 이상 소독제와 솔을 사용하여 닦아 준다.

   - **양변기에 물때가** 끼었을 때: 솔에 식초를 묻혀서 변기 안쪽을 닦는다.

   - **화장실 배수구**: 뚜껑을 솔로 씻고 물때를 씻어 낸 뒤 소독제를 희석한 물로 부어 준다.

  ③ **쓰레기 관리** ☆

   - **쓰레기통 냄새**: 식초를 수세미에 묻혀 닦은 후 물로 헹군다.

- 음식 쓰레기: 당일 버린다.
3) **물품과 주변 정돈**

5. [치매 노인 환경 지원 지침의 8개 영역·내용] p566

1) **지**남력 지원
  - 공간 입구에 이름표 등을 설치하여 알기 쉽게 한다.
  - 시계, 달력 등을 걸고, 창을 통해 자연과 일조의 변화를 파악하게 한다.

2) **기**능적인 능력
  - 스스로 할 수 있도록 환경을 만들어 주어, 자립 능력을 높여준다.
  - 스스로 식사하고 요리 등을 할 수 있는 환경을 만들어 준다.

3) **환**경적 자극의 질과 조정
  - 청각·시각·후각을 기분 좋게 자극하고, 실내를 부드러운 소재로 꾸며 기분 좋게 한다.
  - 불쾌한 소음이나 냄새를 최소화하고, 적절한 간접조명 등 안전 환경을 만들어 자극의 질을 조정한다.

4) **안**전·안심을 위한 지원
  - 큰 공간을 소규모로 나누어 안정된 공간을 제공하며, 직원이 지켜볼 수 있게 한다.
  - 턱을 없애는 등 잠재적 위험을 최소화하여 안전하게 생활할 수 있는 공간을 만든다.

5) **생**활의 지속성을 위한 지원
  - 익숙한 생활방식대로 살 수 있게 지원한다.
  - 사진이나 개인물품을 소지하게 하며, 가정적인 환경을 만든다.

6) **자**기 선택을 위한 지원
  - 대상자의 입장에서 수용하며 대응하고, 자신만의 공간을 선택하도록 한다.
  - **의자, 탁자 등의 소품을** 여러 곳에 배치한다. 한곳에 모아 둔다면 X

7) **사**생활 확보를 위한 지원
  - 방에서 개인적인 생활을 할 수 있도록 지원한다.

8) 대상자의 **교**류를 위한 지원
  - 만남을 유도하고 촉진하는 공간을 만들고, 만남의 계기가 되는 소품을 지원한다.
  - 사회와의 교류가 이어지도록 지원한다.

4부

상황별 요양보호 기술

15~17문제가량 출제-필기 2문제 포함

10문제가량 출제-실기

1. **치매 가족이 느끼는 부담[56]의 종류** p572~576

가. **정서적 부담** p573

　　① 분노, ② 무기력감, ③ 죄책감, ④ 우울증, ⑤ 소외감, ⑥ 불안감

나. **신체적 부담**

　　① 피로, ② 신체질환, ③ 수면장애

다. **가족관계의 부정적 변화**

　　① 가족관계 질의 변화: 부부관계의 긴장도가 증가하고, 자녀 양육에도 문제가 생긴다.

　　② 가족 갈등

　　③ 부정적 가족관계의 영향: 이는 치매 돌봄에 좋지 않은 영향을 준다.

라. **시간적 제약과 사회활동의 제한**

마. **경제적 부담**

2. **[치매 가족과의 의사소통 기법(앞의 의사소통 기법과 중복)]** p576~579 ☆

가. **공감**: 수긍의 감정을 정확히 표현하여 신뢰가 생기면 좋은 영향을 미치게 된다.

나. **관심 전달**: 지친 가족은 마음을 열고 편안함을 느끼게 된다.

다. **조언 및 정보 제공**: 이를 적절히 제공하여, 스스로 결정하게 하고, 최대한 지지한다.

---

56) ※ 치매 단계(i → ix)에 따른 가족 부양 특성과 부담 변화(p572 표)
　　- 어려운 문제를 출제하려 한다면 이 부분에서도 나올 수 있다(문제집에서 더러 나타남).
　　i 조기 증상 - 치매 증상의 점진적 진행
　　ii **진단** - 치매 증상 수용 노력 단계
　　iii **정신행동증상** - 부적응 단계
　　iv 도움 요청 - 지지 자원 물색 단계
　　v **실금** - 부양 위기 단계
　　vi 병원 입원 - 병원 수용 단계
　　vii **시설 입원** - 부양 고비 단계
　　viii **섭식 곤란** - 인공 섭식 고려, 치매 말기 단계
　　ix 사별과 애도 - 상실 단계

라. 나 전달법: 요양보호사는 이를 통해, 자신의 의사를 부드럽고 차분한 대화로 전달함으로써, 가족에게 대화의 중요성을 인식시킬 수 있다. 나아가 듣는 가족은 자신의 행동으로 요양보호사가 어떠한 상황에 놓이고 어떻게 영향받는지를 객관적으로 알게 됨으로써 자신의 역할을 효율적으로 수행할 수 있게 된다.

마. 힘 돋우기: 정신적으로 지친 가족에게 적절한 격려와 위로를 해 주는 것이다.

    1) 격려하기: "힘내세요.", "포기하지 마시고 계속하시면 좋은 결과 있을 거예요." 등의 말을 하는 것이다.

    2) 희망 부여하기: 다른 가족의 긍정적인 사례를 전하며, 힘이 되어 줄걸 확인시킨다.

2절 치매 대상자의 일상생활 지원 ☆☆

1. 치매 대상자의 약물(아리셉트, 엑셀론, 레미닐, 에빅사)요법 p580

    ① 완치라기보다는 증상을 늦추며, 치매 증상으로 고생하는 기간을 줄어들게 한다.

      - 약은 인지기능 개선에 도움이 된다고 가족에게 말하고, 규칙적으로 복용하게 한다.

      - 복용할 때, 약을 바꾸거나 늘일 때, **부작용**이 나타나면 메모하여 병원에 가져간다.

    ② 약물요법은 가족의 수발 부담이 줄어드는 효과를 가져온다.

2. 치매 대상자의 일상생활 돕기 기본 원칙 p581

    ① 따뜻하게 응대하고, 치매 대상자를 존중한다.

      - 정면에서 야단치거나 부정하거나 무시하지 않는다.

      - 대상자의 생활 자체를 소중히 여기며, 환경을 바꾸지 않는다(집에서 쓰던 이불을 쓰게 함).

    ② 규칙적인 생활을 하게 한다.

      - 대상자의 혼란을 줄이며, 정서를 안정시키고 병을 조기 발견하는 데 도움이 된다.

    ③ 대상자에게 남아있는 기능을 최대한 살린다(잔존 기능 유지).

      - 습관대로 해 오던 일을 하게 한다(자신의 방 청소 같은 일).

    ④ 대상자 상황에 맞는 요양보호를 한다(화분 물 주기를 하게 하여 움직이도록 유도).

    ⑤ 항상 안전에 주의한다(위험한 물건 치우고, 안전한 분위기 조성).

3. [치매 대상자의 식사 돕기] p582~584 ☆

가. 치매 대상자 식사 돕기의 기본 원칙

    ① 의치가 느슨한 경우에는 끼지 않는다(식도로 넘어가거나 기도를 막을 위험성 때문).

    ② 당뇨병이나 고혈압환자라면, 대상자가 접근할 수 없는 장소에 음식을 둔다.

    ③ 덜 흘리도록 그릇은 접시보다는 사발을 이용한다.

    ④ 투명한 유리 제품보다는, 색깔 있는 플라스틱 제품을 사용한다(안전과 시야 구분을 위함).

    ⑤ 소금이나 간장 같은 양념은 식탁에 두지 않는다.

⑥ **씹는 행위를 잊은 치매 대상자**(치매 말기)에게는

　　- 딱딱한 사탕이나 땅콩이나 팝콘을 피하고,

　　- 잘 저민 고기, 반숙한 달걀, 과일 통조림 같은 부드러운 음식을 제공한다.

⑦ 물과 같은 묽은 음식에 자주 사레 걸린다면, 좀 더 걸쭉한 액체 음식을 제공한다.

⑧ 치매 대상자가 졸려하거나 초조해하는 경우, 음식을 제공하지 않는다.

※ 치매 대상자가 식사하지 않으려 하는 경우의 확인할 사항

① 입안의 상처 유무, ② 틀니가 잘 맞는지, ③ 수저 사용법을 잊어버린 것인지, ④ 약물의 부작용으로 식욕이 떨어진 것인지, ⑤ 시력 문제로 음식에 혼란을 느끼는지, ⑥ 음식에 대한 인식이 있는지 등을 확인한다.

나. 치매 대상자의 식사 돕기 방법

1) 식사 전

① 식사 전에 요양보호사가 음식의 온도를 미리 확인한다(판단력이 부족하기 때문).

② 비닐로 된 식탁보나 식탁용 매트를 깔아 준다(흘리는 경우를 대비하기 위해).

③ 턱받이보다는 앞치마를 입히는 게 도움이 된다(옷을 깨끗이 유지하게 함).

④ 수저 사용이 어렵다면, 손으로 집어 먹을 수 있는 음식을 제공한다.

2) 식사 중

① 적당히 물을 준비하며, **흘릴 경우**는 빨대와 플라스틱 덮개가 부착된 컵을 사용한다.

② 손잡이가 크거나 고무 붙인 약간 무거운 숟가락을 쥐여 준다(숟가락이란 인식을 주기 위함).

③ 한 가지 음식을 먹고 난 후, 다른 음식을 내놓는다(혼란을 예방하기 위해).

④ 떠먹이는 대상자는 한 번에 조금씩 먹이고, 음식을 삼킬 때까지 충분히 기다린다.

3) 식사 후

① 섭취한 음식의 종류와 양을 정확히 기록한다.

② **식사하지 않아 체중이 감소하는 경우**는, 의료진에게 알리고 그 원인을 파악한다.

③ **체중감소 이유를 발견하지 못한 경우**는, 평소 좋아하는 음식이나 걸쭉한 형태의 고열량 액체 음식을 제공한다.

※ 치매 대상자의 식사 시 고려할 점

① 대상자의 식습관과 음식에 대한 기호를 최대한 반영하기(즐겨 먹던 반찬과 간식 제공)

② 안정된 식사 분위기를 조성하기(조용한 음악 틀기, 텔레비전 끄기)

③ 규칙적인 일과에 따라 식사하기(같은 장소와 시간에, 같은 식사 도구로)

④ 식탁에 앉으면 바로 식사하기(컵에 미리 물 준비, 생선 가시와 뼈 미리 제거하기) ☆

4. **[치매 대상자의 배설 돕기]** p584~586 ☆

가. **치매 대상자의 배설 돕기 기본 원칙**

① 배설 기록지를 작성하여 배설 시간과 양 등의 습관을 파악한다(요의·변의 못 느끼는 때).

② 대상자의 방을 화장실 가까운 곳에 배정하고, 화장실의 위치를 알기 쉽게 표시해 둔다.

③ 벨트나 단추 대신 조이지 않은 고무줄 바지를 선택하며, 빨리 마르는 옷이 좋다.

④ 가능하면 **낮**에는 기저귀를 착용하지 않는 것이 좋다(수치심 유발하기에).

⑤ **야간에 화장실 이용 시 고려할 사항**

- 쿠션이 있고, 시트나 등받이가 있으며, 바퀴가 없는 이동 변기가 좋다.

- 바퀴가 달린 변기라면 반드시 잠금장치가 있어야 한다.

- 간이변기를 사용한다. X(간이변기는 침대에서 내려오지 못하는 대상자를 위한 것)

⑥ 대소변 잘 가리면 칭찬하고, 실금해도 괜찮다고 격려한다.

나. **치매 대상자의 배설 돕기 방법**

1) **공통으로 적용되는 경우**

① 적절한 때(식사 전이나 외출 전)에 화장실 사용을 유도하며, 강요하지는 않는다.

② 하루 식사량과 수분 섭취량을 적당하게 유지한다.

③ 대상자가 **배뇨 곤란**이 있는 경우에는, 야간에 수분 섭취를 제한한다.

④ 손동작으로 뒤처리 방법을 시범으로 보여 대상자 스스로 실행하게 한다. ☆

2) **치매 대상자가 실금한 경우**

① 민감하게 반응하지 않으며, 비난이나 화를 내지 않는다.

② 가능한 한, 빨리 더러워진 옷을 갈아입힌다. ☆

③ 젖은 신체 부위를 씻고 말려 피부를 깨끗이 유지한다.

④ 자주 환기하고 요와 이불을 잘 말려 실금 후의 냄새를 관리한다.

⑤ 실금 사건, 섭취 내용 및 배설 상황 등을 기록하여 배설 리듬을 확인한다.

⑥ 배뇨 후 몸을 앞으로 구부려 주거나 치골 상부를 눌러 준다(방광을 비우도록). ☆

⑦ 실금이 나타나면, **일정한 간격으로 배뇨 훈련**을 하도록 한다. ☆

- **초기**에는 2시간마다 배뇨하게 하며,

- **점차 시간을 늘려**, 낮에는 2시간마다, 밤에는 4시간마다 하도록 한다.

⑧ 대변을 가리지 못하고 변실금이나 설사를 하는 경우

- 의료인과 원인을 확인하고 대변이 무르지 않도록 섬유질 섭취를 조절한다.

3) **치매 대상자에게 변비가 온 경우**

① 섬유질 많은 음식과 6~8잔 정도(1500~2000cc) 충분한 수분을 섭취하게 한다.

② 일정한 간격으로 변기에 앉혀 배변을 유도한다.

③ 손바닥으로 배를 마사지하여 불편감을 줄여 준다.

5. 치매 대상자의 개인위생 돕기 ☆

가. [치매 대상자의 목욕 돕기] p586 ☆

1) 치매 대상자 목욕 돕기의 기본 원칙

① 대상자를 도울 때는 부드럽게 대한다.

② 대상자에게 목욕을 강요하지 말고, 목욕 과정을 단순화한다.

③ 일정한 시간에 정해진 방법에 따라 목욕하면 대상자의 거부감[57]을 줄일 수 있다.

    - 목욕의 필요성을 주입한다. X

④ 요양보호사가 미리 온도를 확인한다.

⑤ 욕조 바닥과 욕실 바닥에 미끄럼방지 매트를 깔아 낙상을 예방한다.

⑥ 대상자를 혼자 머무르지 않게 한다(그러기 위해선 모든 물품 구비 후 목욕을 시작).

⑦ 욕조에 들어가는 경우 반드시 옆에서 부축한다.

2) 치매 대상자의 목욕 돕기 방법 ☆

① 대상자가 해야 할 일을 한 가지씩 제시하고 정중하게 대한다.

② 물에 거부 반응을 보인다면, 작은 그릇에 물을 떠서 장난치게 한다. ☆

③ 미리 욕조 내에 발목 정도 높이의 물을 받은 후 들어가게 한 다음 조금씩 채운다.

④ 운동실조증이 있다면, 샤워보다는 욕조 내의 목욕이 안전하다.

⑥ 대상자가 목욕을 거부하는 경우, 혼자서 목욕시키지 않는다(안전을 위해). ☆

    - 거부할 시 조금 기다렸다가 다시 시도한다, X(옷 입기 도움과 다름)

나. [치매 대상자의 구강위생 돕기] p587 ☆

1) 치매 대상자의 구강위생 돕기 기본 원칙

① 부드러운 칫솔을 사용하며, 삼켜도 상관없는 어린이용 치약을 쓴다. ☆

② 의치는 하루 6~7시간 정도는 제거하여 잇몸에 무리를 주지 않게 한다.

③ 편마비 대상자는 음식물이 한쪽에 모이지 않도록 신경을 써 준다.

2) 치매 대상자의 구강위생 돕기 방법

① 거울을 보고 칫솔질하게 하거나 옆에서 한 동작씩 시범을 보여 따라 하게 한다.

② 양치한 물을 뱉지 않는 경우, 칫솔이나 숟가락을 넣고 말을 건네어 뱉게 한다.

---

57) 치매가 진행됨에 따라 감각을 해석하는 뇌 부분이 영향을 받는데, 피부에 전해지는 수압을 고통스러운 것으로 해석하거나 샤워 또는 목욕 시 수온 조절에 어려움을 겪을 수 있기 때문이라고 한다.

③ 스스로 할 수 있는 대상자가 양치질을 거부하는 경우

    - 물 치약이나 2% 생리식염수를 거즈 감은 설압자나 일회용 스펀지 브러시로 닦아 준다.

④ **의치**는 매일 대상자가 협력할 수 있는 시간을 택해 닦아 준다.

⑤ **치아가 없는 대상자**는 식후에 차를 마시게 하여 입안을 깨끗이 한다.

다. [치매 대상자의 옷 입기 돕기] p588☆

1) 치매 대상자의 옷 입기 돕기의 기본 원칙

① 치매 대상자에게 계절에 맞는 옷을 제공한다. ☆

② 몸에 꼭 끼지 않고, 빨래하기 쉬운 옷을 제공한다.

③ 혼란을 예방하기 위해 요란하지 않고, 장식이 없는 옷을 선택한다.

④ 시간이 걸려도 혼자서 입게 격려한다. ☆

⑤ 대상자의 안전을 위해서 옆에서 지켜보며, 앉아서 입게 한다.

2) 치매 대상자의 옷 입기 돕기의 방법

① 대상자가 **옷을 순서대로 입지 못한다면**, 속옷부터 순서대로 정리해 둔다.

② **부득이 입혀 줄 경우**, 대상자가 옷 갈아입는 데 참여하고 있음을 인식시킨다.

③ **옷 입기를 거부한다면**, 기다린 뒤 시도하거나, 목욕 시간을 이용한다. ☆

④ **단추를 제대로 못 채운다면**, 단추 대신 부착용 천으로 여미는 옷을 입힌다.

⑤ 대상자가 **앞뒤를 제대로 구분하지 못한다면**, 뒤바꿔 입어도 무방한 옷을 고른다.

⑥ 대상자가 **자기의 옷이 아니라고 우긴다면**, 옷의 라벨에 이름을 써 둔다.

6. [치매 대상자의 운동 돕기] p589 ☆

1) 치매 대상자의 운동 돕기의 기본 원칙

① 현재의 운동기능을 평가한다.

② 치매 대상자와 시간을 같이하며, 친숙해진 뒤 운동을 시켜야 한다.

③ 대상자가 혈압이 높거나 심장병이 있는 경우, 의사에게 사전 검진을 받아야 한다.

④ 운동은 심장에서 멀고 큰 근육인 팔다리에서 시작하여 천천히 진행한다.

⑤ 운동량을 점차 늘린다.

2) 치매 대상자의 운동 돕기의 방법

① 대상자가 즐거워하는 운동을 하는데, 산책이 가장 간편하고 효과적인 운동이다.

② 굽이 낮고 편한 신발을 신고, 서서히 걷는 시간을 늘린다.

③ 매일 같은 시간대에, 같은 길을 걸으면서, 일정한 순서대로, 풍경을 말해 준다. ☆

④ 균형을 잡을 수 있으면, 앉은 자세보다 선 자세가 효과적이다.

※ 치매 대상자에게 운동이 중요한 이유

① 운동을 하면 몸이 안정적이며, 운동기능이 더 오래 보존된다.

② 관절이 굳는 것을 예방할 수 있다.

7. [치매 대상자의 안전과 사고 예방] p590~592 ☆

가. 치매 대상자의 안전과 사고 예방을 위한 기본 원칙 ☆

① 대상자의 감각 및 기능적인 손상을 고려하여 편리하고 안전한 환경으로 바꾼다.

② 떨어진 지남력 지원을 위해 시계, 달력, 가족 연락처를 적은 게시판 등을 활용한다.

③ 대상자가 언어에 대한 이해력이 떨어진다면, 글로 쓴 단서보다는 그림을 사용한다.

④ 실내와 현관 등에는 어두워지기 전이나 어두워지자마자 희미한 불을 켜 둔다.

⑤ 치매 대상자가 지나친 자극을 받지 않도록 한다.

나. [치매 대상자의 안전과 사고 예방법] ☆☆

1) 방과 주변

① 방은 가족이나 요양보호사가 잘 관찰할 수 있는 곳에 두는 것이 좋다.

② 방은 2층보다는 1층에 배치한다. O

③ 난간, 출입구 등에는 야간 등을 설치한다(시력 약화로 비슷한 색깔 구분하기 힘듦).

④ 다리미, 칼 등 위험한 물건은 치매 대상자가 발견할 수 없는 곳에 보관한다.

⑤ 날카롭고 뾰족한 가구, 깨지기 쉬운 물건은 대상자 손이 닿지 않는 곳에 보관한다.

⑥ 대상자가 다니는 곳에 전기 코드나 양탄자, 깔개를 두지 않는다.

⑦ **유리문이나 유리창**에는 눈높이에 맞춰 그림을 붙여 유리라는 것을 알게 한다.

⑧ 방안에 **난방기구를 켜 놓았을 때**, 대상자를 혼자 있게 해서는 안 된다.

⑨ 난간은 단단한 벽에 고정하고, 미끄러운 바닥재를 피하며, 계단의 카펫을 잘 고정한다.

⑩ 창문이 안전하게 잠겨 있는지 확인하고, 방안에서 잠그지 못하는 문을 설치한다. O

⑪ 낮에는 밝게 하고, 밤에는 밝지 않게 한다(시간대를 잘 인식하도록 하기 위함).

    - 밤에는 소등 X

    비교) '석양 증후군 증상'이나 '섬망'의 경우 - 밤에도 밝게 해 준다는 것을 유의!

    '배회 증상'의 경우도 어둡게 하지 않는다.

⑫ **수면 중 낙상 우려가 있는 치매 대상자**는 침대보다는 바닥에 요와 이불을 사용한다.

⑬ **침대**를 벽에 붙여 두고, **잠자는 동안** 침대 밑에 두꺼운 요를 깔아 둔다. O(기출)

2) 화장실

① **치매 대상자의 방**을 화장실 가까운 곳에 두며, **화장실 전등**은 밤에도 켜 둔다. ☆

② 대상자의 눈높이에 맞추어 '화장실' 표시를 한다.

③ **화장실 문**은 밖에서도 열 수 있는 것으로 설치한다(문 여는 방법을 모를 수 있기에).

④ 화장실 바닥에 물기가 없도록 하는 등 미끄럽지 않게 한다.

⑤ **중증 치매의 경우,** 펌프식 손 세정제를 이용하도록 한다(고체 비누를 삼킬 우려).

3) 욕실

① 욕실의 문턱을 없애고, 목욕탕에 난간이나 손잡이를 설치한다.

② 미끄럼방지 패드를 욕조와 샤워 장소 바닥에 둔다.

③ **온수기 최고 온도**는 40도 이상이 되지 않게 하고, **온수 수도꼭지**는 빨간색으로 표시한다. ☆

④ **온수 파이프**는 절연체로 감싼다. ☆

⑤ **세제**는 대상자 눈에 안 띄는 곳에 보관한다.

⑥ **거울이나 비치는 물건**은 없애거나 덮개를 씌운다.

4) 부엌

① **깨지기 쉽거나 위험한 물건**은 보관장에 넣고 자물쇠로 채워 둔다.

② **가스선**은 밖에서 잠그거나 가스 밸브 자동차단기를 설치한다. ☆

③ **냉장고**에 과일이나 채소 모양의 자석을 부착하지 않는다. ☆

④ **음식물 쓰레기**는 부엌 안에 두지 않는다.

5) 현관

① **현관문**에 방울 혹은 자동 음성 벨 등을 달아 둔다.

② 현관에서 신발을 벗고 신는 것이 편하도록 의자를 둔다.

③ **안 신는 신발**은 신발장에 수납한다(자기의 신발을 인식하기 쉽게 함).

④ **현관 앞에 계단**이 있으면 손잡이를 설치하고, **낙상 유발할 것 같은 단차**를 없앤다.

6) 차 안

- 안전띠를 착용시키고, 달리는 차 안에서 문을 열지 못하도록 잠금장치를 한다. ☆

3절 치매 대상자의 정신행동증상 대처 ☆☆

1. [반복적 질문이나 행동] p593 ☆

가. 기본 원칙

① 주의를 환기한다.

② 그런 행동이 해롭지 않다면, 무리하게 중단하지 말고 그냥 놔둬도 된다.

③ 질문에 답해 주는 것보다 대상자를 다독이며 안심시켜 주는 것이 중요하다.

④ 억지로 고치려 하지 않는다.

나. 돕는 방법(관심을 다른 데로 유도하는 방법을 사용함) ☆

① 크게 손뼉을 치는 등 소리를 내어, 주의를 환기한다.

② 대상자가 좋아하는 음식을 제공한다.

③ 좋아하는 노래를 함께 부르거나 프로그램에 참여시킨다.

④ 과거의 경험이나 고향과 관련된 이야기로, 관심을 돌리게 한다.

⑤ 단순한 일거리(콩 고르기, 나물 다듬기, 빨래 개기)를 제공한다.

2. [음식 섭취 관련 정신행동증상] p594, 595 ☆

과식, 이식(음식이 아닌 것을 먹음), 거식(음식 섭취를 거부) 등의 증상이 나타날 수 있다.

가. 기본 원칙

① 식사 시간과 식사량을 점검하고, 체중을 측정하여 평상시의 체중과 비교한다.

② 화를 내거나 대립하지 않는다.

③ 서두르지 않고 천천히 먹게 한다.

④ 장기적인 식사 거부 시, 시설장이나 간호사에게 보고한다.

나. 돕는 방법

① 그릇의 크기를 조정하여 식사량을 조절한다. ☆

② 대상자가 좋아하는 대체식품을 이용한다.

③ 식사 방법을 자세하게 가르쳐 준다.

　- 대상자가 음식을 못 먹고 쳐다만 보는 경우, 식사 방법을 순서대로 가르쳐 준다. ☆

④ 식사 도구를 사용하지 못할 경우, 손으로 집어 먹을 수 있는 음식을 제공한다. ☆

⑤ 음식을 잘게 썰어서 주거나, 으깨거나 갈아서 걸쭉하게(치매 말기) 제공한다.

⑥ 위험한 물건을 빼앗기지 않으려 하는 경우, 좋아하는 다른 간식과 교환한다. ☆

　- 비누를 먹으려 한다면, "제 것이랑(대상자가 좋아하는 간식) 바꿔 먹어요."라고 한다. ☆

⑦ 식사했음에도 밥을 달라는 경우 ☆☆

　- "지금 준비하고 있으니 조금만 기다리세요."라고 한다.

　- 먹고 난 식기를 그대로 두거나, 매 식사 후 달력에 표시하게 한다.

　- 식후 양치질로 식사가 마쳤음을 인식시키거나, 산책이나 소일거리를 하게 한다.

3. [수면장애] p595, 596 ☆

치매 대상자는 2~3일간 잠을 자지 않고, 그 뒤 계속 잠만 자거나, 밤에 일어나서 돌아다니다가 낮에 자는 양상을 보인다.

가. 기본 원칙

① 대상자의 수면 상태를 관찰하고, 하루 일정을 만들어 규칙적으로 생활하게 한다.

   - 매일 일정 시간에 일어나게 한다.

② 일과 안에 휴식 시간과, 가능하면 집 밖의 운동을 포함한다.

나. 돕는 방법

① 낮에 산책과 같은 야외 활동을 하게 하여 숙면을 유도한다. ☆

② 밤낮이 바뀌어 낮에 조는 경우, 말을 걸어 자극한다. ☆

   - 함께 장을 보러 가는 것도 좋다.

③ 소음을 없애고 적정 실내 온도를 유지하는 등 수면 환경을 개선한다.

   - **여름밤 뒤척일 때**는, 시원하고 얇은 이불을 덮어 준다.

④ 오후나 저녁 이후에는 커피나 술과 같은 음료를 주지 않는다.

⑤ 잠에서 깨어나 외출하려고 하는 경우 요양보호사가 동행한다.

4. [배회] p596, 597 ☆

가. 치매 대상자 배회 시 돕기의 기본 원칙

① 낙상 등으로 인한 신체적 손상 방지를 위해 안전한 환경을 제공한다.

   - 위험한 물건이 있는지 관찰하고 안전하게 치운다.

② 규칙적으로 시간과 장소를 알려 주어 현실감을 유지하게 한다.

③ 배회 가능성이 있는 대상자는, 치매 상담 콜센터, 치매 안심센터(배회 인식표), 경찰서(사전에 지문 인식등록) 등의 기관에 미리 협조를 구한다.

나. 치매 대상자 배회 시 돕기의 방법

① 치매 대상자의 신체적 욕구를 우선으로 해결한다. ☆

② 단순한 일거리를 주어 배회 증상을 줄인다(주의 환기).

③ 집안에서 배회하는 경우, 실내의 배회 코스를 만들어 준다. -실외 배회 코스 X ☆

④ 배회 인식표, 대응 카드를 소지케 하고, 필요시 배회 감지기(손목시계)를 착용케 한다.

⑤ 현관이나 출입문에 벨을 달아 관찰하고, 창문 등 출입이 가능한 모든 문을 잠근다.

⑥ TV나 라디오를 크게 틀지 않으며(소음은 포위당한 느낌을 줌), ☆ 집안을 어둡게 하지 않는다(불안감을 줄이고 낙상을 예방).

⑦ 침대 옆에 매달려 있거나 부주의하게 내던져진 옷가지를 정리한다(착각과 환각을 줌). ☆

⑧ 낮 시간대에 단순한 일거리를 주어 야간 배회 증상을 줄인다.

⑨ 집 청소, 산책, 목욕, 밖에 나가거나 쇼핑하게 하여 활력을 준다.

⑩ 고향이나 가족에 관한 대화를 나누어 관심을 돌리게 한다(정서 불안에 의한 배회).

⑪ 주변을 친숙한 것으로 채우고, 가족과 다과 등을 함께 하는 시간을 가지게 한다.

　　- 상실감과 욕구와 관련된 배회의 경우에 적용되는 것이다.

5. [의심, 망상, 환각] p597, 598 ☆

1) 기본 원칙

① 대상자의 감정을 이해하고 수용한다. ☆

② 대상자가 보고 들을 것에 대해 **아니라고 부정하거나 다투지 않는다.** ☆

　　- **요양보호사를 아내로 인식하는 경우,** "할머니가 보고 싶으세요?"라 한다.

　　- **아들이 왔다는 망상에 빠진 경우,** "아들이 많이 보고 싶으시군요."라 한다.

　　- **붙잡힌다는 망상의 경우,** 이제 가고 없다고 안심시키며 같이 있어 준다.

　　- **살해당한다는 망상에 빠진 경우,** "제가 먼저 먹어 볼 테니 함께 드세요."라 한다.

　　- **군고구마 냄새난다며 치킨을 달라는 경우,** 함께 군고구마 먹으러 가자고 한다.

③ 대상자 앞에서 조롱하는 말투나 귓속말을 하지 않는다.

④ 물건을 찾거나 발견할 시, 비난·훈계하지 않으며, 아무 일도 아닌 것처럼 행동한다.

⑤ 규칙적으로 시간과 장소 등을 알려줘서, **현실감을 유지하도록** 한다. ☆

　　- **대상자가 동료 노인에게 월세 안 낸다고 할 경우,** 함께 기거하는 시설임을 설명한다.

　　- **요양보호사를 딸로 인식하는 경우,** 자신이 요양보호사임을 설명한다.

⑥ 대상자가 다른 것에 신경을 쓰도록 **계속 관심을 돌린다.** ☆

　　- **갑자기 일어나 엄마를 찾는다면,** 엄마 찾아보자며 산책을 함께 간다.

　　- **면회 후 돌아간 딸이 밖에 있다는 망상의 경우,** 딸 사진을 보자며 주의를 돌린다.

⑦ 모든 행위에 대해 간단히 설명해 주며, 도움을 주려 한다는 확신을 갖게 한다.

2) 돕는 방법

① **잃어버렸다고 의심한다면,** 주장하거나 설득하려 하지 말고, 함께 찾아보도록 한다.

② **동일 물건을 잃어버렸다고 한다면,** 같은 물건을 미리 준비하여 두고, 찾게 한다.

　　- 이야기를 들어 주며, 속상하겠다며 다독이는 것도 좋다.

③ 대상자가 물건을 두는 곳을 미리 파악해 둔다.

④ **도둑망상으로 방을 지키려 고집한다면,** 위험하지 않은 범위 내에서 하게 한다.

⑤ 대상자가 좋아하는 노래를 부르게 하거나, 좋아하는 음악을 틀어 놓는다.

⑥ 망상이 심하면 시설장 등에 알린다.

6. [파괴적 행동] p598, 599 ☆

울고 분통을 터트리기, 욕설, 때리거나 물기, 주먹으로 치기, 꼬집기 등의 폭력행위

(일상적으로 해 오던 걸 기억하지 못하고, 현재 감정 상태에만 반응하기 때문)

※ 치매 대상자의 파괴적 행동의 특징

- 그러한 파괴적 행동이 자주 일어나지 않으며, 오래 지속되지도 않는다.
- 초기에 분노로 시작하며 힘이 소모되면서 지쳐서, 파괴적 행동을 중지한다.
- 이러한 행동은 질병 초기에 나타나서, 수개월 내에 사라진다. ☆

1) 기본 원칙

① 규칙적인 일상생활을 하도록 하여 스스로 자신의 활동을 예측하게 유도한다.

② 수준에 맞는 의사 결정권을 주며, 한 번에 한 가지씩 제시하거나 단순한 말로 설명한다.

③ **이해하지 못하는 말**은 다른 형태로 설명하지 말고, 같은 말로 반복한다.

④ 천천히 대상자의 **관심 변화를 유도**한다. ☆

   - **특정 노인을 마주칠 때마다 욕하는 경우**, 방을 바꾸어, 마주치지 않게 한다.

   - **의자를 독차지하여 안 빼앗기려 할 경우**, 탁구를 치자며, 다른 곳으로 데려간다.

   - **텔레비전 소리만 나면 큰 소리로 욕하는 경우**, 좋아하는 화분에 물 주러 가자고 한다.

   - **나는 장군이고 자신을 따르라고 소리치는 경우**, 좋아하는 드라마를 보자고 한다.

   - **자다 일어나 다 나가라고 소리치는 경우**, 함께 밖으로 나가 바람을 쐰다.

⑤ 진정된 후에는 왜 그랬는지 질문하거나, 이상 행동에 대해 상기시키지 않는다. ☆

⑥ **활동 참여 중**이라면, 활동을 중지하고, 가능한 한 다른 자극을 주지 않는다. ☆

⑦ 모든 신체 언어는 위협적으로 느껴지지 않게 하며, 불필요한 신체구속은 피한다.

2) 돕는 방법

① 그런 행동을 할 시, 질문 등의 자극을 주지 말고, 조용한 장소에서 쉬게 한다. ☆

② 온화하게 이야기하며, 대상자가 **당황하고 흥분되어 있음을 이해한다고 표현**한다. ☆

   - **요양보호사에게 욕설하는 경우**, 화가 난 것을 이해한다고 말하며 진정시킨다.

   - **요양보호사를 때리려 하는 경우**, 흥분되어 있음을 이해한다고 표현한다.

③ 갑자기 움직여 놀라게 하지 말고, 천천히 안정된 태도로 움직인다.

④ 불가피한 경우, 신체 일부만 구속하며, 구속 후엔 그런 행동이 사라질 때까지 접촉을 줄인다.

7. [석양 증후군] p600 ☆

낮에 유순하다가 저녁만 되면, 불안정하게 되어 의심과 우울의 증상을 보이는 증상이다.

1) 기본 원칙

① **해 질 녘**엔 요양보호사가 충분한 시간을 내어 치매 대상자와 **함께 있어 준다.** ☆
- **저녁만 되면 죽어야 한다고 우는 대상자**에게, 눈물을 닦아 주며 옆에 있어 준다.
- **저녁만 되면 집에 가겠다는 대상자**에게, 가족과의 추억을 이야기한다.
- **저녁만 되면 엄마가 왔다며 나가려는 대상자**에게, 낮에 따온 감을 먹어 보자고 한다.

② 소일거리를 주거나 애완동물과 함께 즐거운 시간을 갖게 한다.
- 아끼는 인형을 안아 주라고 한다.

③ 낮 시간대에 움직이거나 활동하게 하여 생체 리듬을 좋게 한다.

④ 신체적 제한은 하지 않는다(석양 증후군의 행동을 더욱 악화시킴). ☆

2) 돕는 방법

① 밖으로 데려가 산책을 시킨다.

② 따뜻한 음료수 제공, 등 마사지, 음악 듣기 등은 심신의 안정에 도움을 준다.

③ 텔레비전을 켜거나 조명을 밝게 하는 게 도움이 된다. ☆

8. [부적절한 성적 행동] p601 ☆

1) 기본 원칙

① 치매 대상자는 보통 성 자체에는 관심이 없음을 인식한다.

② 부적절한 성적 행동 관련 요인을 관찰한다.
- 실내 온도가 높은지 확인한다.
- 회음부의 상태, 사타구니 상태를 확인한다.

③ 때때로 **행동 교정**을 하는 것이 도움이 된다. ☆
- **다른 이에게 피해를 주는 성적 행동**을 할 경우, 단호하게 제재하고 경고한다.
- "손 치우세요!"와 같은 단호한 말을 사용하여 그만두게 한다.
- 멈추지 않으면 요양보호사의 변경을 요청하겠다고 경고한다.

④ 노출증 감소를 위해 적절한 제한과 보상을 사용한다.

⑤ 대상자가 복용 중인 약물이 그 원인일 수 있음을 이해한다.

2) 돕는 방법

① 의복으로 인한 불편감이나 대소변 보려는 욕구가 있는지 확인한다.

② **옷을 벗거나 성기 노출 시** 당황하지 말고 옷을 입혀 준다. ☆

③ **부적절한 성적인 행위**를 할 시 좋아하는 물건이나 활동을 통해 관심 전환을 한다.
- **집단 프로그램 활동 도중 대상자 성희롱 시,** 자연스럽게 다른 장소로 이동한다. ☆

※ **경청과 대응 기술** p602

대상자의 말이나 행동에 대해 곧바로 대응하기보다는, 인정 단계와 동의 단계(동의할 수도, 비동의할 수도 있음)를 순차적으로 진행하여, 상대를 존중하는 것이 중요하다. 동의할 수 없는 경우엔 관심 전환이나 대안 행동을 유도하도록 한다. 예컨대, 밥을 안 주냐고 음식 섭취 관련 이상 행동을 하는 경우, 올바른 대응은 다음과 같다.

"배가 고프시군요."(인정)

"우선 식사 전에 좋아하는 간식을 드려 볼게요."(비동의와 관심 전환 혹은 대안 행동)

이에 비해 "좀 전에 드렸잖아요. 옆에 어르신께 물어보세요."라고 곧바로 비동의로 대응하는 것은 경청의 관점에서는 바람직하지 못하다.

4절 | 치매 대상자와의 의사소통 ☆

1. 치매 대상자와 의사소통의 기본 원칙 p605~610

가. [치매 대상자와의 언어적인 의사소통]

① **대상자의 신체적 상태를 구체적으로 질문한다.**
   - "어디가 아프세요?"보다는 부위를 짚어 가며, "어깨가 아프세요?"처럼 질문한다. ☆

② **대상자를 존중하는 태도와 관심을 가지고 긍정적으로 말한다.**
   - 자존심이 상하는 말이나 표현을 하지 않는다.
   - "부탁합니다.", "잘했어요.", "맞아요." 등과 같은 따뜻한 말을 사용한다.

③ **대상자가 이해할 수 있도록 말하고 안심하도록 함께 한다.**
   - 도둑 망상 대상자에게 부정하거나 설득하지 않고, 함께 찾아보며 안심시킨다.

④ **대상자의 속도에 맞추고 반응을 살핀다.**

⑤ **어린아이 대하듯 하지 않고 정중하게 대응한다.**

⑥ **반복적으로 설명한다.**
   - "왜?"라는 질문보다는, "네", "아니오"로 답할 수 있는 간단한 질문을 하도록 한다.

⑦ **대상자를 인격적으로 대한다.**

⑧ **간단한 단어 및 이해할 수 있는 표현을 사용한다.**
   - 한 번에 한 가지씩만 질문하되 간단명료한 단어를 사용하고, 짧은 문장을 사용한다.

⑨ **대상자에게 한 번에 한 가지씩 설명한다.**
   - "양치질하고 외출해요"라기보다는, "양치질하세요.", "외출해요."로 설명한다.

⑩ **가까운 곳에서 얼굴을 마주 보고 말한다.**

⑪ **항상 현재를 알려 준다.**

　　- "아침 8시예요, 아침 식사하세요."처럼 현재를 알려 준다.

⑫ **일상적인 어휘를 사용한다**(유행어나 외래어는 피한다).

　　- 상황에 따라서는 고향 사투리를 쓰는 것이 좋은 방법이 될 수 있다.

⑬ **과거를 회상하게 유도한다.**

　　- 옛날 즐겨 부르던 노래를 하거나 옛일을 회상하는 대화는 인지기능과 심리적 안정면에서 좋다.

나. [치매 대상자와의 비언어적인 의사소통] p609

　① 언어적 표현 방법과 적절한 비언어적 표현 방법을 같이 사용한다.

　② 손이나 어깨를 감싸는 등 신체적인 접촉을 사용한다.

　③ 대상자의 비언어적인 표현 방법(표정, 신체의 움직임, 눈빛 등)을 관찰한다.

　④ 필요하면 글을 써서 의사소통한다.

　⑤ 손가락으로 물건을 가리키는 등 언어 이외의 다른 신호를 말과 함께 사용한다.

　⑥ 대상자의 행동을 복잡하게 해석하지 않는다.

2. [치매 단계별 의사소통 문제] p610~613 ☆

가. 치매 초기(빈번하게 깜빡깜빡하는 단계)

　① 일관성과 연결성이 손상되어, 자주 확인하고 설명을 요구한다.

　② 대화의 주제가 자주 변경된다.

　③ 사용하는 어휘의 수가 감소하며, 물건이나 사람의 이름을 부르는 게 어렵다.

　④ 과거 현재, 미래 시제를 올바르게 사용하는 것을 어려워한다.

나. 치매 중기(명칭 실어증이 나타나는 단계)

　① 문제가 보다 심해져서 애매모호한 내용을 이야기한다.

　② 올바른 이름을 지칭하지 못하는 명칭 실어증을 보인다.

　③ 대화 중 말이 끊기는 횟수가 증가한다.

다. 치매 말기(말이 없어지는 단계)

　① 더욱 심해져서, 의사소통 유지에 어려움이 있으며, 말이 없어진다(무언증).

　② 대화할 때 시선을 맞추는 것을 어려워한다.

　③ 자발적 표현이 감소하여, 심하면 스스로 말을 안 하고 앵무새처럼 말을 따라 한다.

3. 치매 단계별 의사소통 방법 ☆☆

가. 치매 초기(빈번하게 깜빡깜빡하는 단계)

① 간단하게 요점을 설명하고 구체적으로 이야기한다.

② 대상자가 응답할 시간을 충분히 준다.

③ 대화 내용을 요약하고 중요한 내용은 반복한다.

④ 과거의 긍정적인 기억이나 사건을 회상하도록 돕는다.

나. 치매 중기(명칭 실어증의 단계임을 생각)

① 눈을 마주치며 이야기하며, 친숙한 물건을 활용한다.

② 대상자가 반응할 때까지 기다려 준다.

③ 반응하지 않으면 반복 질문한다.

④ 대상자 방의 물건 각각에 이름표를 붙이고, 이용이 가능한 모든 단서를 활용한다.

다. 치매 말기(무언증이 나타나는 단계임을 생각)

① 대상자를 마주 보며 이야기하며,

② 대상자의 이름을 부르면서 이야기를 시작한다.

③ 대상자가 응답하지 않더라도 계속해서 이야기한다.

④ 방에 아무도 없는 것처럼 이야기하지 않는다.

⑤ 대상자가 이야기하는 모든 것에 반응한다.

⑥ 대화 끝난 뒤에는 마무리 인사를 한다.

5절 치매 대상자의 인지 자극 훈련 p617~641

1. 인지 자극 훈련의 개요

- 치매 증상 개선, 일상생활의 유지와 향상, 삶의 질 개선 등을 기대할 수 있고,

- 가족의 수발 부담을 줄이는 데에 도움을 준다.

- 인지기능에 대한 기본적인 인식이 있는 보호자나 요양보호사가 담당한다.

2. [인지기능 수준별 인지 자극 훈련] ☆

가. [인지기능에 문제가 없는 대상자에 대한 인지 자극 훈련]

① 인지 검사하면 정상으로 판정을 받지만, 기억력, 판단력, 계산능력이 평소와 달라짐을 호소하고, 우울 불안을 느끼는 대상자에게 하는 인지 자극 훈련이다.

② **활동 예시**

　ⅰ **가정환경 수정**

　　- 달력, 수첩이나 핸드폰에 적어서 수시로 확인하며, 가스 밸브 자동차단기 설치하기

ⅱ **뇌 건강 일기 쓰기** ☆

  - 지남력과 단기기억을 증진한다.

  - 간단한 일기 내용에 관한 대화를 통해 다양한 인지 자극이 가능하다.

※ **지남력 향상을 위한 프로그램** ☆

- 달력 만들기

- 빗소리, 개구리 울음소리와 같은 청각적 인지 자극 훈련

ⅲ **날짜 계산기**: 계산력과 기억력을 향상할 수 있다.

ⅳ **얼굴 삼행시**: 기억력, 창의력, 언어능력, 집행기능[58]을 증진한다.

ⅴ **손가락 낭독회**: 주의 집중력, 억제력, 소근육 등을 좋게 한다.

나. [경중 인지기능 장애 대상자에 대한 인지 자극 훈련]

① 자주 깜빡깜빡하여 물건을 잃어버리거나 약속을 잊거나 사람이나 사물 이름이 빠르게 떠오르지 않는 경도 인지장애나 경증 치매 판정을 받은 경우의 인지 자극 훈련이다.

② 활동 예시

ⅰ **가정환경 수정**

  - 달력, 수첩이나 핸드폰에 약속, 일정 등을 작성하고 매일 확인하는 습관을 들인다.

  - 가스 밸브 자동차단기, LED 조명 설치 등

ⅱ **여러 가지 단어 말하기** - 언어 유창성과 자발성 증진 ☆

ⅲ **그림과 숫자 짝지어 기억하기** - 기억력 증진

ⅳ **물건 보며 과거 회상하기** - 기억력 증진

ⅴ **점선으로 옮겨 그리기** - 주의력 증진

ⅵ **손가락 똑같이 만들기** - 운동능력과 일상생활에 필요한 손동작 훈련

ⅶ 똑같이 그리기, 선 따라 그리기 등

다. [중증 인지기능 장애 대상자에 대한 인지 자극 훈련]

① 기본적 일상이 혼자서 어려운 중증의 치매 대상자의 인지 자극 훈련이다.

② **활동 예시**

ⅰ **가정환경 수정**

  - 자주 사용하는 물건에 이름표, 일정한 패턴으로 생활하기, 안전 손잡이 등 설치

---

58) 집행기능(Executive Function)이란 뇌에서 어떠한 상황을 인지하고 실행에 옮기기 전까지의 과정을 말한다고 한다. 예컨대, 외출 시 날씨나 상황에 따라 어떤 옷을 입을지, 여행 시에는 언제, 어디에 놀러 가야 할지 등을 결정하는 능력이다. 얼굴 삼행시에서 집행기능은 얼굴의 특징을 표현하는 글의 내용 전체를 계획하고 그에 따라 진행하여 종료하게 하는 역할을 한다.

- 불필요한 소음 제거, 자주 사용하는 곳에 스티커나 화살표로 표시하기

- 날짜와 요일을 큰 글씨로 표시, 약속이 있으면 표시 등을 하기

ⅱ **흩어진 낱글자로 단어 만들기**-언어 및 기억 관리능력 향상

ⅲ **악기 연주하기(탬버린 연주)** ☆

- 청각적 자극을 통해 주의력, 얼굴과 손 등의 소근육 기능, 표현력과 기억력 증진

- 우울증, 불안감, 스트레스 해소를 통해 정서적 안정을 도모

ⅳ **선 따라 그리고 찢기**, 따라 그리기(주의력 향상), 인사말 연결하기 등

13장 임종 요양보호

1절 임종기 단계별 지원 p644~646

1. [임종 적응 단계(엘리자베스 퀴블러-로스가 제시)] ☆

① 부정
- 부정의 단계에 있는 사람은 자기의 죽음을 받아들이지 않는다.
- "아니야, 나는 믿을 수 없어."라는 표현을 자주 하기도 한다.

② 분노
- 자신이 죽음을 앞두고 있음을 이해한 후 종종 자신의 감정을 반항과 화로 표출한다.
- "나는 아니야, 왜 하필이면 나야." 혹은 "왜 지금이야."라고 말하고 다닌다.
- 목소리를 높여 불평하면서 주위로부터 관심을 끌려고 한다.

③ 타협
- 죽음이 피할 수 없는 상황임을 이해하게 된다.
- "그래 나에게 이런 일이 벌어졌어, 하지만…"이라 하며, 얼마간이라도 연장을 희망한다.
- "우리 아이가 시집갈 때까지만이라도 살게 해 주세요."라고 표현한다.

④ 우울
- 자신의 근심과 슬픔을 더 이상 말로 표현하지 않고 조용히 운다.
- 자기와 함께 느끼고 슬퍼하고 곁에 있어 줄 사람을 필요로 한다.

⑤ 수용
- 체념하고 받아들이는 단계
- 평화로운 마음으로 마지막 정리 시간을 보내며, 죽음을 긍정적으로 인식하기도 한다.

2. 임종기 상담 기술
- 임종 단계별로 대상자와 가족이 가지는 생각과 느낌을 함께 나누는 것이 중요하다.

① 가족의 죽음: 임종을 경험하여 잘 이해하는 것은 상담 지원에 도움이 된다.
② 성격 특성: 자신의 감정을 있는 그대로 표현하도록 격려한다.
③ 종교적 신념: 신앙 있는 대상자는 신뢰하는 종교 지도자와의 면담 주선이 도움 된다.

④ 문화적 배경: 죽음에 대한 태도는 살아온 환경에 따라 다양한데, 유연히 대처해야 한다.

임종 대상자 지원 및 가족 요양보호

1. **[임종 징후]** ☆ p647

① 시력이 감소하며, 눈의 초점이 흐려지고 동공이 확대된다. -동공이 축소 X

② 말이 어눌해지고 촉각이 둔감해진다.

③ 움직임이 약해지고, 근육의 긴장감이 감소한다. -근육의 긴장도 증가 X

④ 체온이 저하하고, 혈압이 낮아진다.

⑤ 맥박이 약해지고, 빨라지거나 느려진다.

⑥ 숨을 가쁘고 깊게 몰아 쉬며, 가래가 끓다가 점차 숨이 깊어지고 천천히 쉰다.

- 호흡이 불규칙하고, 무호흡과 깊고 빠른 호흡이 교대로 나타난다.

⑦ 가슴에서 돌 구르는 것 같은 가래 끓는 소리가 난다.

⑧ 몸이 차가워지면서 피부가 하얗게 혹은 파랗게 변한다.

⑨ 혈액순환 부전에 의한 피부 반점이 나타난다.

⑩ 식은땀을 흘리며, 실변이나 실금이 나타난다.

- 대소변을 의식하지 못하고, 실금하며 항문이 열린다. ☆

⑪ 의식 저하가 일어난다.

- 수면 시간이 길어진다. O

2. **[신체·정신적 변화에 대한 요양보호]** ☆ p648~650

가. 감각기능의 저하

① 조명의 밝기를 눈부시지 않게 한다.

② 정상 톤으로, 부드럽고 분명한 어조로 말한다(청력은 마지막까지 유지되므로).

나. 구강과 코 주변 관리

- 최소 2시간 간격으로 실시하며, 필요시 윤활제를 발라 상처나 건조함을 예방한다.

다. 피부 관리

① 침상 홑이불 아래 방수포를 깔고 필요시 기저귀를 채운다.

② 담요를 덮어서 몸을 따뜻하게 해 준다. -보온을 위한 전기기구를 사용한다. X

라. 통증 조절: 의사의 처방에 따른 약물 처방이 이뤄질 수 있다.

마. 호흡조절

　① 상체와 머리를 높여 주고, 가습기를 약하게 튼다(숨쉬기 편하도록).

　② 고개를 옆으로 돌려 배액이 잘 되도록 한다(가래 끓는 소리가 날 때).

바. 소화 기능 변화

　① 물이나 음식을 억지로 먹이려 하지 않는다.

　② 작은 얼음조각이나 주스 얼린 것을 입에 넣어 준다.

사. 신장 기능의 변화

　- 소변량이 점차 줄어든다. 현저히 감소하는 것은 임종 징후로 가족에게 알린다.

아. 환경 관리

　- 평소 좋아하는 물건, 사진 등을 머리맡에 두게 하고, 좋아하는 음악을 튼다.

　- 주기적으로 환기하며, 자리를 비울 때는 돌아올 시간을 알려 주어 안심시킨다.

바. 정서적·영적 지원

　① 대상자의 이야기를 주의 깊게 경청하고, 이를 기록하고 가족들에게 전달한다.

　② 죽음에 질문할 경우, 있는 그대로의 사실만을 전달하도록 한다. ☆

　　- 대상자가 두려워하므로 지금 상황을 말해 주면 안 된다. X

　③ 만나고자 하는 사람이 있으면 가족에게 알리고 정서적으로 고립되지 않게 한다.

　④ 종교 지도자와의 만남을 통해 영적 지원을 요청할 수 있다.

　⑤ 요양보호사 본인의 종교적 신념을 강요해서는 안 된다.

3. 임종 후 요양보호 p650

　① **임종을 맞이할 시 의사가 없는 경우,** 가족들이 사후 처리하도록 안내한다.

　② **아무도 없는 상황에서 임종을 발견한 경우,** 가족과 기관장에게 알린다.

　③ 이 경우 요양보호사는 그들이 도착할 때까지 대상자 곁을 떠나서는 안 된다.

4. [임종 대상자의 가족에 대한 요양보호] p651 ☆

가. 사별 전 가족 요양보호

　① 대상자 옆에 함께 있으며, 가족이 교대로 곁에 있도록 한다.

　② 친지나 지인의 방문을 받을 수 있도록 허용한다.

나. 사별 후 가족 요양보호

① 사별 후 애도는 정상적 반응이며, 향후 마음을 치유하는 데 필수적임을 이해한다.

② 사람마다 애도 반응이 다를 수 있음을 이해한다.

- 가족이 감정을 숨기지 않고 슬픔을 표현하도록 돕는다. ☆

③ 아무런 판단 없이 마음의 슬픔을 들어 줄 사람이 필요할 수도 있음을 이해한다.

- "힘드시죠?", "수고 많으셨어요." 등의 말로 가족을 공감하고 위로해 준다. ☆

④ 부드럽게 대하고, 자기를 잘 돌볼 수 있도록 격려한다.

- "잘하셨어요."라고 하면서 지지한다.

⑤ 우울증이 심하거나 애도 반응이 1개월 이상 지속시, 심리상담, 의사 도움을 받게 한다.

3절 임종 대상자의 권리

1. 임종 대상자의 품위 있는 죽음과 죽음의 권리 p652

① 임종 대상자가 치료를 거부할 권리

- 요양보호사는 이에 대한 판단을 해서는 안 된다.

② 임종 대상자가 원하는 사람을 만날 수 있는 권리

③ 임종 대상자의 사생활을 침해받지 않을 권리

- 배변·배뇨 시 가림막을 사용하고, 대상자의 사적 비밀을 누설하지 않는다.

2. [사전연명의료의향서 작성] p653, 654 ☆☆

① 사전연명의료의향서란 **19세 이상**인 사람이 자신의 연명의료 중단 등 결정 및 호스피스에 관한 의사를 직접 문서로 작성하는 것을 말한다.

② 연명의료란 **심폐소생술, 혈액투석, 항암제 투여, 인공호흡기 착용**, 체외생명유지술, 수혈, 혈압상승제 투여 등과 같이 치료 효과 없이 치료의 과정의 기간만을 연장하는 시술을 말한다.

③ 연명의료를 중단하는 의향을 명시해도, **통증 완화를 위한 의료행위와 영양분, 물, 산소의 단순한 공급**은 중단할 수 없다. ☆

④ **사전연명의료의향서의 효력** ☆

ⅰ 본인이 직접 작성하지 않으면 효력이 없다.

ⅱ 등록기관에 등록하여야만 효력이 생긴다. ☆

ⅲ 작성자는 언제든지 본인이 작성한 사전연명의료의향서를 조회할 수 있으며, 또한 언제든지 변경이나 철회할 수 있다.

ⅳ 등록하더라도 의료기관에 연동되는 것은 아니다.

ⅴ '국립연명의료관리기관' 홈페이지에 접속하면, **본인 또는 가족의 범위에서** 대상자의 결정 내용을 열람할 수 있다. ☆

3. 호스피스·완화의료 이용 p654

① **치료가 어려운 말기 질환자와 가족을 대상**으로 통증 및 신체적, 심리적, 사회적, 영적 고통을 완화하여 삶의 질을 증진하는 전문적인 의료서비스이다.

② 서비스 유형

- **입원형**: 암 질환자에 한정하며, 독립된 병동이나 시설에서 서비스를 제공한다.
- **가정형**: 의사 간호사 또는 사회복지사의 방문을 통해서 서비스를 제공한다.
- **자문형**: 외래 진료 보듯이 환자가 방문하는 형태이다.

③ 연명의료결정법에 규정된 **암**, **후천성면역결핍증**, **만성 폐쇄성 호흡기 질환**, **만성 간경화** 등의 환자만이 이용할 수 있다.

1절 위험과 위기 대응

1. [의학적 위기 상황에 대한 대처법] p656~658 ☆

- 질병으로 인한 의학적 위기 상황: 심근경색, 뇌졸중, 저혈당, 호흡곤란, 질식 등
- 사고로 인한 의학적 위기 상황: 낙상, 골절, 화상, 출혈, 약물 중독, 교통사고 등

① 상황 판단

- 먼저 어떠한 일이 일어났는지를 파악한다.
- 위기 상황을 인지한 현재의 시간과 발생한 상황들을 정리한다.

② 대상자 관찰(의식 상태 확인)

- 사고 또는 질병이 발생한 대상자에게 무슨 일이 있었는지 물어본다.
- 대상자를 가볍게 두드리고 괜찮은지 물어보면서 의식 상태를 확인한다.

③ 응급처치

- 대상자가 말한다면 호흡과 맥박을 확인한다.
- 상당한 출혈, 의식 변화, 심한 통증, 호흡 불안정, 피부색 변화, 신체 일부가 부풀어 오름 등의 징후가 있는지를 판단한다.
- 이러한 징후가 보이면, 전문적인 치료가 필요하다고 판단하고, 119에 신고한다.
- 구급대원이 도착할 때까지 상황별 응급처치를 한다.

④ 가족 또는 기관장에게 보고

- 대답이 명료하고, 호흡이나 맥박이 정상이고 뚜렷한 위기 징후가 없다면, 119 신고 불요
- **낙상, 화상, 열상 등의 경미 사고**는 가족이나 기관장에게 보고한다.
- 상황 종료 시 위기 상황에 대한 기록 문서를 작성한다.

2. 재난 상황에 대한 대처 p658~660

가. [화재에 대한 대처] ☆

1) 화재 예방 수칙

① 소화기가 비치된 장소를 알아 두고 사용법을 숙지한다.

② **음식을 조리할 때**는 주방을 떠나지 않는다. ☆

③ **난로 곁**에는 불이 붙는 물건이나 세탁물을 가까이 두지 않는다. ☆

2) 화재 시 대처하는 방법

① "불이야"라고 소리치며 비상벨을 눌러 주변에 알린다.

② 불길이 천정까지 닿지 않는 **작은 불**이면, 소화기나 물 양동이를 활용하여, 신속히 끈다.

③ **불길이 커져 끄기 어려우면**, 계단을 이용하여, 신속히 대피한다(엘리베이터 금지).

3) 화재 시 대피 요령 ☆

① 뜨거운 연기는 위로 올라가므로 최대한 자세를 낮추고 이동한다. -자세를 높이고 X

- **불 속을 통과하는 경우**, 젖은 수건으로 코와 입을 감싼다. -마른 수건으로 X

- 완강기나 비상구로 이동한다.

② 연기와 어두움으로 시야 확보가 안 되면, 한쪽 손으로 벽을 짚으면서 이동한다.

- 양쪽 손으로 벽을 번갈아 짚으면서 X

③ **아래층으로 대피할 수 없는 경우**, 옥상으로 대피한다(옥상 문은 항상 열려 있어야).

※ 소화기를 사용하는 방법(순서는 그림을 연상하며 숙지할 것) ☆

- 실내에서 사용할 경우는 문을 등지고 소화기 분말을 쏜다.

  ⅰ 안전핀을 뽑는다.

  ⅱ 노즐을 잡고, 불 쪽을 향한다.

  ⅲ 손잡이를 움켜쥔다.

  ⅳ 분말을 고루 쏜다.

나. [수해와 태풍에 대한 대처]

① 상수도의 오염에 대비하여 미리 욕조에 물을 받아 놓는다.

② **차량 이동 중**이면, 속도를 줄이고 미리 연료를 채워 둔다. - 속도를 높이고 X

③ 침수가 우려되는 낮은 지대(지하 주차장)의 주차를 피한다.

④ **집안으로 물이 들어오는 경우**, 모래주머니를 사용하여 최대한 막는다. ☆

⑤ 전기 차단기를 내리고, 가스 밸브를 잠근다(2차 사고 예방).

다. [지진 발생 시 대처]

① **집이 흔들리면** 탁자 아래로 들어가 몸을 보호하고, 탁자 다리를 잡는다. ☆

② **탁자가 없는 경우,** 머리를 감싸고 보호하는 자세로 웅크린 채 대기한다.

③ **흔들리는 동안**에는 대피를 시도해서는 안 된다.

④ **흔들림이 멈추면,** 전기와 가스를 차단하고 문을 열어 출구를 확보한다.

⑤ 계단을 이용하여 건물 밖으로 이동하여, 운동장이나 공원 등 넓은 곳으로 간다. ☆

라. [정전 및 전기 사고 대처]

① 손전등, 휴대폰을 사용하여 주변을 밝힌다.

② **전기에 의존하는 필수 의료 장비가 중단될 경우,** 119에 신고하여 긴급 후송한다.

③ **전기 쇼크를 입은 사람**은, 전류가 차단될 때까지 접촉해서는 안 된다. ☆

   - **감전으로 쓰러졌을 경우,** 우선 전류를 차단한다.

④ **긴급한 상황이 없는 경우,** 누전차단기 이상 유무를 확인하고 정전의 원인을 찾는다.

⑤ **정전 복구 후**에는 하나의 콘센트에 여러 개의 전열기기를 연결하지 않는다. ☆

2절 감염 예방 및 관리

1. **[감염 예방을 위한 일반 원칙]** p661~66☆

   - 6개의 감염의 연결 고리

   - 미생물 → 저장소 → 탈출구 → 전파 방법 → 침입구 → 민감한 대상자

① **미생물**

   - 세균, 바이러스, 곰팡이, 기생충 등

② **저장소**

   - 미생물이 번식하는 장소(따뜻하고 습기가 많은 곳)

   - 사람의 몸(폐, 장 등), 동물, 음식물, 토양 등이다.

③ **탈출구**

   - 우리 몸에서 바깥으로 연결된 모든 구멍(코, 입, 눈, 피부, 비뇨 생식기, 항문)

④ **전파 방법**

   ⅰ 몸 밖으로 탈출한 미생물이 다른 사람에게 전달되는 방법

      - 직접 접촉경로: 손과 손을 접촉한다든지, 기침을 통해 입에서 코로 옮기는 것이다.

      - 간접 접촉경로: 침구에 묻은 대변, 상한 음식 등을 통해 옮기는 것이다.

   ⅱ 대상자와 접촉하기 전에 손 씻기와 마스크 착용을 생활화한다.

⑤ **침입구**(탈출구와 사실상 동일)

- 상처 난 피부, 대변이 묻은 회음부, 면역 저하자의 코와 입은 취약한 침입구이다.

- 청결하도록 위생 관리가 필요하다.

⑥ **민감한 대상자**

- 향후 감염될 가능성이 높은 대상자 군을 말한다.

- 예방접종을 실시하고 평소 충실한 섭생과 안정으로 면역력을 향상하여야 한다.

※ **감염관리를 위한 표준적 예방법**

① 장갑을 **착용하기 전과 벗은 직후** 모두 손을 씻는다.

② **사용한 장갑으로** 깨끗한 물건을 만지지 않도록 한다.

③ **혈액, 체액, 분비물, 배설물, 상처 부위, 점막 등**은 만지기 전 반드시 장갑을 착용한다.

④ **혈액이나 체액이 몸에 닿았을 시** 접촉한 피부 표면을 즉시 깨끗이 닦는다.

⑤ **혈액, 체액 등이 닿을 것으로 예상**되면, 일회용 가운을 착용한다.

 - **대상자가 이미 감염성 질환에 걸렸다면,** 그러하지 않더라도 일회용 가운을 착용한다.

⑥ **혈액, 체액 등이 닿을 것으로 예상**되면, 마스크와 보안경 및 안면보호구를 착용한다.

※ **일회용 가운 착용 순서**는 다음과 같다.

① 비닐 가운 꺼내기 → ② 가운 안쪽이 몸을 향하게 펼쳐 어깨 부분 잡기 → ③ 머리, 팔, 순으로 가운 입기 → ④ 어깨 정리하고 허리끈 묶고, 비닐장갑 착용하기

2. **[올바른 손 씻기 방법(6단계)-질병관리청]** p667 ☆

① 흐르는 물로 양손을 적신 후, 손바닥에 충분한 양의 비누를 묻혀서 준비한다.

② 1단계: 손바닥과 손바닥

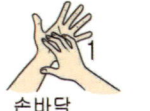
손바닥

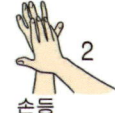
손등

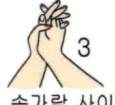
손가락 사이

 　2단계: 손등과 손바닥

 　3단계: 손가락 사이-손깍지 끼고

 　4단계: 두 손 모아 손가락을 마주 잡고

 　5단계: 엄지-다른 편 손바닥으로

 　6단계: 손톱 밑-반대편 손바닥에 문지르기

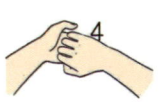
두 손 모아

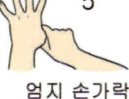
엄지 손가락

손톱 밑

③ 흐르는 물로 비눗물을 닦아 내고 수건이나 핸드 드라이어로 건조하며 마무리한다.

3. **마스크와 개인 보호 용구의 착용** p668

- 마스크: 코와 입 / 보안경: 눈 / 안면보호구: 눈, 코, 입 / 장갑: 손 / 일회용 방수성 가운: 피부와 옷

※ **[오염성 물질이 묻었을 때 대처 방법]** p669 ☆
- 먼저 장갑을 착용한다(때로는 고무장갑).
- **혈액이나 체액이 바닥에 쏟아졌을 때:** 표백제(락스)와 물 1:9로 혼합한 용액으로 한다.
- **혈액이나 체액이 옷이나 침구에 쏟아졌을 때:** 표백제 사용 X(탈색 우려).
- 장갑 끼고 세탁물을 문질러서 손세탁한 후 비표백제를 사용하여 세탁기를 돌린다.
- 심각하게 오염된 옷이나 침구류: 삶거나 살균 표백제를 사용.
- **혈액이나 체액이 깨진 유리에 묻었을 경우:** 일반 쓰레기로 처리해서는 안 된다.

4. 흔한 감염성 질환 관리 p669~672
   - **결핵, 독감, 노로바이러스 장염, 옴, 머릿니 등**은 앞의 기술 부분을 참고한다.
   - **코로나19**는 감염 후 잠복기가 보통 1일에서 최대 2주까지이며, 감염된 경우 최소 7일 이상 자가격리가
     필요하다.

3절 응급처치 p673~678 ☆

- 질식, 급성 저혈압, 출혈, 경련, 약물 중독, 화상, 골절 등의 경우

1. [질식 시의 응급처치]
① **증상** - 자기 목을 조르는 자세를 하며, 갑작스러운 기침이나 숨 쉴 때 이상한 소리가 난다.
② **대처법**
   i **대상자가 의식이 있다면,** 강한 기침을 하게 하여 이물질을 뱉어내도록 유도한다. ☆
      손가락을 넣어 이물질을 빼내려 하거나 무리하게 구토를 유발하려고 하지 않는다.
      등을 두드리거나 물을 먹이는 행위도 절대로 해서는 안 된다.
   ii **기침의 효과가 없다면** - 하임리히법을 실시한다. ☆☆
      기도 폐색이 확인되는 경우에만 실시한다.
      대상자 등 뒤에 서서, 배꼽과 명치 중간에 주먹 쥔 손을 감싸고, 양손으로 복부의 윗
      부분 후상방으로 힘차게 밀어 올린다.

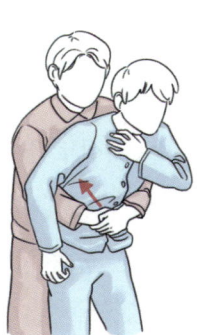

   iii 의식 잃고 말을 못 하거나 숨을 쉬지 못하는 경우, 119 신고와 심폐소생술을 시행한다.

2. [급성 저혈압 시의 응급처치] - **급성 저혈압은** 대량 출혈, 심근경색, 심한 감염증 등에 의해 발생한다.
   ① 119에 신고하여 도움을 청하고, 천장을 바라보는 자세로 눕힌다.
   ② 만일 대량 출혈이 발생하면, 출혈 시의 응급조치를 한다.
   ③ 입에서 **혈액이나 토사물**이 나온다면, 고개를 옆으로 돌린다.

④ 발아래 베개나 이불 등을 받쳐서 다리가 30cm 정도 올라가게 한다. ☆

⑤ 혈압계로 신속하게 혈압과 맥박을 측정한다.

⑥ 상황이 종료될 때까지 편안하게 숨 쉬도록 하고 물이나 음식을 주지 않는다.

3. **[출혈 시의 응급처치]** - 1L 이상의 출혈이 발생하면, 쇼크 상태에 빠진다.

① 즉시 도움을 청하며, 필요시엔 119에 신고한다.

② 장갑을 착용하고 출혈 부위를 노출한다.

③ **출혈량이 적다면** 멸균거즈 등을 사용하여 직접 상처를 압박한다. ☆

④ **출혈량이 많다면,** 깨끗한 수건이나 옷을 활용하여 상처를 압박한다.

⑤ 출혈이 멈추거나 구급대원이 올 때까지 출혈 부위를 누른다.

⑥ **출혈이 너무 많을 경우,** 두 번째 패드를 덧대 계속 압박하는데, 첫 번째 패드는 제거 안 한다.

⑦ **쇼크가 의심되는 경우**라면, 다리를 높이는 자세를 취하게 한다.

⑧ **출혈이 멈추었다면** 상처 부위에 드레싱을 한다(흐를 때 드레싱을 하는 것이 아님).

4. **[경련 시의 응급처치]** - 경련은 뇌세포의 비상적 자극으로 인한 몸 근육의 자발적인 수축이다.

① 119에 신고하여 즉시 도움을 청하며, 주변에 뾰족하고 위험한 물건 등을 치운다.

　- 구급대원이 도착하면 신속한 병원 후송을 돕는다.

② 경련이 발생한 시각을 기록한다(대부분 15분 안에 종료).

③ 대상자를 침대나 바닥에 눕히고 베개를 받쳐 머리의 손상을 예방한다.

④ 상의를 느슨하게 하여 호흡을 편하게 한다.

⑤ 고개를 옆으로 돌려 질식을 예방한다(옆의 그림). ☆

⑥ 경련을 멈추기 위해 꽉 붙잡거나 억지로 멈추게 하지 않는다.

⑦ 대상자의 입에 무언가를 물리는 행위를 하지 않는다.

　- 입안에 손가락을 넣거나 약을 먹이는 등의 시도를 하지 않는다.

⑧ 상황이 종료될 때까지 물이나 음식을 주어서는 안 된다.

⑨ 저절로 경련이 없어질 때까지 옆에 가만히 있어 준다.

5. **[약물 중독 시의 응급처치]**

치료약물의 과다복용으로 인한 독성반응이 예측되는 상태로 구토, 호흡곤란, 의식 저하 등의 변화가 나타날 수 있다.

① 119에 신고하여 즉시 도움을 청한다.

② **의식이 없는 상황**이라면, 천장을 바라보는 자세로 눕힌다.

③ **입에서 거품이나 토사물**이 나온다면, 고개를 옆으로 돌린다.

- 구토했을 경우, 토사물을 모아 두었다가 의료진에게 제공한다. ☆

④ 구급대원이 올 때까지 대상자 곁에서 상태 변화를 면밀하게 관찰한다.

⑤ 복용한 것으로 의심이 되는 게 있다면 용기째 119대원에게 전달한다.

6. [화상 시의 응급처치] ☆

1) 화상의 분류

- 부위와 넓이에 따라 치료 방법이 다르며, 손상 깊이에 따라 1~3도 화상으로 구분한다.

① 1도 화상

- 표피층에 국한된 가장 가벼운 화상으로, 피부색이 붉게 되면서 약간의 부종이 있다.

- 햇볕에 화상을 입었을 때의 경우가 그러하다.

② 2도 화상

- 표피 아래 진피층까지 손상된 경우로, 크고 작은 수포(물집)가 생긴다.

- 통증이 심하고 부종이 뚜렷하다.

③ 3도 화상

- 피부 전 층과 피하조직까지 깊숙이 침범하는 화상으로, 손상된 진피는 재생이 안 된다.

- 화상 부위에 감각이 없고 두꺼워지며, 색깔이 바래진다.

2) 화상 시 대처법

① 장갑을 착용하고, 화상 부위의 통증이 없어질 때까지 15분 이상 찬물에 담근다. ☆

② 부위에 얼음이나 얼음물을 직접 대는 것은 권장하지 않는다.

③ 부위에 간장, 기름, 된장, 핸드크림 등은 절대로 바르지 않는다.

④ 부위에 반지, 팔찌, 귀고리 등의 장신구는 신속하게 벗긴다.

- 붓기 전에 반지를 빼 준다. O

⑤ 화상이 경미할 경우는 멸균 드레싱을 실시한다.

⑥ 화상이 어느 정도 심한지 모르겠다면, 병원 진료를 받게 한다.

- 특히 얼굴이나 입술에 화상을 입었을 경우, 의료기관에 이송한다.

7. [골절 시의 응급처치]

- 골다공증이 있는 노인의 낙상 후 발생하는 골절은 흔하다.

① 119에 신고하여 도움을 청한다.

② 대상자를 안정시키고, 스스로 움직이지 못하게 한다(추가적인 손상의 우려 때문). ☆

- 압박붕대를 감는다. X

- 튀어나온 뼈를 직접 압박하지 않는다. O
- 손상 부위에 부목을 이용하여 고정한 후 병원으로 이송한다. O
③ 손상된 부위에 반지나 팔찌 등이 있다면 미리 벗긴다.

4절 심폐소생술 p679~683 ☆☆

1. 심폐소생술의 목적
뇌는 4분 이상 혈액이 공급되지 않으면 손상이 오는데, 심폐소생술을 하면 살 확률이 안 할 경우에 비해 3배 이상 높아진다.

2. [심폐소생술의 단계(표준 교재에서는 가슴압박 소생술 절차만 기술)] ☆
① 반응 확인
  - 대상자에 접근하기 전에 현장이 안전한지 살핀다(필요하다면 안전한 곳으로 옮겨야 함).
  - 양쪽 어깨를 두드리며, "괜찮으세요?"라고 질문하며 반응을 확인한다.
② 도움 요청과 119 신고
  - 반응이 없고 정상적인 호흡이 없다면, 주변 사람에게 119에 신고하고 자동 심장 충격기를 가져다 달라고 요청한다(아무도 없다면 자신이 신고한다).
  - 119 신고 시, 전화를 끊지 말고 상담 요원의 지시를 따른다.
③ 호흡 확인
  - 환자의 얼굴과 가슴을 10초 이내로 관찰하여 호흡이 있는지 확인한다.
  - 호흡이 없거나 비정상적이라면 심정지가 온 것으로 판단한다.
  - 비정상적 호흡 상태를 판단하는 것은 어렵기에 상담 요원의 지시를 따른다.
④ 가슴압박 30회 시행 ☆ p680
  - 환자를 바닥이 단단하고 평평한 곳에 등을 대고 눕힌다.
  - 가슴뼈의 아래쪽 절반 부위에 깍지를 낀 두 손의 손바닥 뒤꿈치를 댄다.

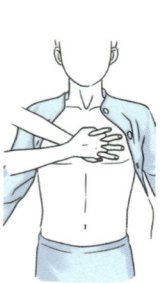

  - 손가락이 가슴이 닿지 않게 하고, 양팔을 쭉 편 채로 체중을 실어서, 환자 몸과 90도가 되게 하여 가슴을 압박하며, 압박 후 완전히 이완되도록 한다(압박과 이완은 50:50).
  - 분당 100~120회의 속도로 구호를 세면서 약 5cm 깊이로 강하고 빠르게 한다.
  - 30회가 1세트로, 압박 시 손바닥이 떨어지지 않으며, 압박의 위치가 바뀌지 않아야 한다.
  - 환자가 회복되거나 구급대원이 도착할 때까지 규칙적으로 지속한다.
  - 일반인 목격자는 즉시 가슴압박 소생술을 한다. [59]

---

59) '문화안전교육센터' 주관의 심폐소생술 교육에서는 심정지 초기에도 '가슴압박과 인공 호흡'을 30:2로 하는 심폐소생술이 중요함을 이야기한다.

⑤ **회복 자세** p681

- 소생술 시행 중 대상자가 소리 내거나 움직이면, 호흡이 되었는지 확인한다.

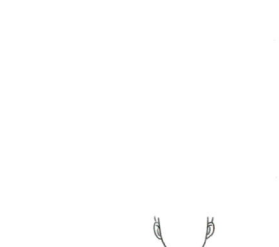

- 대상자가 호흡하면 옆으로 눕히는 회복 자세를 취한다(기도 막히는 것 예방).

- 호흡이 없어진다면 다시 가슴압박을 시작한다.

- **심폐소생술의 종료 시점**: 대상자의 회복, 사망 확인, 의료진에게 인계 시 종료한다.

⑥ 이상의 심폐소생술의 순서를 일괄하면[60] ☆

반응 확인 → 도움 요청 및 119 신고 → 호흡 확인 → 가슴압박 → 회복 자세

3. [자동심장충격기 사용] ☆ p681

① **전원 켜기**

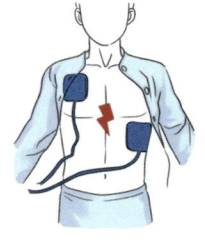

- 반응과 정상적인 호흡이 없는 심정지 대상자에게만 사용한다.

- 자동심장충격기가 도착하면 지체 없이 전원을 켠다.

② 두 개의 **패드 부착** ☆

- 오른쪽 빗장뼈(쇄골) 바로 밑과 왼쪽 젖꼭지 아래 중간 겨드랑이 선에 부착한다.

③ **심장 리듬 분석**

- 분석 중에는 가슴압박을 중단하고 대상자에게서 손을 뗀다. ☆

- 심장 충격 필요시 충전을 하며, 심장 충격기 충전 중에도 계속 가슴압박을 지속함 ☆

- 심장 충격 불필요 시 즉시 가슴압박을 시작한다.

④ **심장 충격 시행**

- 심장 충격이 필요한 경우에만 심장 충격 버튼이 깜박이기 시작한다.

- 충격 버튼은 누르기 전에는 다른 사람이 환자에게서 떨어져 있는지 확인한다. ☆

⑤ 즉시 **심폐소생술 다시 시행**

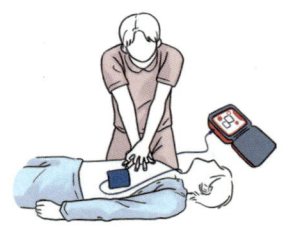

- 심장 충격을 한 뒤에는, 패드 부착한 채 즉시 가슴압박을 시작한다.

- 심장 충격기는 2분 간격으로 심장 리듬 분석을 자동 반복한다.

- 자동 충격기 사용과 심폐소생술은 구급대원이 도착할 때까지 지속한다.

⑥ 이상의 순서를 일괄하면 ☆

전원 켜기 → 패드 부착 → 심장 리듬 분석 → 심장 충격 → 심폐소생술 다시 하기

---

60) 인공 호흡을 동반한 심폐소생술의 경우라면, '반응 확인 → 도움 요청 및 119 신고 → 호흡 확인 → 가슴압박 → (기도 유지 → 인공
    호흡) → 회복 자세'의 순서가 된다.